これだけ

メンタルヘルス・マネジメント®検定

SOMPOヘルスサポート株式会社
桜又彩子［編］

ラインケアコース

II種

改訂3版

本書は、大阪商工会議所の許諾を得て、『メンタルヘルス・マネジメント®検定試験公式テキストⅡ種ラインケアコース（第５版）』（株式会社 中央経済社発行）をもとに、その副読本として作成されたものです。

読者の皆様へ

この度は本書をお手に取っていただき、誠にありがとうございます。

この一冊で学習することが、メンタルヘルス・マネジメント® 検定Ⅱ種合格の最短コースと自負いたしております。本書には、次のような特長があります。

- **公式テキスト（第５版）と過去問題を徹底的に研究**し、重要ポイントを網羅
- 効率よく合格することを目的に、出題範囲内で**「モレなく・ダブりのない」記述**
- 学習がスムーズに進むよう、全体を「Ⅰ編　メンタルヘルスの基礎知識」「Ⅱ編　管理監督者の役割」の**２編、全６章**にまとめ、無理なく自然に知識が身につけられる構成
- ポイントがわかりやすいよう、また覚えやすいように、内容をまとめた**図や表を掲載**
- 過去の出題傾向をふまえ、**吹出しで、出題傾向のポイント解説などを豊富に掲載**
- 各章ごとに、**過去問題（6回分）と予想問題を豊富に掲載**し、何をどの程度暗記すべきかわかるような問題を解くことで、知識の定着を図れる
- 学習が無機質で職場と無関係なものにならないよう、**現場感覚をふまえた記述**
- 章ごとに掲載した著者の経験をふまえた**コラムは**、学習の息抜きになるだけでなく、**学習したことを職場でどう活かすかのヒントにできる**

今、職場におけるメンタルヘルスケアの要は、管理監督者の方々であることを痛感しています。管理監督者の方の部下への関わり方が、職場環境にとても大きく影響します。管理監督者の皆様が本書を学習されることで、無事検定に合格されることをお祈りいたします。

さらには、学習されたことを実際の職場で活かされるよう心から願っております。皆様の職場が今日も明日も、活き活きと健康でありますように。

2021 年 11 月

SOMPO ヘルスサポート株式会社

桜又　彩子

目　次

I 編　メンタルヘルスの基礎知識

II 編　管理監督者の役割

4章　予防・職場づくり

5章　早期発見・早期対応

6章　休業者の職場復帰支援と両立支援

受験ガイダンス

1 II種（ラインケアコース）とは

メンタルヘルス・マネジメント®検定II種（ラインケアコース）は、大阪商工会議所と施工商工会議所の共同主催であるメンタルヘルス・マネジメント®検定の3コースのうちの1つです。II種の試験概要は、以下の通りです。**I種&II種**または**II種&III種**を同日に受験できますが、3月はII種・III種のみ公開試験を行うため、I種との同日受験はできません。

《II種の試験概要》

対　象	管理監督者（管理職）
目　的	部門内、上司としての部下のメンタルヘルス対策の推進
到達目標	部下が不調に陥らないよう普段から配慮するとともに、部下の不調が見受けられた場合には安全配慮義務に則った対応を行うことができる
試験日程と受験料	**年2回（3月、11月）、7,480円**（税込）
試験時間・配点	2時間、100点　※選択問題のみ
合格基準	**70点以上**
試験会場	札幌、仙台、新潟、さいたま、千葉、東京、横浜、浜松、名古屋、京都、大阪、神戸、広島、高松、福岡のなかから選択
受験資格	学歴・年齢・性別・国籍に**制限はありません**

2 問い合わせ先

メンタルヘルス・マネジメント®検定試験センターのホームページでは、過去試験の受験者数・合格率などを公開しています.

TEL：06-6944-6141（平日10時〜17時、土・日・祝休日・年末年始除く）

https://www.mental-health.ne.jp/

《団体特別試験について》

II種、III種では、公開試験以外に、団体特別試験（企業・団体・学校が、所属する従業員や職員、学生を対象に、メンタルヘルスケアに関する教育・研修の一環として、メンタルヘルス・マネジメント®検定試験を実施できる制度）を実施しています。

■ **試験日時・場所**

任意に設定できる　※試験1回につき、全所要時間は約2時間半

■ **受験申込**

試験実施日の3週間前までに申し込むこと　※原則、各コースの受験者数10人以上

■ **実施コースと受験料**

II種は5,980円（税込）　※III種は4,220円（税込）

1章

法律・企業の役割

全出題問題50問中、「1章　法律・企業の役割」からは、**14〜15問程度出題**されています。さらに、2021年度の公式テキスト改訂時に新たに追加された法律もあるので、**新項目**についても留意しておきましょう。

出題傾向分析

重要度	重要な内容
🐾🐾🐾	• 労働者への意識調査 • 精神障害の労災認定基準 • 長時間労働の防止 • 個人情報保護法と安全配慮義務 • 労働者の心の健康保持増進のための指針（メンタルヘルス指針） • メンタルヘルスケアに取り組む意義
🐾🐾	• 労働安全衛生法と安全配慮義務 • 労災認定と民事訴訟 • 心の健康づくり計画
🐾	• 事業所の現状や取組み • 自殺者の推移 • 公法的規制、私法的規制 • 事業者による方針の表明 • ハラスメントに関連する法律 • ストレスチェック制度 • 自殺対策基本法 • アルコール健康障害対策基本法 • 障害者の雇用に関する法律 • 健康経営
新項目	• ワークエンゲイジメント

🐾🐾🐾：よく出題される　🐾🐾：比較的よく出題される　🐾：出題されることがある

新項目：公式テキスト（第5版）より追加された内容

1-1 労働者と職場の現状

1 労働者への意識調査

重要度

まずは、各種の調査から、現代の日本の労働者の意識について、概略をとらえていきましょう。

1 労働安全衛生調査（2018年）

本調査は厚生労働省が実施しているものです。本調査によると、**「仕事や職業生活に関することで、強いストレスになっていると感じる事柄がある」**とする労働者の割合は、**58.0%** となっています。

◀労働安全衛生調査（2018年）▶

■強いストレスを感じている割合

〈男女別〉

男性：59.9%　女性：55.4%

〈就業形態別〉

正社員：61.3%　契約社員：55.8%

パートタイム：39.0%

派遣労働者：59.4%

労働安全衛生調査をはじめ、各種調査に関しては、主要な数字、1位の数字はおおまかに覚えつつ、他の部分は細かい数字というよりも、傾向をつかむのがコツです。例えば「年代が上がるにつれて相談できる人がいる割合は低くなっていく傾向」など。

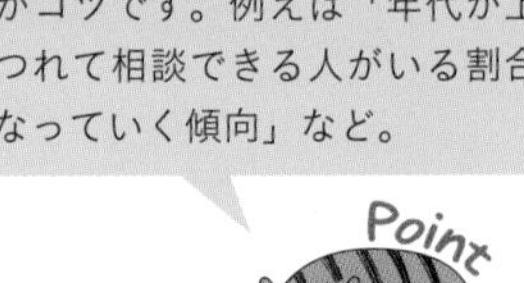

■ストレスの原因

1位**「仕事の質・量」59.4%**

2位「仕事の失敗、責任の発生」34.0%

3位「対人関係（セクハラ・パワハラを含む）」31.3%

4位以降になると、

　男性では「役割・地位の変化」、「会社の将来性」、女性では「雇用の安定性」が多く回答されている。

■ストレスの相談

「相談できる相手がいる」**92.8% と高い数字**（男性：91.2%　女性：94.9%）

「実際に相談したことがある」80.4%（男性：76.5%　女性：85.2%）

■相談相手

家族・友人（男性：77.8%　女性：**81.9%**）

上司・同僚（男性：**80.4%**　女性：73.8%）

■相談できる相手がいる割合（年代別）

20歳未満：89.2%　20歳代：**95.9%**　30歳代：94.9%

40歳代：91.9%　50歳代：91.8%　60歳代：86.7%

2 労働力調査（2020年）

総務省の労働力調査では、雇用形態別の割合は以下のようになっています。

◀労働力調査（2020年）▶

■**雇用者総数（役員を除く）平均**：5,629万人（男性：53.5%　女性：46.5%）
■**正規雇用者**：3,539万人（男性：**66.3%**　女性：33.7%）
■**非正規雇用者**：2,090万人（男性：31.8%　**女性：68.2%**）
<非正規雇用者の内訳>
●パート：1,024万人（男性：11.9%　**女性：88.1%**）
●アルバイト：449万人（男性：50.2%　女性：49.4%）
●契約社員：279万人（男性：52.3%　女性：47.7%）
●派遣社員：138万人（男性：38.8%　**女性：61.2%**）
<女性労働者の内訳>
●正規雇用者：45.6%　非正規雇用者：**54.4%**

3 第10回「日本人の意識」調査（2018年）

NHK放送文化研究所は世論調査の一環として、「日本人の意識」調査を5年ごとに実施しています。仕事や職場について次のような結果がでています。

「仕事と余暇」についての調査では、**調査が始まった1973年は、「仕事優先」が1位**でしたが、1988年から、下記の順番になっています。

◀仕事と余暇▶

1位**「仕事にも余暇にも、同じくらい力を入れる（両立）」**
2位「仕事はさっさとかたづけて、できるだけ余暇を楽しむ（余暇優先）」
3位「余暇も時には楽しむが、仕事のほうに力を注ぐ（仕事優先）」

「理想の仕事」に関する調査の順位は以下の通りです。

◀理想の仕事▶

1位**「仲間と楽しく働ける仕事」**
2位「健康を損なう心配がない仕事」
3位「専門知識や特技が生かせる仕事」
4位「失業の心配がない仕事」

「職場の人間関係」についての調査では、次のような順位になっています。

◀ 職場の人間関係 ▶

1位「なにかにつけ相談したり、助け合えるような付き合い（全面的付き合い）」
2位「仕事が終わってからも、話し合ったり遊んだりする付き合い（部分的付き合い）」
3位「仕事に直接関係する範囲の付き合い（形式的付き合い）」

まだかろうじて上記の順番ですが、調査開始の1973年から比べると、**「全面的付き合い」を望む人の割合は、年々減少し、近年は横ばい傾向**です。逆に、**「形式的付き合い」は増加傾向**にあります。

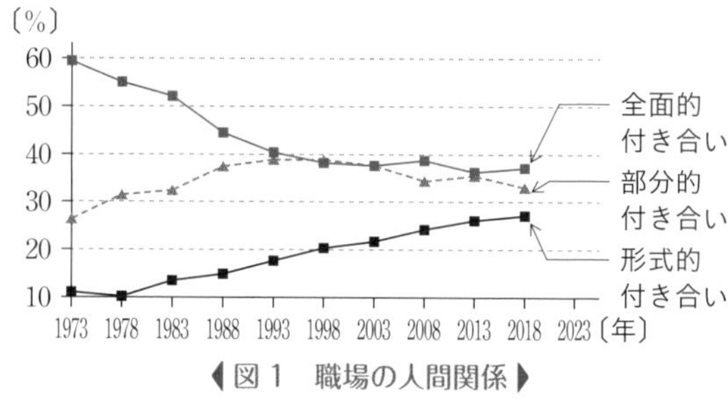

◀ 図1　職場の人間関係 ▶

2 事業所の現状や取組み

重要度

2018年の「労働安全衛生調査」によると、事業所におけるメンタルヘルス不調者の現状や事業所の取組み状況は以下の通りです。

◀ メンタルヘルス不調と企業の取組みに関する調査 ▶

■ **過去1年間にメンタルヘルス不調により連続1か月以上休業した労働者がいた事業所の割合：**6.7%

50人以上の事業所に限ると：26.4%

1,000人以上の事業所では：91.9%

■ **過去1年間にメンタルヘルス不調により退職した労働者がいた事業所の割合：**5.8%

50人以上の事業所に限ると：14.6%

1,000人以上の事業所では：70.3%

事業所の規模が大きくなるほど割合は増加している！

■ **企業での取組みとその内容**

・「メンタルヘルス対策に取り組んでいる」　59.2%

1,000人以上の事業所では99%を超えており、こちらも、事業所の規模が大きくなるほど割合は増加している！

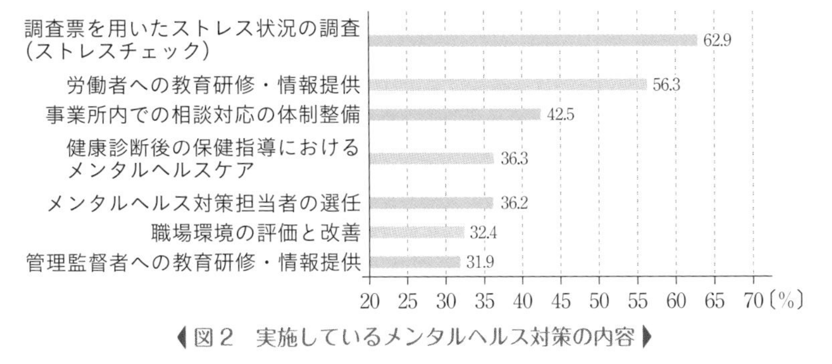

◀図2　実施しているメンタルヘルス対策の内容▶

また、2019年の日本生産性本部の調査によると、「心の病」が最近3年間で「**増加傾向にある**」と回答した企業は、**32.0%**でした（ちなみに、「減少傾向にある」と回答した企業は10.2%）。そして、**心の病が多い年齢層は、30歳代**、次いで、10～20歳代でした。近年、10～20歳代の割合が増加傾向にあり、初めて30%を超えました。

また、文部科学省の「病気休職者等の推移」によると、2017年度に休職した公立教職員の原因疾患のうち、**65.1%をうつ病**が占めています。精神疾患による休職は2007年度以降、5,000人前後で推移しています。

人事院の「国家公務員長期病休者実態調査」では、2016年度に国家公務員がとった1か月以上の長期病欠の原因の**1位はうつ病などの精神疾患**で、**65.5%**でした。2位の悪性腫瘍の9.7%を大きく引き離している結果です。

なお、日本生産性本部の過去の調査では、**管理監督者がメンタルヘルスケアに力を入れる**ことは、メンタルヘルス不調になる労働者の増加を抑止する効果があるとしています。

関連知識　メンタルヘルスケアの取組みの達成ぐあいは？

国が掲げている第13次労働災害防止計画では「メンタルヘルスケアに取り組んでいる事業場の割合を80%以上にすること」が目標とされています。まだまだ達成には遠い状態です。

3 自殺者の推移

重要度

警察庁統計データより内閣府が作成した資料によると、2020年の自殺者数は21,081人となり、対前年比912人（約4.5%）**増加**となっています。**1998年以来、14年連続して3万人を超える状況が続いていましたが、2012年から**9年連続

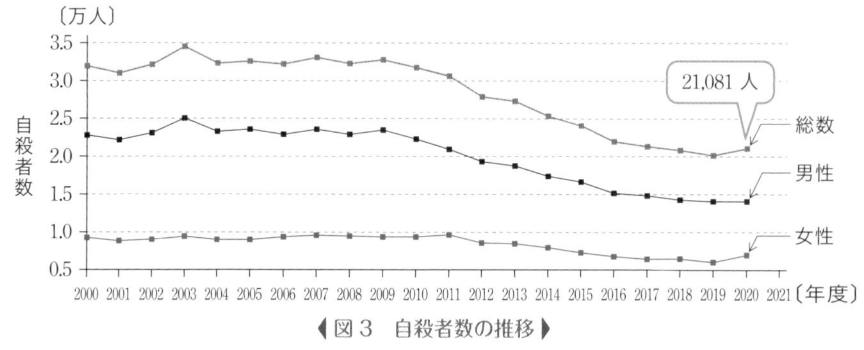

◀図３　自殺者数の推移▶

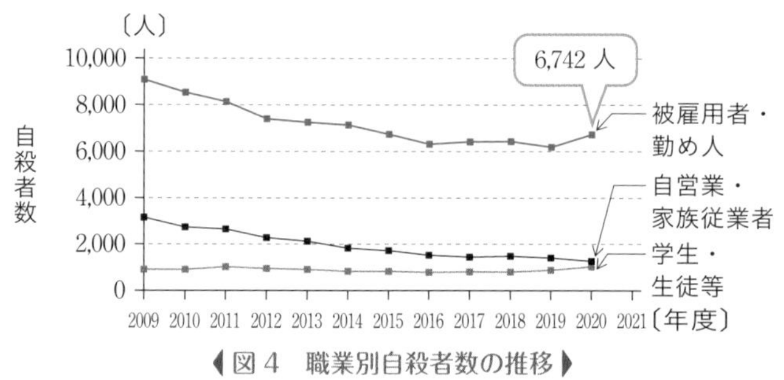

◀図４　職業別自殺者数の推移▶

で**３万人を下回りました**。男女別にみると、男性は11年連続の**減少**、女性は２年ぶりの**増加**となっています。また、男性の自殺者は、女性の**約2.0倍**となっています。

図３〜図４は最新状況を確認して、試験に臨みましょう。

「被雇用者・勤め人」の自殺は2016年までは７年連続減少傾向でしたが、2020年には前年比540人**増加**し、**6,742人**となりました。また、自殺の動機・原因としては、**「健康問題」が圧倒的に１番**です。自殺の背景には、精神的な不調が隠れていることが多いと指摘されています。全体として減少傾向にはあるものの、年間２万人以上が自ら命を絶つという現状は先進国の中では依然、多い状況です。

なお、厚生労働省は、職場のうつ病の増加などという社会的背景を受け、2011年、**癌、脳卒中、急性心筋梗塞、糖尿病**に**精神疾患**を加え、**五大疾病**とする方針を打ち出しました。

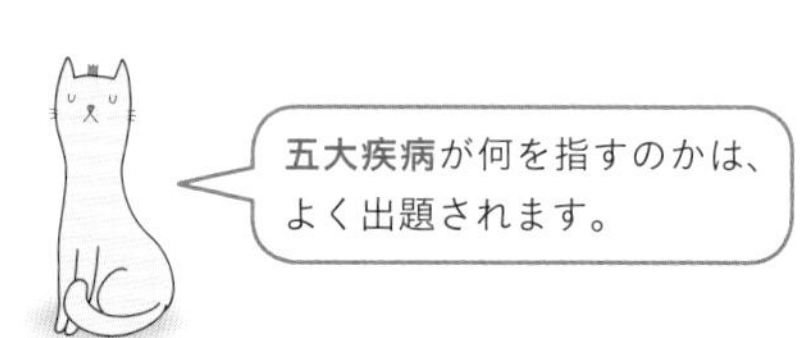

過去問題・予想問題を解いてみよう !!

問題 1　労働者の意識調査など　予想問題

労働者のストレスの現状に関する次の記述のうち、最も不適切なものを 1 つだけ選べ。

①「労働安全衛生調査（2018 年）」によると、「仕事や職業生活に関することで、強いストレスになっていると感じる事柄がある」とする労働者の割合は、約 6 割弱となっている。

②「労働安全衛生調査（2018 年）」によると、「仕事や職業生活に関することで、強いストレスになっていると感じる事柄がある」労働者が挙げた原因で最も多いのは、「対人関係（セクハラ・パワハラを含む）」である。

③「労働安全衛生調査（2018 年）」によると、相談できる相手がいる割合が一番高い年代は、20 代である。

④「日本人の意識調査（2018 年）」によると、職場の人間関係について、「形式的な付き合い」を望む人は増加傾向にある。

解説　② 原因で最も多いのは**「仕事の質・量」**です。　【解答】②

問題 2　各種統計　予想問題

各種統計に関する次の記述のうち、最も不適切なものを 1 つだけ選べ。

①「労働安全衛生調査（2018 年）」によると、過去 1 年間にメンタルヘルス不調により連続 1 ヶ月以上休業した労働者がいた事業所の割合は 6.7% である。

②「労働安全衛生調査（2018 年）」によると、企業が実施しているメンタルヘルス対策のうち、一番実施割合が高い対策は、「調査票を用いたストレス状況の調査」である。

③「日本生産性本部の調査（2019 年）」によると、最近 3 年間で心の病が「増加傾向にある」と回答した企業は、約 3 割強である。

④ 内閣府の資料によると、2020 年の自殺者のうち、「被雇用者・勤め人」の自殺者数は前年より減少した。

解説　④「被雇用者・勤め人」の自殺者数は、**前年より 540 人増加**しています。

【解答】④

問題3 労働者のストレスの現状 **30回第1問[1]**

労働者のストレスの現状に関する次の記述のうち、最も不適切なものを1つだけ選べ。

① わが国の自殺者数は1998年に急増し、それ以降2011年に至るまで、14年連続で30,000人を超えていた。

② 2011年に厚生労働省は、地域医療の基本方針となる医療計画に盛り込む疾病として、がん、脳卒中、急性心筋梗塞、糖尿病に、精神疾患を加えて「五大疾病」とする方針を打ち出した。

③「労働安全衛生調査」（厚生労働省、2013年）の結果によると、メンタルヘルス対策に取り組んでいる事業所は約60%である。

④「労働安全衛生調査」（厚生労働省、2013年）の結果によると、過去1年間にメンタルヘルス不調により連続1か月以上休業または退職した労働者がいる事業所の割合は20%を超えている。

解説 ④過去1年間にメンタルヘルス不調により連続1か月以上休業した労働者がいた事業所の割合は「**6.7%**」、退職した労働者がいた事業所の割合は「**5.8%**」なので、20%超というのは誤りです（ただし2018年度調査より）。 **【解答】④**

1-2 メンタルヘルスと法律

1 公法的規制

重要度

日本における労働衛生、健康管理に関する公法は**労働安全衛生法**（1972 年～）があります。労働安全衛生法は**労働基準法の姉妹法**ともいわれ、労働基準法 42 条の「労働者の安全および衛生に関しては、労働安全衛生法の定めるところによる」との定めを受け、制定されました。

労働安全衛生法の目的は「職場における労働者の安全と健康を確保するとともに、快適な職場環境の形成を促進すること」とされています。

労働基準法や労働安全衛生法のような公法は、最低限の労働条件の基準を定める取締法規であり、**違反した場合には一定の範囲で刑事罰の対象**になります。

・公法違反：刑事罰
・私法違反：損害賠償
とペナルティの受け方が違います。

2 私法的規制

重要度

公法の規制とは別に、企業には、**安全配慮義務**が課せられています。安全配慮義務に違反した場合には、企業は労働者に対し、**民事上の損害賠償責任を負う**ことになります。

ここでは、安全配慮義務をめぐる法的根拠の成り立ちを見ていきましょう。

1 「安全配慮義務」の概念ができる以前

「安全配慮義務」という概念が示される以前、企業が就業にあたっての安全衛生管理上、労働者に損害を与えた場合、損害賠償責任の根拠として通常問題にされてきたのは、民法上の**不法行為責任**と**契約責任**です。

特に、1975 年までは、主に「不法行為責任」において争われてきました（p.10 の 2）。

I編 メンタルヘルスの基礎知識　II編 管理監督者の役割　1章 2章 3章 4章 5章 6章

◀不法行為責任▶

■ **不法行為による損害賠償**（民法 709 条）

故意または過失によって他人の権利または法律上保護される利益を侵害した者は、これによって生じた損害を賠償する責任を負う。

■ **使用者等の責任**（民法 715 条１項）

ある事業のために他人を使用する者は、被用者がその事業の執行について第三者に加えた損害を賠償する責任を負う。

◀契約責任（民法 415 条）▶

債務者がその債務の本旨にしたがった履行をしないときは、債権者は、これによって生じた損害の賠償を請求することができる。

２「安全配慮義務」の概念が「判例法理」として成立

1975 年に最高裁判所がその判決において「信義則上の付随義務として、使用者は、労働者が労務提供のため設置する場所、設備もしくは器具等を使用しまたは使用者の指示のもとに労務を提供する過程において、労働者の生命および身体等を危機から保護するよう配慮すべき義務を負っている」と明言し、**「安全配慮義務」という概念を初めて認めました。**

以来、この概念は「判例法理」として定着し、民法上の「契約責任」を根拠に損害賠償責任が追及される事案が一気に増えていきました。

「判例法理」というのは、判例の積み重ねにより形成された概念のことです。それが、次項の労働契約法により、改めて法律に明記されたということですね。

３「安全配慮義務」の明文化

2008 年、「労働契約法」が施行され、その５条において、安全配慮義務が法律上、明文化されました。

◀労働者の安全への配慮（労働契約法５条）▶

使用者は、労働契約にともない、労働者がその生命、身体等の安全を確保しつつ労働することができるよう、必要な配慮をするものとする。

(a) 安全配慮義務の解釈

この条文を、健康管理の側面から解釈すると、「業務の遂行にともなう疲労や心理的負荷等が過度に蓄積して労働者の心身の健康を損なうことがないよう配慮する義務」ということになります。

これは契約責任と解されるので、労働契約書などに特に明記されていなくても、雇用契約を結んだ瞬間から当然にして企業が負う義務ということになります。また、企業は雇用契約の当事者ですが、実際に安全配慮義務を履行するのは誰なのかというと、「当該労働者に対して業務上の指揮監督を行う権限を有する者」です。

つまり、**安全配慮義務を履行するのは管理監督者**ということになります。

管理監督者は、企業からその権限を委譲されて安全配慮義務を負っているので、その役割は非常に重要であり、場合によっては、管理監督者個人が訴えられる可能性もあるのです。

(b) 安全配慮義務違反の判断基準

安全配慮義務違反が構成されるかどうかは、主に**結果予見義務（危険予知義務）**と**結果回避義務**の２点から判断されます。

例えば、過重労働によって労働者がうつ病になってしまった場合、その労働者が「うつ病になる」という結果を

① 管理監督者が予見できたかどうか

さらに、予見できたとした場合、

② その結果を回避するための配慮をしたのかどうか

という点をみられることになります。

うつ病の場合、心身の反応（落ち込んでいる様子、顔色が悪いなど）、行動面の反応（ミスが増える、遅刻欠勤が増えるなど）が出てきますので、「予見する義務があった」と判断される場合が多いのです。そして、結果回避義務としては、「大丈夫か？」「少し休めよ」というような声がけだけでは配慮とみなされません。業務命令として残業制限をかける、休ませる、業務量を軽減するなどの具体的措置を講じる必要があります。

3 労働安全衛生法と安全配慮義務

重要度

裁判例においては、「労働安全衛生法の各規定は、直接には国と企業との間の公法上の関係を規定するものであって、**同法上の義務に違反したからといって、**

ただちに安全配慮義務違反が構成されるわけではない。ただし、同法上の規定の内容が、基本的には従業員の安全と衛生の確保にあるとの面に着目するならば、**その規定するところの多くは、企業の従業員に対する民事上の安全配慮義務を定める基準となる**」という立場を示すものが多いといえます。

つまり、企業と労働者との間で何か紛争が起きた際、企業が労働安全衛生法に違反しているような事実があれば、判決は企業側にかなり不利になります。

逆に、労働安全衛生法は「最低限の」労働条件の基準を定めるものであるという性質上、**同法を守っていたとしても、安全配慮義務違反を問われうるケースがある**ことは言うまでもありません。

◀労働安全衛生法に規定されている健康管理関連の義務▶

① 衛生教育の実施
② 中高年齢者等に対する配慮義務
③ 作業環境測定義務
④ 作業の管理義務
⑤ 健康診断実施義務
⑥ 健康診断実施後の措置義務
⑦ 病者の就業禁止にかかる措置義務
⑧ 長時間労働者に対する面接指導の実施義務
⑨ 心理的な負担の程度を把握するための検査(ストレスチェック)の実施義務　など

※規制の具体的内容は、ほとんどが「労働安全衛生法施行令」「労働安全衛生規則」といった政令・省令に委ねられています。

公法は「守って当たり前」と国や裁判所からみなされるという感覚をもってください。守っていないとリスクは極めて高くなりますが、「守っているからすべてOKとはならない」ということですね。

4 労災認定と民事訴訟　重要度

労働安全衛生法２条１号によると、**労働災害（労災）**とは、「業務に起因して労働者が負傷し、疾病に罹り、または死亡」することをいいます。

1 労働基準法に基づく災害補償

労災が発生した場合、当該労働者の損害を補償する制度が、労働基準法上の災害補償責任です。**労働基準法は、使用者の災害補償責任として、次の①〜⑤の支払いを企業に義務付けています。**ただし、実際には、この労働基準法の災害補償責任の履行の確保を目的として、「労働者災害補償保険法（略称：**労災保険法**）」が別途制定されていますので、具体的にはそちらの規定に基づいて保険給付が行われています。

そのため、労働基準法は、現実的には限られた機能となっています。例えば、労災の休業補償給付は、休業初日から通算して3日間は待機期間として支給されません。この3日間分の補償は、労働基準法に基づいて休業補償を行います。

労災保険法の保険給付は、労働基準法の災害補償責任に対応する次の①′〜⑦′となっています。

◀災害補償と労災▶

■ **災害補償責任**（労基法）	■ **労災の保険給付**（労災保険法）
① 療養補償	①′ 療養補償給付
② 休業補償	②′ 休業補償給付
③ 障害補償	③′ 障害補償給付
④ 遺族補償	④′ 遺族補償給付
⑤ 葬祭料	⑤′ 葬祭料
	⑥′ 傷病補償年金給付
	⑦′ 介護補償給付

どんな名称の補償があるか、どんな角度から補償されるのかは、ひと通り覚えましょう。

労災保険法に基づいて保険給付が行われるためには、労働基準監督署から労災認定を受ける必要があります。認定のためには、以下の2点が認められる必要があります。

① **業務遂行性**：労働者が企業の支配ないし管理監督下にある状況で災害が起きていること

② **業務起因性**：業務にともなう危険が現実化した結果、災害が起きていること

両方認められる必要があります。労災を考えるときに基本となる概念です。

なお、業務上の「負傷」であれば、上記は判断しやすいですが、業務上の「疾病」については、それが業務起因で発症したのかどうか、明確には判断しづらいところがあります。そのため、厚生労働省は、労働基準法施行規則35条および同規則別表1の2にて、あらかじめ、業務上疾病の基準を作成し、各都道府県労

働局長へ通達し、医療機関や労使などへも周知を図っています。そこには、「人の生命にかかわる事故への遭遇その他心理的に過度の負担を与える事象をともなう業務による精神および行動の障害またはこれに付随する疾病」などが記載されています。

2 民事上の損害賠償

さらに、労災が企業側の過失によるものである場合、民事上の損害賠償請求も並行してなされることがあります。**労災保険法による保険給付は、企業側に過失がなくても給付されるもの**です。しかし、あくまで平均賃金（給付基礎日額）をもとに算定された定額・定率の補償になります。財産上の損害すべてを補償できるものではないですし、**非財産上の損害（いわゆる「慰謝料」）についての補償はありません。**

そこで、**企業に過失がある場合には、労災で補償されない慰謝料や逸失利益（労災にあっていなければ得られたはずの利益）の補償を求めて、損害賠償請求が並行してなされる**わけです。

・**労災認定**：事業者の過失の有無は関係なし
・**損害賠償**：事業者に過失がある場合に請求できる
と整理しておいてくださいね。

3 労災と損害賠償の関係

労災は国が保険金を支給する制度、損害賠償は民事上の制度ですので、それぞれ別個の制度ですが、どちらの制度も同じ災害を請求の原因とすることになります。そこで、①まず労災請求をして認定を受けた上で、②会社・企業への損害賠償請求を検討する、という順番を取ることが多いのです。

しかし、その順番が逆の場合もあり、いったんは労災認定がおりなかった事案につき、裁判所により損害賠償請求が認められ、労災保険給付不支給処分が取消しになるケースもあります。ちなみに、**労災から保険給付がなされた分の金額は、損益相殺の対象となるため、その分、損害賠償額から控除**されます。

ただし、**労災の「特別支給金」は、損害補填の性質を有するものではないので、調整の対象にはなりません。**

同じ意味合いの補償については、将来の年金給付も含めて、キッチリ調整されます。二重に損害補償はしないということですね。

5 ハラスメントに関連する法律　重要度

1 セクシュアルハラスメント

男女雇用機会均等法（正式名称：雇用分野における男女の均等な機会および待遇の確保等に関する法律）には、セクシュアルハラスメント（セクハラ）防止を目的に、次の「措置義務」が定められています。

◀措置義務▶

事業主は、職場において行われる性的な言動に対するその雇用する労働者の対応により当該労働者がその労働条件につき不利益を受け、または当該性的な言動により当該労働者の就業環境が害されることのないよう、当該労働者からの相談に応じ、適切に対応するために必要な体制の整備その他の雇用管理上必要な措置を講じなければならない。

なお、セクシュアルハラスメントに関する特別な法律は上記以外にありませんので、実際に労働者が**セクシュアルハラスメントの被害にあった場合、民法や刑法などの一般法が適用**されることになります。

関連知識　「雇用管理上必要な措置」とは？

「セクシュアルハラスメント防止のために事業主が雇用管理上講ずべき措置に関する厚生労働大臣指針」において、次の1～4が定められています。

1　事業主の方針の明確化およびその周知・啓発
2　相談（苦情を含む）に応じ、適切に対応するために必要な体制の整備
3　職場におけるセクシュアルハラスメントに係る事後の迅速かつ適切な対応
4　1から3までの措置と併せて講ずべき措置
- 相談者・行為者などのプライバシーを保護するために必要な措置を講じ、周知すること
- 相談したこと、事実関係の確認に協力したことなどを理由として不利益な取扱いを行ってはならない旨を定め、労働者に周知・啓発すること

2 パワーハラスメント

2019年5月に労働施策総合推進法が改正され、職場のパワーハラスメント（パワハラ）とは、「職場において行われる**優越的な関係を背景とした言動**であって、**業務上必要かつ相当な範囲を超えたもの**により、その雇用する**労働者の就業環境が害されること**」と定義されています。さらに、セクシャルハラスメントと同様の措置義務が事業主に課されることになりました（施行日は2020年6月、ただ

し中小企業は2022年4月)。なお、パワーハラスメントの類型として、以下の6つが挙げられています。

パワーハラスメントの類型

①身体的な攻撃	②精神的な攻撃
③過大な要求	④過少な要求
⑤個の侵害	⑥人間関係からの切り離し

なお、2016年7月、厚生労働省からは、職場のパワーハラスメントの予防・解決に向けた取組みを推進するため、「パワーハラスメント対策導入マニュアル(第2版)」が発表されています。

パワーハラスメントに関する特別な法律は上記以外に存在していませんので、実際に労働者が**パワーハラスメントの被害にあった場合、民法や刑法などの一般法が適用される**ことになります。

3 マタニティハラスメント

女性の妊娠・出産に関しては、もともと、**男女雇用機会均等法**により、以下が規定されていました。

妊娠・出産

- 事業主は、女性労働者が婚姻し、妊娠し、または出産したことを退職理由として予定する定めをしてはならない。
- 事業主は、女性労働者が婚姻したことを理由として、解雇してはならない。
- 事業主は、その雇用する女性労働者が妊娠したこと、出産したこと、産休・育休をしたことなどを理由として、解雇その他不利益な取扱いをしてはならない。

ところが、2014年の広島中央保健生活協同組合事件をきっかけに、**マタニティハラスメント**(マタハラ)という言葉が生まれ、これを防止するための法的規制が検討されました。結果、男女雇用機会均等法および育児・介護休業法が改正され、それぞれ2017年1月1日および2017年10月1日から、**セクシュアルハラスメントと同様の「措置義務」が事業主に課されることになりました。**

また、前述の2つの法律により、「事業主は、妊娠・出産・育児休業などを理由にして、解雇その他不利益な取扱いをしてはならない」とされています。

6 精神障害の労災認定基準

重要度

よく「部下のストレスに気づけ」と言われますが、「具体的には何に注意すべきなのかわからない」「どこまで介入すべきなのか迷う」といった管理監督者の方々は多いと思います。

そこで大きな参考になるのが、**労災認定基準**です。2011年に、それまでの判断指針に代えて「心理的負荷による精神障害の認定基準」が策定されました。ストレスの評価基準を具体的にわかりやすく示すことにより、労災認定の審査の迅速化・効率化が目指されています。

さらに、2020年には同年6月に施行されたパワーハラスメント防止対策の法制化にともない、改正が行われました。

職場においては、まず、労災認定基準において、業務による心理的負荷が「強」と判定されるようなストレスが部下にかからないように努めるべきです。もしそのようなストレスが部下にかかっていることがわかったときには、管理監督者としてその部下の心身の健康状態を十分に確認する必要があります。

心理的負荷の度合いとその例については、厚生労働省ホームページ「心理的負荷による精神障害の認定基準について」にて定められています。

業務による心理的負荷が一定以上に強いものが、心理的負荷「強」として労災の対象となっていきますが、**心理的負荷が「中」程度であっても、その出来事が**

精神障害の労災認定の要件

要件1、2、3のいずれの要件も満たす対象疾病は、「業務上の疾病」として取り扱う

要件1	要件2	要件3
対象疾病（精神および行動の障害）を発病していること	対象疾病の発病前おおむね6か月の間に、業務による強い心理的負荷が認められること	業務以外の心理的負荷および個体側要因により、対象疾病を発病したとは認められないこと

具体的な判断方法

業務による心理的負荷の強度の判断は、
「業務による心理的負荷評価表」によって行う

心理的負荷の総合評価

業務による強い心理的負荷が認められないもの ―「弱」または「中」→ **労災にならない**

業務による強い心理的負荷が認められるもの ―「強」→ **認定要件を満たす**

図1 精神障害の労災認定の要件と判断方法

複数生じている場合には、**合わせて心理的負荷が「強」と判断されることもあります**。また、出来事が発生した前後に、**恒常的な長時間労働（月100時間程度）**があった場合、心理的負荷の強度を修正する要素として考慮されます。

なお、1999年以降、「業務上の精神障害による自殺」は、**故意ではなく労働災害性が成立されうる**とされています。

表1　業務による心理的負荷評価表における特別な出来事の分類

特別な出来事の類型	心理的負荷の総合評価を「強」とするもの
心理的負荷が極度のもの	・生死にかかわる、極度の苦痛を伴う、または永久労働不能となる後遺障害を残す業務上の病気やケガをした（業務上の傷病により6か月を超えて療養中に症状が急変し極度の苦痛を伴った場合を含む） ・業務に関連し、他人を死亡させ、または生死にかかわる重大なケガを負わせた（故意によるものを除く） ・強姦や、本人の意思を抑圧して行われたわいせつ行為等のセクシュアルハラスメントを受けた ・その他、上記に準ずる程度の心理的負荷が極度と認められるもの
極度の長時間労働	・発病直前の**1か月におおむね160時間を超える**ような、または、これに満たない期間にこれと同程度の時間外労働を行った*

*「これに満たない期間にこれと同程度の時間外労働」とは、例えば「**3週間におおむね120時間以上の労働**」。ただし、休憩時間は少ないが手待時間が多い場合等、労働密度が特に低い場合を除く。

なお、単独で心理的負荷が「強」となりえる出来事の例は、表2～表8のとおりです。

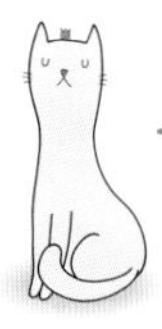

表2 心理的負荷が「強」となりえる「事故や災害の体験」

具体的出来事	心理的負荷強度が「強」と判断される例
(重度の)病気やケガをした	・長期間（おおむね2か月以上）の入院を要する、または労災の障害年金に該当するもしくは原職への復帰ができなくなる後遺障害を残すような業務上の病気やケガをした ・業務上の傷病により6か月を超えて療養中の者について、当該傷病により社会復帰が困難な状況にあった、死の恐怖や強い苦痛が生じた
悲惨な事故や災害の体験・目撃をした	・業務に関連し、本人の負傷は軽度・無傷であったが、自らの死を予感させる程度の事故等を体験した ・業務に関連し、被害者が死亡する事故、多量の出血を伴うような事故等、特に悲惨な事故であって、本人が巻き込まれる可能性がある状況や、本人が被害者を救助することができたかもしれない状況を伴う事故を目撃した*

*傍観者的な立場での目撃は、「強」になることはまれ。

表3 心理的負荷が「強」となりえる「仕事の失敗、過重な責任の発生等」

具体的出来事	心理的負荷強度が「強」と判断される例
業務に関連し、重大な人身事故、重大事故を起こした	・業務に関連し、他人に重度の病気やケガ（長期間（おおむね2か月以上）の入院を要する、または労災の障害年金に該当するもしくは原職への復帰ができなくなる後遺障害を残すような病気やケガ）を負わせ、事後対応にも当たった ・他人に負わせたケガの程度は重度ではないが、事後対応に多大な労力を費した（減給、降格等の重いペナルティを課された、職場の人間関係が著しく悪化した等を含む）
会社の経営に影響するなどの重大な仕事上のミスをした	・会社の経営に影響するなどの重大な仕事上のミス（倒産を招きかねないミス、大幅な業績悪化に繋がるミス、会社の信用を著しく傷つけるミス等）をし、事後対応にも当たった ・「会社の経営に影響するなどの重大な仕事上のミス」とまでは言えないが、その事後対応に多大な労力を費した（懲戒処分、降格、月給額を超える賠償責任の追及等重いペナルティを課された、職場の人間関係が著しく悪化した等を含む）
会社で起きた事故、事件について、責任を問われた	・重大な事故、事件（倒産を招きかねない事態や大幅な業績悪化に繋がる事態、会社の信用を著しく傷つける事態、他人を死亡させ、または生死に関わるケガを負わせる事態など）の責任（監督責任など）を問われ、事後対応に多大な労力を費した ・重大とまではいえない事故、事件ではあるが、その責任（監督責任等）を問われ、立場や職責を大きく上回る事後対応を行った（減給、降格などの重いペナルティが課されたなどを含む）

◀表3　心理的負荷が「強」となりえる「仕事の失敗、過重な責任の発生等」（続き）▶

具体的出来事	心理的負荷強度が「強」と判断される例
自分の関係する仕事で多額の損失等が生じた	・会社の経営に影響するなどの特に多額の損失（倒産を招きかねない損失、大幅な業績悪化に繋がる損失等）が生じ、倒産を回避するための金融機関や取引先への対応等の事後対応に多大な労力を費した
業務に関連し、違法行為を強要された	・業務に関連し、重大な違法行為（人の生命に関わる違法行為、発覚した場合に会社の信用を著しく傷つける違法行為）を命じられた ・業務に関連し、反対したにもかかわらず、違法行為を執拗に命じられ、やむなくそれに従った ・業務に関連し、重大な違法行為を命じられ、何度もそれに従った ・業務に関連し、強要された違法行為が発覚し、事後対応に多大な労力を費した（重いペナルティを課された等を含む）
達成困難なノルマが課された	・客観的に、相当な努力があっても達成困難なノルマが課され、達成できない場合には重いペナルティがあると予告された
ノルマが達成できなかった	・経営に影響するようなノルマ（達成できなかったことにより倒産を招きかねないもの、大幅な業績悪化につながるもの、会社の信用を著しく傷つけるもの等）が達成できず、そのため、事後対応に多大な労力を費した（懲戒処分、降格、左遷、賠償責任の追及等重いペナルティを課された等を含む）
新規事業の担当になった、会社の立て直しの担当になった	・経営に重大な影響のある新規事業等（失敗した場合に倒産を招きかねないもの、大幅な業績悪化につながるもの、会社の信用を著しく傷つけるもの、成功した場合に会社の新たな主要事業になるもの等）の担当であって、事業の成否に重大な責任のある立場に就き、当該業務に当たった
顧客や取引先から無理な注文を受けた	・通常なら拒むことが明らかな注文（業績の著しい悪化が予想される注文、違法行為を内包する注文等）ではあるが、重要な顧客や取引先からのものであるためこれを受け、他部門や別の取引先と困難な調整に当たった
顧客や取引先からクレームを受けた	・顧客や取引先から重大なクレーム（大口の顧客等の喪失を招きかねないもの、会社の信用を著しく傷つけるもの等）を受け、その解消のために他部門や別の取引先と困難な調整に当たった

〔注〕上記以外の心理的負荷がかかる出来事として「大きな説明会や公式の場での発表を強いられた」「上司が不在になることにより、その代行を任された」があるが、心理的負荷強度が「強」になることはまれ。

◀表４　心理的負荷が「強」となりえる「仕事の量・質」▶

具体的出来事	心理的負荷強度が「強」と判断される例
仕事内容・仕事量の（大きな）変化を生じさせる出来事があった	・仕事量が著しく増加して時間外労働も大幅に増える（**倍以上に増加し、1月当たりおおむね100時間以上**となる）などの状況になり、その後の業務に多大な労力を費した（休憩・休日を確保するのが困難なほどの状態となった等を含む） ・過去に経験したことがない仕事内容に変更となり、常時緊張を強いられる状態となった
1か月に80時間以上の時間外労働を行った	・発病直前の**連続した2か月間に、1月当たりおおむね120時間以上**の時間外労働を行い、その業務内容が通常その程度の労働時間を要するものであった ・発病直前の**連続した3か月間に、1月当たりおおむね100時間以上**の時間外労働を行い、その業務内容が通常その程度の労働時間を要するものであった
2週間以上にわたって連続勤務を行った	・1か月以上にわたって連続勤務を行った ・2週間（12日）以上にわたって連続勤務を行い、その間、連日、深夜時間帯に及ぶ時間外労働を行った（いずれも、1日当たりの労働時間が特に短い場合、手待時間が多い等の労働密度が特に低い場合を除く）

〔注〕上記以外に心理的負荷のかかる出来事として「勤務形態に変化があった」「仕事のペース、活動の変化があった」があるが、心理的負荷が「強」になることはまれ。

◀表５　心理的負荷が「強」となりえる「役割・地位の変化等」▶

具体的出来事	心理的負荷強度が「強」と判断される例
退職を強要された	・退職の意思のないことを表明しているにもかかわらず、執拗に退職を求められた ・恐怖感を抱かせる方法を用いて退職勧奨された ・突然解雇の通告を受け、何ら理由が説明されることなく、説明を求めても応じられず、撤回されることもなかった
配置転換があった	・過去に経験した業務と全く異なる質の業務に従事することとなったため、配置転換後の業務に対応するのに多大な労力を費した ・配置転換後の地位が、過去の経験からみて異例なほど重い責任が課されるものであった ・左遷された（明らかな降格であって配置転換としては異例なものであり、職場内で孤立した状況になった）
転勤をした	・転勤先は初めて赴任する外国であって現地の職員との会話が不能、治安状況が不安といったような事情から、転勤後の業務遂行に著しい困難を伴った
複数名で担当していた業務を1人で担当するようになった	・業務を1人で担当するようになったため、業務量が著しく増加し時間外労働が大幅に増えるなどの状況になり、かつ、必要な休憩・休日も取れない等常時緊張を強いられるような状態となった

◀表5 心理的負荷が「強」となりえる「役割・地位の変化等」(続き)▶

具体的出来事	心理的負荷強度が「強」と判断される例
仕事上の差別、不利益取扱いを受けた	・非正規社員であるとの理由等により、仕事上の差別、不利益取扱いの程度が著しく大きく、人格を否定するようなものであって、かつこれが継続した

〔注〕上記以外の心理的負荷がかかる出来事として「自分の昇格・昇進があった」「部下が減った」「早期退職制度の対象となった」「非正規社員である自分の契約満了が迫った」があるが、心理的負荷が「強」になることはまれ。

◀表6 心理的負荷が「強」となりえる「パワーハラスメント」▶

具体的出来事	心理的負荷強度が「強」と判断される例
上司等から、身体的攻撃、精神的攻撃等のパワーハラスメントを受けた	・上司等から、治療を要する程度の暴行等の身体的攻撃を受けた場合 ・上司等から、暴行等の身体的攻撃を執拗に受けた場合 ・上司等による次のような精神的攻撃が執拗に行われた場合 →人格や人間性を否定するような、業務上明らかに必要性がないまたは業務の目的を大きく逸脱した精神的攻撃 →必要以上に長時間にわたる厳しい叱責、他の労働者の面前における大声での威圧的な叱責など、態様や手段が社会通念に照らして許容される範囲を超える精神的攻撃 ・心理的負荷としては「中」程度の身体的攻撃、精神的攻撃等を受けた場合であって、会社に相談しても適切な対応がなく、改善されなかった場合

◀表7 心理的負荷が「強」となりえる「対人関係」▶

具体的出来事	心理的負荷強度が「強」と判断される例
同僚等から、暴行または(ひどい)いじめ・嫌がらせを受けた	・同僚等から、治療を要する程度の暴行等を受けた場合 ・同僚等から、暴行等を執拗に受けた場合 ・同僚等から、人格や人間性を否定されるような言動を執拗に受けた場合 ・心理的負荷としては「中」程度の暴行またはいじめ・嫌がらせを受けた場合であって、会社に相談しても適切な対応がなく、改善されなかった

◀表8 心理的負荷が「強」となりえる「セクシュアルハラスメント」▶

具体的出来事	心理的負荷強度が「強」と判断される例
セクシュアルハラスメント（セクハラ）を受けた	・胸や腰等への身体接触を含むセクハラであって、**継続して行われた場合** ・胸や腰等への身体接触を含むセクハラであって、行為は継続していないが、**会社に相談しても適切な対応がなく、改善されなかった**、または、**会社への相談等の後に職場の人間関係が悪化した場合** ・身体接触のない性的な発言のみのセクハラであって、**発言の中に人格を否定するようなものを含み**、かつ**継続してなされた場合** ・身体接触のない性的な発言のみのセクハラであって、性的な発言が継続してなされ、かつ**会社がセクハラがあると把握していても適切な対応がなく、改善がなされなかった場合**

厚生労働省は毎年6月下旬に「過労死等の労災補償状況」を公表しており、精神障害と脳・心臓疾患の2020年度の状況は次のとおりです。

◀労災補償状況（2020年度）▶

■ 精神障害に関して

① 請求件数は2,051件（前年度比9件の減少）
② 支給決定件数は608件（前年度比99件の増加で、過去最多）
③ 認定事例のうち、月80時間以上の時間外・休日労働をしている割合約25%
④ 原因の1位はパワーハラスメント

■ 脳・心臓疾患に関して

① 請求件数784件（前年より減少）
② 支給決定件数194件（前年より減少）
③ 認定事例のうち、月80時間以上の時間外・休日労働をしている割合約90%

最新状況を確認して、試験に臨みましょう。

Point

また、近年は働き方改革の影響等により、多様な働き方が増え、働く場所や時間の自由度が増したり、複数の組織に所属して働く人も多くなりました。そうしたなか、2020年4月に、「脳・心臓疾患の労災認定の基準に関する専門家検討会」は、複数就業先の負荷を総合的に評価する場合の留意点や、脳・心臓疾患に関する最新の医学的知見を踏まえた認定基準などの見直しを行っています。

7 長時間労働の防止

重要度

極度の長時間労働が労災認定基準において「特別な出来事」に指定されている

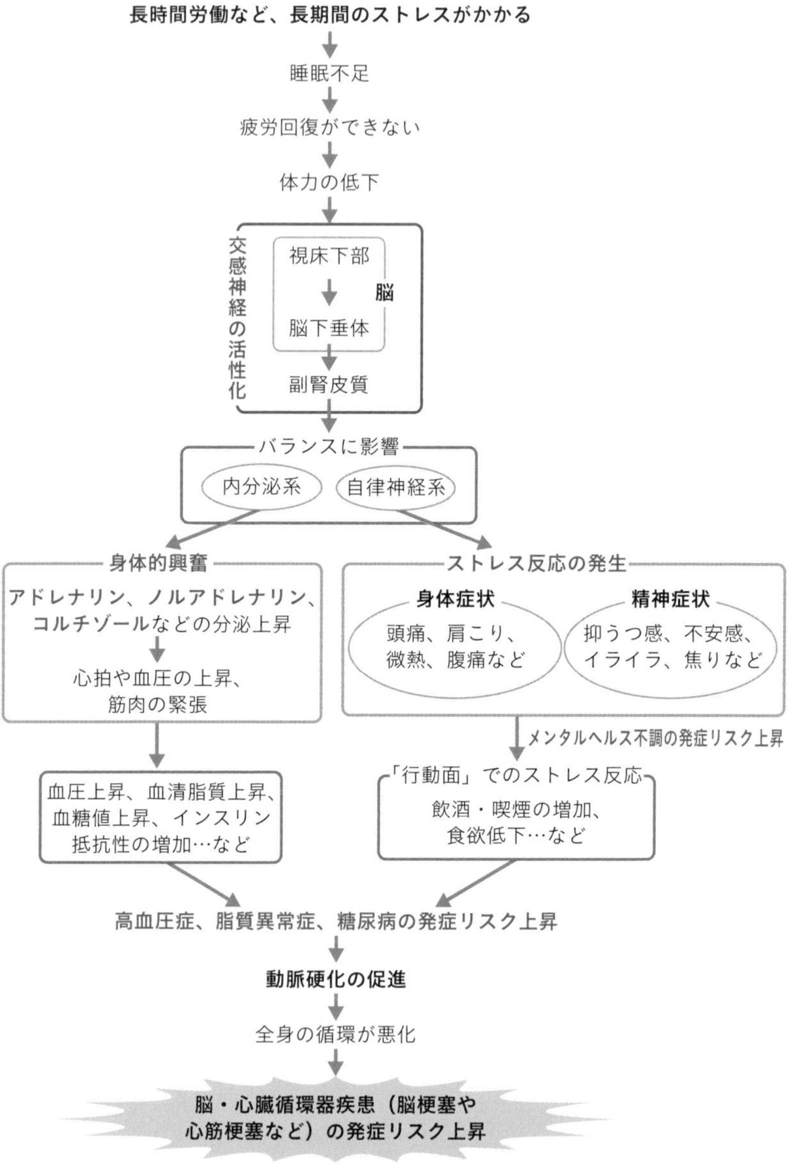

長時間労働など、長期間のストレスがかかる

↓

睡眠不足

↓

疲労回復ができない

↓

体力の低下

↓

交感神経の活性化

脳：視床下部 → 脳下垂体

↓

副腎皮質

↓

バランスに影響

内分泌系　自律神経系

身体的興奮

アドレナリン、ノルアドレナリン、コルチゾールなどの分泌上昇

↓

心拍や血圧の上昇、筋肉の緊張

↓

血圧上昇、血清脂質上昇、血糖値上昇、インスリン抵抗性の増加…など

ストレス反応の発生

身体症状
頭痛、肩こり、微熱、腹痛など

精神症状
抑うつ感、不安感、イライラ、焦りなど

↓ **メンタルヘルス不調の発症リスク上昇**

「行動面」でのストレス反応

飲酒・喫煙の増加、食欲低下…など

↓

高血圧症、脂質異常症、糖尿病の発症リスク上昇

↓

動脈硬化の促進

↓

全身の循環が悪化

↓

脳・心臓循環器疾患（脳梗塞や心筋梗塞など）の発症リスク上昇

図２　ストレスによる健康障害発症のメカニズム

この流れは、字面で覚えるというよりも、実際に自分の体に起きているイメージでとらえると、間違った選択肢には違和感を覚えると思います。

【例】残業が多くなるとなんとなく体が強張ってきて、家に帰ってもリラックスできず頭が変に冴えてしまう……など

ように、長時間労働は**「うつ病」などのメンタルヘルス不調と強く関連性**があります。

近年、多くの臨床事例や疫学調査から、**長時間労働それ自体が、精神障害発症の誘因になりえる**との見解が認められています。また、**「脳・心臓疾患」の発症と関連が強いという医学的知見**もあります。**月の時間外労働が「45時間」を超えて長くなればなるほど、発症リスクは高まる**とされています。「労働時間」は目に見える、わかりやすい判定基準であるため、労災認定においても、極度の長時間労働は「一発アウト」になりやすく、職場においては対策の優先順位が高い課題と捉えるべきです。

長時間労働と健康障害の関連性は上記赤字のキーワードとともに覚えておいてください。

「過重労働による健康障害防止対策（過重労働対策）」は、メンタルヘルスケアとは目的や内容が異なり、脳出血、くも膜下出血、脳梗塞などの**脳血管疾患**と、心筋梗塞、狭心症などの**虚血性心疾患**など（**脳・心臓疾患**）の予防対策です。

ちなみに、厚生労働省によれば、**過労死**とは、「過度な労働負担が誘因となって、高血圧や動脈硬化などの基礎疾患が悪化し、脳血管疾患や虚血性心疾患、急性心不全などを発症し、永久的労働不能または死に至った状態」をいいます。

これらに加えて、精神障害に罹ったり、それによって自殺に至ることを**過労死等**と定義しています（2014年制定「過労死等防止対策推進法」より）。

過労死を防ぐためにも、健康障害が発症する流れのなるべく「上流」において、対策をうつことが重要です。その１つが、過重労働対策なのです。

1 労働基準法

労働基準法では以下のように定められています。

◀労働と時間外労働等▶

■ **労働時間**（労基法32条）

1週間について40時間を超えて労働させてはならない。

■ **時間外および休日の労働**（労基法36条1項）

労働者の過半数で組織する労働組合または労働者の過半数を代表する者と書面による協定をし、これを行政官庁に届け出た場合においては、その協定に定めるところによって労働時間を延長し、または休日に労働させることができる。

ただし、**厚生労働大臣が労働時間の延長の限度などを定めることができる**とされています。

現在定められている労働時間延長の限度は表9のとおりです。

限度は法律の中で一律に決まっているのではなく、厚生労働大臣が決めるものです。

◀表9　労働時間の延長の限度▶

期　間	1週間	2週間	4週間	1か月	2か月	3か月	1年間
限度時間	15時間	27時間	43時間	45時間	81時間	120時間	360時間

〔注〕「特別な事情」が生じたときには、労使協議等で延長することが可能。

さらに、2018年に**「働き方改革」**の一環として、労働基準法が改正されました。36協定で定める時間外労働には**罰則付きの上限**が設けられています。

◀36協定で定める時間外労働の限度時間▶

■1か月：**45時間以内**

■1年間：**360時間以内**

【特別な事情がある場合】

① 時間外労働：**年720時間以内**

② 休日労働＋時間外労働：**1か月100時間未満**

③ 休日労働＋時間外労働：2か月ないし6か月のそれぞれにおいて**1か月平均80時間以内**

④ 原則である月45時間を上回る回数は**年6回まで**

⑤ 一定の有害業務の1日の時間外労働は**2時間以内**

※上記の限度時間は、「新たな技術、商品または役務の研究開発にかかる業務」については適用されない。

【その他の条項】

■使用者は、年次有給休暇の日数が10日以上の労働者に対して、そのうち5日について、毎年、時季を指定して取得させなければならない。

また、「労働時間の適正な把握のために使用者が講ずべき措置に関するガイドライン」において、始業・終業時刻の確認および記録の原則的な方法が示されています。

・使用者が、自ら現認することにより確認し、適正に記録すること。

・タイムカード、ICカード、パソコンの使用時間の記録等の客観的な記録を基礎として確認し、適正に記録すること。

2 労働時間の適正な把握のために使用者が講ずべき措置に関する指針

割増賃金未払いやサービス残業の防止、労働基準監督署による時間管理に関する指導を強化するための指針として「労働時間の適正な把握のために使用者が講ずべき措置に関する指針」が2001年に厚生労働省より発表されました。

3 過重労働による健康障害防止のための総合対策

2006年に厚生労働省より「過重労働による健康障害防止のための総合対策」(以降、「**総合対策**」)の目的が以下のように発表されました。

なお、その後、数回改廃され、「働き方改革」に関連する法律の施行を受けて2019年、2020年にも改正されています。

> 《「総合対策」の目的》
>
> 長時間にわたる過重な労働は、疲労の蓄積をもたらす最も重要な要因と考えられ、さらには、脳・心臓疾患の発症との関連性が強いという医学的知見が得られている。
>
> 働くことにより労働者が健康を損なうようなことはあってはならないものであり、この医学的知見を踏まえると、労働者が疲労を回復することができないような長時間にわたる過重労働を排除していくとともに、労働者に疲労の蓄積を生じさせないようにするため、労働者の健康管理に係る措置を適切に実施することが重要である。

また、「労働時間の適正な把握のために使用者が講ずべき措置に関する基準について」(2001年基発399号)によって、労働基準監督署による時間管理が強化されました。なお、本基準において、**労働時間の適正な把握は、労働基準法上では労働時間の規制などが「適用除外」とされている管理監督者についても行う必要がある**としています。

管理監督者が長時間労働でうつ病になることも珍しくありません。
その場合は当然、企業は安全配慮義務違反を問われます。

過重労働による健康障害を防止するために事業者が講ずるべき措置としては、次頁のように示されています。

◀「総合対策」の具体的対策▶

① 時間外・休日労働の削減
② 年次有給休暇の取得促進
③ 労働時間等の設定の改善
④ 労働者の健康管理に係る措置の徹底
- ・健康管理体制の整備、健康診断の実施等
- ・長時間にわたる時間外・休日労働を行った労働者に対する面談指導等
- ・過重労働による業務上の疾病を発生させた場合の措置（原因究明と再発防止）
- ・メンタルヘルス対策

4 労働安全衛生法

◀面接指導等（安衛法66条の8）▶

事業者は、その労働時間の状況その他の事項が労働者の健康の保持を考慮して**厚生労働省令で定める要件**に該当する労働者に対し、医師による面接指導を行わなければならない。

厚生労働省令で定める面接指導を受けさせる義務が発生する要件は、次の①、②とされています（一般労働者の場合）。

① 休憩時間を除き1週間当たり40時間を超えて労働させた場合におけるその超えた時間が1か月当たり**80時間**を超え、かつ、疲労の蓄積が認められる者であること

② 面接指導は、要件に該当する労働者の申出により行うもの

さらに、医師による面接指導を受けさせた後に、事業者は、面接指導の結果に基づいた医師の意見を聴き、必要な労働者に対して、当該労働者の実情を考慮して事後措置を講じなければなりません。

なお、この基準を参考に、衛生委員会等で調査審議のうえ、事業場において自主的な基準を定め、労働安全衛生法の面接指導対象者以外に対しても、「面接指導またはこれに準ずる措置（保健師による保健指導、チェックリストを用いた疲労蓄積度の把握など）」を行うことが、**努力義務**とされています。

一般労働者以外では、**「新たな技術、商品または役務の研究開発業務従事労働者」**の場合、**100時間／月超**の労働者には、申出要件なしで必ず面接指導をす

る必要があり、実施していない場合には**罰則規定**があります。**「高度プロフェッショナル制度対象労働者」**の場合、労働時間に関わらず、申出をした労働者に面接指導をすることが**努力義務**となっており、健康管理時間（事業所内にいた時間＋事業場外での労働時間）が**100時間／月超**になると、上記と同様に、申出要件なしで必ず面接指導をする必要があり、実施していない場合には**罰則規定**があります。

医師による面接指導の方法についても、次のようなガイドラインが示されています。

◀医師による面接指導の方法▶

① 事業場から、労働時間・業務内容・健康診断個人結果・問診票や自己チェックシート等の提供を受ける（情報の提供は事業者側の義務となっている。労働時間の把握後、**おおむね2週間以内**に提供）。
② 面接対象者の**「勤務の状況」「疲労の蓄積の状況」「その他心身の状況」**を確認する。
③ 診断区分・**就業区分（通常勤務／就業制限／要休業）**・指導区分の判定を行う。
④ 判定に応じ、保健指導・生活指導・医療受診指導を行う。
⑤ 面接時に記入したチェックリストなどは守秘義務のある産業保健スタッフが保管し、事業者へは別途報告書を作成、就業上必要な配慮についての意見を提出する。
⑥ 面接指導の結果については**5年間の保存義務**がある。

なお、面談を担当する産業医等の医師に対して、事業者は労働者の情報を提供することが労働安全衛生法で定められていますが、**ストレスチェックの個人結果**については、当該医師が実施者でない限り、**本人の同意なく提供してはいけません**。

また、最近では情報通信機器を活用した**遠隔面談**でもよいとされていますが、遠隔面談を実施する場合には、担当する医師が産業医であること、または過去1年以内に当該事業場を巡視したことがあること、使用する情報通信機器が適切な状態であることなどの条件が示されています。

医師による長時間労働面談は、**過労死の兆候やメンタルヘルス不調の早期発見を目的とする「二次予防」**です。「医師に診せているからうちは大丈夫」という人事の方も時折いますが、長時間労働そのものへの対策など、**不調者発生を未然に防ぐ「一次予防」**を同時に行わなければなりません。

5 衛生委員会の活用

長時間労働対策を議題とし、部門ごとの状況や健康障害発生の報告を一元的に把握します。問題が大きい部署に対しては対策を計画し、部署での実施をサポートします。産業医を中心に情報を管理するとよいでしょう。

6 地域産業保健センターの活用

常時50人未満の労働者を使用する小規模事業場は、産業医の選任義務や衛生委員会の開催義務がないため、対策が打ちにくいものです。地域産業保健センターから医師の面接指導等のサービスを受けることができるので、活用を検討するとよいでしょう。

8 ストレスチェック制度　重要度

労働安全衛生法が改正され、2015年12月1日に、ストレスチェック制度が施行されました。ストレスチェック制度は、労働者のストレスの状況を把握し、労働者自身がセルフケアを推進すること、また、職場環境改善などにより、働きやすい職場づくりを推進することにより、**メンタルヘルス不調を未然に防ぐ「一次予防」が主な目的**とされています。

ストレスが高まっている人の早期発見も目的ではありますが、メンタルヘルス不調者をスクリーニングすることは目的ではないので、注意してください。

1 対象・実施体制

「常時**50人以上**の労働者を使用する事業場の労働者」が対象となります。派遣労働者に関しては、「派遣元」に実施の義務があります。ちなみに、事業者側にはストレスチェックを**実施する義務があり**ますが、労働者のほうには**受検の義務はなく**、あくまでも任意です。

- **実施者**：ストレスチェックの「実施者」になれるのは、医師、保健師、一定の研修を受けた看護師、精神保健福祉士、歯科医師、公認心理師など医療専門職に限られます。
- **実施事務従事者**：実施者の指示のもと、実施事務を行う者です。特に資格はいりませんが、回答内容や個人結果を参照することがあるので、守秘義務があり、人事権のある管理監督者は従事することができません。通常、社内の産業保健スタッフや、人事権のない人事労務担当者がなることが多いです。

・**衛生委員会**：ストレスチェック制度規程、実施計画、実施方法などは、衛生委員会で調査審議します。

2 ストレスチェックの実施方法

4章で紹介する「職業性ストレス簡易調査票」を使用することが推奨されていますが、**ストレス要因、ストレス反応、周囲のサポート状況**の3項目がチェックできるツールであれば、どんなストレスチェックツールを使用するかは事業者の自由です。

実施の頻度は、**少なくとも1年に1回**です。WEBシステムやマークシートなどを使用し、労働者に受検してもらいます。個人結果は、**実施者から本人へ直接通知**されます。本人の同意がない限り、事業者側に個人結果が開示されることはありません。

3 高ストレス者の判定

厚生労働省が発表している「実施マニュアル」に提示されている評価基準を参考にしながら、実施者の助言、衛生委員会での調査審議を経て、事業所ごとに「高ストレスの基準」を決定します。基準に基づいて、**「高ストレス者」と判定された者の中から、実施者は「医師面接対象者」を決定**します。「医師面接対象者」には、実施者より、医師面接指導の勧奨がなされます。

4 医師面接の実施

医師面接指導の勧奨を受けた者が事業者に申し出た場合には、事業者は必ず、医師面接指導を実施しなければなりません。**申出を受けた後、おおむね1か月以内に医師面接指導を実施**し、医師は就業上の措置（通常勤務・就業制限・要休業）に関する意見を述べます。事業者は面接を担当した医師から意見を聴き、その結果、必要に応じて、就業場所の変更、作業の転換、労働時間の短縮、深夜業の回数減少などの措置を講じなければなりません。

なお、産業医や過去1年以内に当該事業場を巡視したことがある医師などは、情報通信機器を用いた面接、いわゆる「遠隔面接」を行うことも可能です。

5 集団分析

個人結果を部署ごとや役職ごとに集計するといった**集団分析の実施は、努力義務**です。ただし、職場環境の改善がストレスチェック制度の目的となっている以

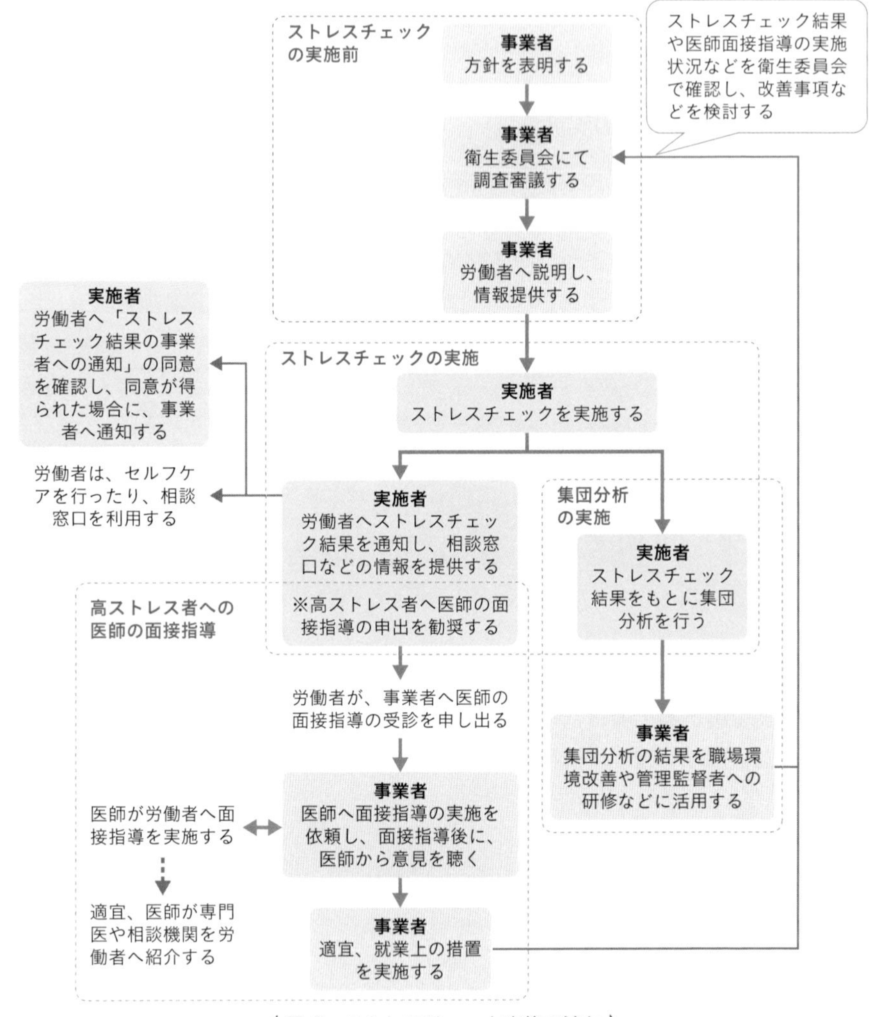

図3 ストレスチェック実施の流れ

上、集団分析を実施することが推奨されています。集団分析は10名以上の集団で実施し、**個人の特定ができないように配慮**する必要があります。また、**その結果の共有範囲についても、衛生委員会にて慎重に検討**していきます。

6 その他の労働安全衛生法上の留意点

実施者となる医師や保健師などに法律に則った守秘義務があるのは当然です

が、**実施事務従事者にも、労働安全衛生法105条による守秘義務が課され**ます。これに違反すると、「**6か月以下の懲役または50万円以下の罰金**」という罰則が適用されます。

事業者は、労働者が医師面接を申し出たことを理由として、当該**労働者に対して不利益な取扱いをすることは禁止**されています。

事業者はストレスチェックの実施状況を**1年以内ごとに1回、所轄の労働基準監督署へ報告**しなければなりません。

ストレスチェックの実施、医師面接指導の実施などは**義務**ではありますが、それを実施しないことに対しての**罰則はありません**。ただし、次の①～③については怠ると**罰則が適用**されます。

① ストレスチェック、面接指導の**5年間**の記録の保存
② 守秘義務
③ 労働基準監督署への報告

9 自殺対策基本法

重要度

自殺対策基本法は、2006年10月に施行されました。**目的条文**には、次のようなことが記されています。

◀目的▶

近年、我が国において自殺による死亡者数が高い水準で推移している状況にあり、誰も自殺に追い込まれることのない社会の実現を目指して、これに対処していくことが重要な課題となっていることに鑑み、自殺対策に関し、基本理念を定め、および国、地方公共団体などの責務を明らかにするとともに、自殺対策の基本となる事項を定めることなどにより、自殺対策を総合的に推進して、自殺の防止を図り、あわせて自殺者の親族などの支援の充実を図り、もって国民が健康で生きがいを持って暮らすことのできる社会の実現に寄与することを目的とする。

また、**基本理念**としては、次のようなことが挙げられています。

◀基本理念▶

・自殺対策は、生きることの包括的な支援として、すべての人がかけがえのない個人として尊重されるとともに、生きる力を基礎として生きがいや希望を持って暮らすことができるよう、その妨げとなる諸要因の解消に資するための支援とそれを支えかつ促進するための環境の整備充実が幅広くかつ適切に図られることを旨として、

実施されなければならない。
・自殺対策は、自殺が個人的な問題としてのみ捉えられるべきものではなく、その背景にさまざまな社会的な要因があることを踏まえ、社会的な取組みとして実施されなければならない。

また、2016年3月にその対策の強化のため、同法は改正がなされ、次の通り、**関係者の連携協力**などが追加されています。

《改正によって追加された「関係者の連携協力」》

国、地方公共団体、医療機関、事業主、学校、自殺対策に係る活動を行う民間の団体その他の関係者は、自殺対策の総合的かつ効果的な推進のため、相互に連携を図りながら協力するものとする。

なお、精神障害による労災認定においても、「**業務による心理的負荷によって精神障害を発病した人が自殺を図った場合**は、精神障害によって、正常な認識や行為選択能力、自殺行為を思いとどまる精神的な抑制力が著しく阻害されている状態に陥ったもの（故意の欠如）と推定され、**原則としてその死亡は労災認定**される」という取扱いになっていることから、企業のリスクヘッジとしても自殺防止は重要なテーマです。

《自殺対策基本法施行後の主な取組み》

2006年10月　「自殺予防総合対策センター」の設置
2007年6月　「自殺総合対策大綱」の閣議決定（以後5年ごとに見直し）
毎年9月10日～16日　「自殺予防週間」とする
毎年3月　「自殺対策強化月間」とする
2016年4月　自殺対策を内閣府から厚生労働省（社会・援護局障害保健福祉部）に移管
2017年7月　自殺総合対策大綱の中に、以下が掲げられる
・地域レベルの実践的な取り組みのさらなる推進
・若者の自殺対策、勤務問題による自殺対策のさらなる推進
・自殺死亡率を2026年までに2015年比30%以上減少
2019年9月　「自殺対策の総合的かつ効果的な実施に資するための調査研究及びその成果の活用等の推進に関する法律」が制定

10 アルコール健康障害対策基本法　重要度

アルコール健康障害対策基本法は、次を目的として制定されました。

〈目的〉

酒類が国民の生活に豊かさと潤いを与えるものであるとともに、酒類に関する伝統と文化が国民の生活に深く浸透している一方で、不適切な飲酒はアルコール健康障害の原因となり、アルコール健康障害は、本人の健康の問題であるのみならず、その家族への深刻な影響や重大な社会問題を生じさせる危険性が高いことに鑑み、アルコール健康障害対策に関し、基本理念を定め、および国、地方公共団体などの責務を明らかにするとともに、アルコール健康障害対策の基本となる事項を定めることなどにより、アルコール健康障害対策を総合的かつ計画的に推進して、アルコール健康障害の発生、進行および再発の防止を図り、あわせてアルコール健康障害を有する者などに対する支援の充実を図り、もって国民の健康を保護するとともに、安心して暮らすことのできる社会の実現に寄与する。

具体的には、次のようなことが定められています。

〈主な規定〉

① 酒類の製造または販売を行う事業者は、国および地方公共団体が実施するアルコール健康障害対策に協力するとともに、その事業活動を行うに当たって、アルコール健康障害の発生、進行および再発の防止に配慮するよう努めるものとする。
② 健康増進事業実施者は、国および地方公共団体が実施するアルコール健康障害対策に協力するよう努めなければならない。
③ 国民の間に広くアルコール関連問題に関する関心と理解を深めるため、11 月 10 日から 16 日をアルコール関連問題啓発週間とする。
④ 政府は、アルコール健康障害対策の総合的かつ計画的な推進を図るため、**「アルコール健康障害対策推進基本計画」**を策定しなければならない（2016 年 5 月に策定）。

11 障害者の雇用に関する法律　重要度

1 障害者の雇用への配慮

障害者雇用促進法（正式名称：障害者の雇用の促進等に関する法律）は、「身体障害者または知的障害者の雇用義務などに基づく雇用の促進などのための措置、雇用の分野における障害者と障害者でない者との均等な機会、待遇の確保、障害者がその有する能力を有効に発揮することができるようにするための措置、職業リハビリテーションの措置、その他障害者がその能力に適合する職業に就くことなどを通じて、その職業生活において自立することを促進するための措置を総合的に講じ、障害者の職業の安定を図ること」を目的として制定されました。

また、2013年に成立した**障害者差別解消法**（正式名称：障害を理由とする差別の解消の推進に関する法律）と改正障害者雇用促進法の影響により、今後は精神障害者とともに働く機会が増えてくるでしょう。**障害者差別解消法**は**職場での就労**にあたって、**改正障害者雇用促進法**は**雇用関係**において、障害者に対する**不当な差別的取扱いの禁止**、また、**合理的な配慮の提供**を求めています。

ここでいう差別禁止、合理的配慮の対象となる「精神障害」は、統合失調症、気分障害（うつ病・躁うつ病など）、発達障害など**さまざまな精神疾患により、長期に渡り職業生活に相当な制限を受ける状態にあるもの**をいいます。比較的短期で治癒するものも含めた**広義の「メンタルヘルス不調者」とは必ずしも同一の対象者ではありません。**

〈2013年に追加された改正障害者雇用促進法の内容〉

■ **障害者に対する差別の禁止**
雇用の分野における障害を理由とする差別的取扱いを禁止する。

■ **障害者に対する合理的配慮の提供義務**
事業主に、障害者が職場で働くに当たっての支障を改善するための措置を講ずることを義務付ける。

合理的な配慮とは、障害者の能力の有効な発揮が妨げられるような事情を改善する措置を講ずることをいいます。厚生労働省は、2015年に「合理的配慮指針」を策定しています。

〈表10 「合理的な配慮」の具体例〉

	合理的な配慮の具体例
精神障害の場合	・募集・採用時の面接時に、就労支援機関の職員の同席を認める ・採用後、業務指導や相談に関し、担当者を定める ・採用後、できるだけ静かな場所で休憩できるようにする　　など
発達障害の場合	・業務指示やスケジュールを明確にし、指示を1つずつ出す、作業手順をマニュアル化する（上記精神障害の場合も同様） ・感覚過敏を緩和するため、サングラスの着用や耳栓の使用を認める

法に定められた雇用義務に違反すると、ハローワークから改善指導が入ったり、**30万円以下の罰金**が課されたり、**企業名が公表**されるなどの罰則があります。

2 障害者の法定雇用率

2018年4月以降、企業などに雇用が義務づけられている障害者の範囲が拡大しました。それまで**身体障害者と知的障害者が対象**でしたが、これに**精神障害者が加わりました**。また、**法定雇用算定率も引き上げられ**、従業員45.5名以上の民間企業では**2.3%**となっています。

精神障害者が働きやすい職場づくりを行った事業主に対しては、**精神障害者雇用安定奨励金**という奨励金が支給されます。

ただし、「精神障害者雇用安定奨励金」制度の奨励金は、かかった**費用の半額**であり、**上限が100万円**となっています。

◀ 精神障害者職場定着のための対策例 ▶

- カウンセリングを行う精神保健福祉士などを新たに雇用、または、委嘱する。
- 社内の専門人材を育成するために、従業員に精神保健福祉士などの養成課程を履修させる。
- 社内で精神障害に関する講習を実施する、または、外部講習を履修させる。
- 在職精神障害者を相談担当者として配置する。
- 新規雇用した精神障害者が体調不良などにより休職した場合に精神障害者の代替要員を確保する。

◀ 納付金・調整金 ▶

■ **障害者雇用率未達成の事業主**
障害者雇用納付金として不足1名当たり月額**5万円を徴収**される。

■ **障害者雇用率達成の事業主**
障害者雇用調整金として超過1名当たり月額**2万7千円が支給**される。

※どちらも常時雇用者100名を超える企業が対象。

その他にも、障害者の雇用に関して、次のような支援があります。

① 障害者作業施設設置等助成金

② 障害者介助等助成金

③ハローワーク（全国544か所）による支援
④地域障害者職業センター（全国47か所）による支援
⑤障害者就業・生活支援センター（全国330か所）による支援
⑥短時間労働の障害者を雇用する企業への特例給付金の支給
⑦中小企業を対象とした障害者雇用に関する優良事業主としての認定制度（認定マークあり）

12 個人情報保護法と安全配慮義務　重要度

メンタルヘルスに関する個人情報は、特に機微な情報で、**センシティブ情報**とも言われます。誤解や偏見を招きやすいという側面もあることから、一般的な個人情報よりもさらに厳密に保護・管理されるべき情報となります。さらに、事業所内でプライバシーへの配慮がないと、労働者は自分の不調を誰にも相談できなくなり、不調の発見が遅れるという弊害に繋がります。

プライバシーへの配慮を求められる関係者は、事業者、管理監督者、産業保健スタッフ（産業医、衛生管理者、保健師、看護師など）はもちろんのこと、**同僚も含まれる**ことに注意してください。事業者には安全配慮義務が課されています。事業者は労働者の健康状態を知り、健康で安全に就業できるように配慮しなければなりません。

一方で、労働者の健康情報はプライバシーとして保護されるべきものであり、産業保健スタッフには守秘義務があります。

この「板ばさみ」が職場の健康管理上難しい問題であり、「両立」させる術を考えていかなくてはなりません。

1 守秘義務

産業保健スタッフなどの守秘義務に関しては、表11のとおりさまざまな法律で定められています。

表 11　医療スタッフと守秘義務関係法令

職種	適用される法律
医師 歯科医師	**刑法**により、守秘義務を負っている。 ●刑法 134 条 1 項 「医師（中略）またはこれらの職にあった者が、正当な理由がないのに、その業務上取り扱ったことについて知りえた人の秘密を漏らしたときは、6 月以下の懲役または 10 万円以下の罰金に処する。」
精神保健福祉士	●精神保健福祉士法 40 条 「精神保健福祉士は、正当な理由がなく、その業務に関して知り得た人の秘密を漏らしてはならない。」
公認心理師	●公認心理師法 41 条 「公認心理師は、正当な理由がなく、その業務に関して知り得た人の秘密を漏らしてはならない。」
保健師、看護師	**保健師助産師看護師法** 42 条の 2 および 44 条の 4 により、秘密保持義務および罰則が規定されている
健康診断の事務担当者	●**労働安全衛生法** 104 条 「健康診断（中略）の実施の事務に従事した者は、その実施に関して知りえた労働者の秘密を漏らしてはならない。」
ストレスチェックの実施事務事業者	●**労働安全衛生法** 105 条 「面接指導の実施の事務に従事した者は、その実施に関して知り得た労働者の秘密を漏らしてはならない。」
その他の人	**民法**により、**プライバシーを侵害**された者から、損害賠償を請求される可能性がある ●民法 709 条 「故意または過失によって他人の権利または法律上保護される利益を侵害した者は、これによって生じた損害を賠償する責任を負う。」

どの職種が何の法律で規制されているかは押さえておく必要があります。
医師については「医師法」の規定ではないので注意。

なお、働き方改革にともない、労働安全衛生法が改正され、104 条に、以下の規定が追加されています。

・事業者は、労働者の心身の状態に関する情報を収集し、保管し、または使用するにあたっては、労働者の健康の確保に必要な範囲内で収集し、目的の範囲内でこれを保管し、使用しなければならない。ただし、本人の同意がある場合、その他正当な理由がある場合は、この限りではない。
・事業者は、労働者の心身に状態に関する情報を適正に管理するために必要な措置を講じなければならない。
・厚生労働大臣は、事業者が講ずべき措置の適切かつ有効な実施を図るため必要な指針を公表するものとする。

関連知識　プライバシー権とは？

プライバシー権というのは、憲法に明記されてはいませんが、憲法13条の幸福追求権を根拠に導かれています。最高裁判決では、この幸福追求権を根拠に「個人の私生活上の自由の1つとして、何人も、個人に関する情報をみだりに第三者に開示または公表されない自由を有するものと解される」としています。

2 個人情報保護法

2005年4月に施行された法律です。個人情報とは、個人を特定・識別できる情報すべてを指し、心身の健康状態や病歴などの健康情報も当然含まれます。

2017年5月に施行された同法の改正により、**取り扱う個人情報の数に関わらず**、個人情報データベースなどを事業の用に供している者を**「個人情報取扱事業者」**と定義することになりました。

また、「要配慮個人情報」の規定が新設されました。**本人に対する不当な差別や偏見が生じないよう特に配慮を要する個人情報**（人種や信条、社会身分、病歴、前科前歴など）を**要配慮個人情報**として新たに規定しています。この要配慮個人情報を取得する場合には、原則として**本人の同意を得ることが義務**づけられます。本人の同意を得ずに個人情報を第三者提供する特例である**オプトアウト規定からも除外**されています。

ただし、法令に基づく場合や人の生命・身体・財産の保護のために必要であって、本人の同意を得ることが困難である場合には、同意なしに取得できます。

◀「個人情報取扱事業者」に課されている項目の例▶

・利用目的の特定と利用目的による制限
・適正な取得、取得に際しての利用目的の通知
・データ内容の正確性の確保
・情報漏れ防止のための安全管理措置や業務委託先・従事者の監督
・第三者提供の禁止
・本人の求めに応じての公表、開示、訂正、利用停止
・苦情の処理

3 健康情報の適切な取扱い指針

2019年4月に、**「労働者の心身の状態に関する情報の適正な取扱いのために事業者が講ずべき措置に関する指針」**が適用になりました。本指針の目的は2つです。

① 労働者が、不利益な取扱いを受けるという不安を抱くことなく、安心して産業医等による健康相談等を受けられるようにする。

② 事業者が、必要な情報を取得して、労働者の健康確保措置を十全に行えるようにする。

また、その他の留意点は以下の通りです。

◀指針の留意点▶

- 健康情報に関する取扱規程を、衛生委員会などで協議したうえで策定し、労働者に周知する。
- 上記「健康情報取扱規程」策定の際には、「事業場における労働者の健康情報等の取扱規程を策定するための手引き」を参照する。
- 取扱規程では、健康情報等を取扱う者、その者の権限、取扱う範囲をあらかじめ定める。
- 法令上守秘義務が課されていない取扱者については、取扱規程の中で守秘義務について定めることが望ましい。

4 医療・介護分野におけるガイドライン

厚生労働省から「医療・介護関係事業者における個人情報の適切な取扱いのためのガイドライン」と「健康保険組合等における個人情報の適切な取扱いのためのガイドライン」が公表されています。

このガイドラインにおいて、取り扱う個人情報の規模に関わらず、すべての事業者に対し、個人情報取扱業者の義務を果たすように求めています。また、**医療事務従事者やカウンセラーなど、法的な守秘義務がない者に対しても、離職後も含めて、守秘義務を課す就業規則の整備が求められています。**

5 個人情報の保護と安全配慮義務の両立

情報を保護しようとする余り、労働者の健康が損なわれるようでは、本末転倒といえます。そのため事業者は、適切に就業上の措置を行うために、労働者の健康状態を知る必要があります。両立させるためには、次のような順番で考えます。

(a) 本人の同意がとれる場合

産業保健スタッフ等から事業者、管理監督者等に情報を提供する必要があるときには、まずは本人同意をとることが大前提です。ただし、本人同意がとれている情報に関しても、誤解や偏見が生じないように、病名（診断名）は削除するなど、就業上の配慮をするのに必要最小限の情報に加工しましょう。

(b) 本人同意がとれない場合

「緊急性・重要性」と「プライバシーの保護」とのバランスで判断します。他傷・自傷の危険性がある場合、例えば、運転の業務に就いている者に睡眠障害があるケースや、自殺をほのめかしているケースなど、プライバシーの保護よりも情報を関係者に共有して安全を確保すべき場面があります。

ケースバイケースといっては身も蓋もないですが、事例を積み重ねながら「緊急性・重要性」を個別に判断し、必要最小限の情報を必要最小限の関係者に提供して対応を相談することになります。

個人情報保護は非常に大切なことですが、「絶対優位」ではないです。

6 健康情報管理のポイント

健康情報管理に関するポイントを整理すると、表12の4点になります。

表12　健康情報管理のポイント

ポイント	概要と要点
① 利用目的を明確にする	・個人情報保護法によって、個人情報を特定の目的なしに集めることは許されていない ・健康情報に関しても、**就業上の措置を行い、安全配慮義務を果たす目的で収集する**。ただし、その目的のためであっても、本人同意は必要になる ・休職していた者の職場復帰の可否判断に使用するなど、利用目的がはっきりしていれば、**本人に主治医の診断書以外に、会社が指定する医師の診断や産業医面談による意見書を求めるよう指示することも可能**
② 情報の集約・整理を行う	・健康情報は、**産業医や保健師などの医療職**が、**一元管理する**ことが望ましい ・医療職がいない場合には、衛生管理者など取り扱う人を限定し、就業規則や取扱規程などで守秘義務を課す

◀表 12　健康情報管理のポイント（続き）▶

ポイント	概要と要点
③情報漏えいの防止策をとること	・関係者には研修を行ったり、**衛生委員会で取扱いのルールを定めたり**、保管方法を徹底したりして、できる限りの防止策をとる ・メール送信先の宛名確認、添付ファイルの暗号化、Web 面談の際にはパスワード対策済みの Wi-Fi を使うなどの対策をとる
④プライバシーマーク認定	・プライバシーマーク制度で認定を受ければ、法律を遵守するだけでなく、自主的により高い保護レベルの個人情報保護マネジメントシステムを確立・運用していることの証明になるので、認定取得を検討する

健康に関する個人情報は、腫れ物にさわるように取り扱うというよりも、目的やルール、取り扱う役割の人をしっかり決めるというスタンスが正解だと思います。

13 労働者の心の健康の保持増進のための指針　重要度

2006 年に厚生労働省より発表された「労働者の心の健康の保持増進のための指針」は略して、**メンタルヘルス指針**と呼ばれています。なお、主に「ストレスチェック制度」施行にともなう指針公示により 2015 年 11 月 30 日に「メンタルヘルス指針」が改正されました。

1 趣　旨

本指針は、労働安全衛生法 70 条の 2 第 1 項の規定に基づき、同法 69 条 1 項の措置の適切かつ有効な実施を図るための指針として、厚生労働省が定めたものです。この指針の趣旨は、事業場において事業者が講ずるように努めるべき労働者の心の健康の保持増進のための措置（メンタルヘルスケア）が適切かつ有効に実施されることです。

なお、指針のなかでは、メンタルヘルスケアの原則的な実施方法について具体的に規定されています。

◀健康教育等（安衛法69条）▶

事業者は、労働者に対する健康教育および健康相談その他労働者の健康の保持増進を図るため必要な措置を継続的かつ計画的に講ずるよう努めなければならない。

「労働者の心の健康の保持増進のための指針（メンタルヘルス指針）」は内容が広範囲にわたり、かつ基本的な内容なので、設問としてどこを抜かれるかわからない難しさがあります。しかし、丸暗記するわけにはいかないので、おおまかな内容や重要なキーワードは押さえておきましょう。

◀メンタルヘルス指針ができるまでの経緯▶

1995〜1999年	「作業関連疾患の予防に関する研究―労働の場におけるストレス及びその健康影響に関する研究―」
2000年	「事業場における心の健康づくりのための指針（旧指針）」
2001年	「職場における自殺の予防と対応」
2004年	「心の健康問題により休業した労働者の職場復帰支援の手引き」

2 メンタルヘルスケアの基本的な考え方

事業者は、自らが事業場におけるメンタルヘルスケアを積極的に推進することを表明するとともに、衛生委員会等において十分調査審議を行い、**「心の健康づくり計画」**を策定する必要があります。

ストレスチェックの活用や職場環境改善などを通じてメンタルヘルス不調を未然に予防する**一次予防**、メンタルヘルス不調を早期に発見し、早期に対応する**二次予防**、メンタルヘルス不調者の対応や職場復帰支援、再発防止を行う**三次予防**が一貫して、関係者が適切に連携しながら、円滑に実施されることが大切です。

また、その実施に当たっては、**セルフケア、ラインによるケア、事業場内産業保健スタッフ等によるケア、事業場外資源によるケア**という**「4つのケア」が継続的かつ計画的に行われる**よう関係者に対する教育研修・情報提供を行います。

「4つのケア」を効果的に推進し、職場環境等の改善、メンタルヘルス不調への対応、休業者の職場復帰のための支援等が円滑に行われるようにする必要があります。さらに、メンタルヘルスケアを推進するに当たっては、次の事項に留意することとされています。

（a）メンタルヘルスの問題の特徴

心の健康に問題を抱える過程は、人それぞれで、非常に複雑です。他人から見ればむしろうらやましいこと（昇進、結婚など）が原因のこともあります。メンタルヘルス不調の問題が起きる過程は個人差が大きいのです。心の健康の過程を把握・評価することは、非常に難しいことに留意しましょう。

（b）個人情報の取扱い

心の健康をケアする際の個人情報の保護・取扱いは非常にセンシティブな問題で、その労働者の意思・意向を聞き、できるだけ尊重しなくてはいけません。なぜなら、個人情報の保護に配慮して、メンタルヘルスの情報を集め、利用することで、より安心・信頼して、面談・受診などのメンタルヘルスケアを受けてもらえるからです。

「心の問題のために受診していることを知られたくない」などと思う人は多いものです。そういった個人情報の取扱いに不安・猜疑心を持てば、面談・受診から遠ざかったり、最悪の場合、拒否されてしまうこともあります。

メンタルヘルスケアを効果的に、確実に進めるための重要な条件の１つに、「個人情報の取扱いへの配慮」があることを忘れないでください。

（c）職場環境やプライベートの問題との関係

心の健康は、職場環境・就労の変化といった人事・労務に密接に関係するできごとや、プライベートでの問題と非常に密接な関係があります。

① 人事・労務上の問題

職場環境の変化などに大きく影響を受けるのも、心の健康の特徴です。そのため、心の健康のケアには、人事・労務管理部門との連携や、上司として人事・労務面で調整を図ることが重要です。

② 職場以外（家庭や個人の生活面）での問題

家庭や個人の生活のなかでの出来事・問題がストレス要因の場合もあります。他に「悩みがちな性格」「責任感が強すぎる」といった個人の要因もあります。これらの職場以外での問題もメンタルヘルスに対して、複雑に、かつ、相互に影響を与える場合が多いのです。

3 衛生委員会等における調査審議

メンタルヘルスケアの推進に当たっては、事業者が労働者等の意見を聴きつつ事業場の実態に即した取組みを行うことが必要です。また、心の健康問題に適切に対処するためには、産業医等の助言を求めることも必要です。このためにも、**労使、産業医、衛生管理者等で構成される衛生委員会等を活用することが効果的**だとされています。

労働安全衛生規則(昭和47年労働省令32号)22条において、衛生委員会の付議事項として「労働者の精神的健康の保持増進を図るための対策の樹立に関すること」が規定されており、「心の健康づくり計画」の策定はもとより、その実施体制の整備などの具体的な実施方策や個人情報の保護に関する規程等の策定などに当たっては、衛生委員会等において十分調査審議を行うことが必要になります。

また、ストレスチェック制度に関しては、衛生委員会などにおいてストレスチェックの実施方法などについて調査審議を行い、その結果を踏まえてストレスチェック制度の実施に関する規程を定めることとされていることから、**ストレスチェック制度に関する調査審議とメンタルヘルスケアに関する調査審議を関連付けて行うことが望ましい**とされています。

4 メンタルヘルスケアの具体的な進め方

4**つのケア**が適切に実施されるよう、事業場内の関係者が相互に連携し、次の取組みを積極的に推進することが効果的とされています。

(a) メンタルヘルスケアの教育研修・情報提供

これは管理監督者を含むすべての労働者が対応すべきことです。特に、管理監督者へは、次に掲げる項目などを内容とする教育研修、情報提供を行うものとされています。

◀教育研修・情報提供の項目▶

① メンタルヘルスケアに関する事業場の方針
② 職場でメンタルヘルスケアを行う意義
③ ストレスおよびメンタルヘルスケアに関する基礎知識
④ 管理監督者の役割および心の健康問題に対する正しい態度
⑤ 職場環境等の評価および改善の方法
⑥ 労働者からの相談対応
【例】話の聴き方、情報提供および助言の方法など
⑦ 心の健康問題により休業した者の職場復帰への支援の方法
⑧ 事業場内産業保健スタッフ等との連携およびこれを通じた事業場外資源との連携の方法
⑨ セルフケアの方法
⑩ 事業場内の相談先および事業場外資源に関する情報
⑪ 健康情報を含む労働者の個人情報の保護等

(b) 職場環境等の把握と改善（メンタルヘルス不調の未然防止）

職場環境等を改善するためには、まず、職場環境等を評価し、問題点を把握

することが必要です。このため、事業者は、管理監督者による日常の職場管理や労働者からの意見聴取の結果を通じ、また、**事業場内産業保健スタッフなどによる「職業性ストレス簡易調査票」などのストレスチェックツールを用いた職場環境の評価結果（集団分析）を活用**して、職場環境等の具体的問題点を把握します。

特に、**事業場内産業保健スタッフ等は中心的役割を果たす**ものであり、**職場巡視による観察、労働者および管理監督者からの聞き取り調査、ストレスに関する調査票による調査**により、定期的または必要に応じて、職場内のストレス要因を把握し、評価します。職場環境を評価するに当たって、職場環境等に関するチェックリストなどを用いることによって、人間関係、職場組織等を含めた評価を行うことも望ましいとされています。

管理監督者は、労働者の労働の状況を日常的に把握し、個々の労働者に過度な長時間労働、過重な疲労、心理的負荷、責任などが生じないようにするなど、労働者の能力、適性および職務内容に合わせた配慮を行うことが重要です。

なお、職場環境の改善に当たっては、労働者の意見を踏まえる必要があり、**労働者が参加して行う職場環境等の改善手法を活用**することも有効です。

（c）メンタルヘルス不調への気づきと対応

メンタルヘルス不調に陥る労働者の早期発見と適切な対応のため、労働者の労働状況を管理監督者は日ごろから把握しつつ、労働者それぞれの能力・適性・職務内容に合わせた配慮をする必要があります。この配慮とは、「過度な長時間労働にならないようにする」「過重な疲労・心理的な負担・責任がかからないようにする」といったことです。

（d）職場復帰における支援

メンタルヘルス不調により休業した労働者が円滑に職場復帰し、就業を継続できるようにするため、事業者は、その労働者に対する支援として、次に掲げる事項を適切に行うこととされています。なお、職場復帰支援における専門的な助言や指導を必要とする場合には、それぞれの役割に応じた事業場外資源を活用することも有効です。

◀職場復帰時の支援事項▶

① 衛生委員会等において調査審議し、産業医等の助言を受けながら職場復帰支援プログラムを策定すること

職場復帰支援プログラムにおいては、休業の開始から通常業務への復帰に至るまでの一連の標準的な流れを明らかにするとともに、それに対応する職場復帰支援の手

順、内容および関係者の役割等について定めること
② 職場復帰支援プログラムの実施に関する体制や規程の整備を行い、労働者に周知を図ること
③ 職場復帰支援プログラムの実施について、組織的かつ計画的に取り組むこと
④ 労働者の個人情報の保護に十分留意しながら、事業場内産業保健スタッフ等を中心に労働者、管理監督者がお互いに十分な理解と協力を行うとともに、労働者の主治医との連携を図りつつ取り組むこと

5 メンタルヘルスに関する個人情報保護への配慮

個人情報の保護に配慮することは、メンタルヘルスのケアを確実に効果的に行う上でとても重要です。メンタルヘルスの現場で言うところの「個人情報」には健康に関する情報も含まれます。**ストレスチェックの個人結果も、当然、個人情報にあたりますから、本人の同意なしに事業者は開示できません。**

これらの情報の収集・保管・利用などを適切に保護する必要があります。ただし、上司・同僚が理解し、協力してメンタルヘルス不調者へ対応していくために、必要に応じて、その個人情報を適切に活用することもあります。

具体的には、次を実施することが望ましいとされています。

① **労働者の同意を取得**すること。
② 事業場内産業保健スタッフにより**情報を加工**すること。
③ 健康情報の取扱いに関する事業場内の取り決めをすること。

6 心の健康に関する情報を理由とした不利益な取扱いの防止

メンタルヘルスケアなどを通じて労働者の心の健康に関する情報を把握した場合において、その情報は当該労働者の健康確保に必要な範囲で利用されるべきものであり、事業者が、当該労働者の健康の確保に必要な範囲を超えて、当該労働者に対して不利益な取扱いを行うことはあってはならないため、労働者の心の健康に関する情報を理由として、**解雇、契約の不更新、退職勧奨、不当な動機・目的による配置転換もしくは職位の変更または労働関係法令に違反する措置を講じてはならない**とされました。

改正メンタルヘルス指針においては、特に派遣労働者に対しても、ストレスチェックに関連して、不合理な変更要請などの不利益取扱いを禁止することが明記されました。

具体的には、医師面接指導の結果、就業上の配慮の必要があり、派遣元からその協力要請があったことを理由として派遣先事業者がその派遣労働者の変更を要

請したり、本人同意を得て派遣先がストレスチェック結果を入手した場合、医師の意見を勘案せず、または派遣労働者の実情を考慮せず、その派遣労働者の変更を要請することは許されません。

7 小規模事業場における留意事項

小規模の事業場（常時使用する労働者が50人未満）の場合、メンタルヘルスケアに従事する事業場内産業保健スタッフを雇用できない場合があります。

このような場合は、次の①、②に取り組むとよいでしょう。

① 安全衛生推進者または衛生推進者（p.134参照）などに、事業場内メンタルヘルスケア推進者になってもらう。

② 事業場外資源（地域産業保健センターなど）の支援などを積極的に利用する。

さらに、上記①、②をもとにメンタルヘルスケアを行っていく際、次の③、④にも留意して取り組むことが大切です。

③ 事業者に「積極的にメンタルヘルスケアを推進する」ことを表明してもらう。

④ メンタルヘルスケアの中心となるラインケアやセルフケアだけでなく、実施可能なことから確実に取り組んでいく。

過去問題・予想問題を解いてみよう!!

問題1 労災　　24回第1問[10]

労災に関する次の記述のうち、最も不適切なものを1つだけ選べ。

① 労災保険法に基づいて労働基準法上の災害補償に相当する給付が行われる場合、企業は補償の責めを免れることになるため、現実には災害補償責任を定めた労働基準法は限られた機能しかもたなくなっている。

② 企業側に過失が認められる事案については、労災保険法に基づく保険給付として、非財産上の損害に対する補償（いわゆる慰謝料に相当するもの）も認められている。

③ ハラスメントに起因する精神障害の発症のうち、労災認定件数としては、「セクシュアルハラスメントを受けた」ことを理由とするものより、「（ひどい）嫌がらせ、いじめ、または暴行を受けた」ことを理由とするものの方が多い。

④ 将来の年金給付に関しては、労災保険法第64条に調整規定が設けられており、損害賠償を支払うべき場合であっても、障害補償年金または遺族補償年金の「前払一時金」の最高限度額までは、損害賠償の支払を猶予される。

解説 ② 労災の保険給付においては、**非財産上の損害は補償されません。**　【解答】②

問題2 **労働災害** **26回第1問[10]**

労働災害(以下、労災という)及びパワーハラスメント(以下、パワハラという)に関する次の記述のうち、最も不適切なものを1つだけ選べ。

① 労働者災害補償保険法に基づく保険給付は、労働基準監督署長が「業務遂行性」と「業務起因性」の両方の存在を認めない限り支給決定はされない。
② 従業員から精神障害の発症が業務によるものであるとして労災申請がなされた場合には、労働基準監督署長は、「心理的負荷による精神障害の認定基準」に基づき、業務上外の判断を行う。
③ パワハラについては、その概念が定義された法律は存在していない。
④ パワハラの行為類型の1つとして、「私的なことに過度に立ち入ること(個の侵害)」が挙げられる。

解説 ③2019年に**労働施策総合推進法**が改正され、その中で**パワハラの概念が定義**されています。
【解答】③

問題3 **労災認定基準** **25回第1問[10]**

次の記述のうち、「心理的負荷による精神障害の認定基準」(厚生労働省、2011年)において、心理的負荷が「強」と判断される例に該当しないものを1つだけ選べ。

① 発病直前の1か月に、おおむね160時間以上の時間外労働を行った場合。
② 発病直前の3週間に、おおむね120時間以上の時間外労勧を行った場合。
③ 発病直前の2か月間連続して、1月当たりおおむね120時間以上の時間外労働を行った場合。
④ 発病直前の3か月間連続して、1月当たりおおむね80時間以上の時間外労働を行った場合。

解説 ④「強」と判断される基準は、「発病直前の3か月間連続して、1月当たりおおむね100時間以上の時間外労働を行った場合」となります。
【解答】④

問題4 **労災認定基準** **26回第4問[9]**

次の記述のうち、「心理的負荷による精神障害の認定基準」(厚生労働省、2011年)における「特別な出来事」として最も不適切なものを1つだけ選べ。

① 本人の意思を抑圧して行われたセクシュアルハラスメントを受けた。
② 業務に関連し、故意ではなく他人に生死にかかわる重大なケガを負わせた。
③ 業務に関連し、重大な違法行為を命じられた。
④ 発病直前の1か月におおむね160時間を超えるような時間外労働を行った。

解説 ③の内容は「特別な出来事」ではなく、**心理的負荷「強」に分類**されています。
【解答】③

問題5 労災認定基準 **27回第4問[3]**

「心理的負荷による精神障害の認定基準」(厚生労働省、2011年)に関する次の記述のうち、最も適切なものを1つだけ選べ。

① 業務による心理的負荷の強度を評価する基準等を設定しているが、業務以外の心理的負荷の強度を評価する基準等は設定されていない。
② 労災認定のための審査の迅速化・効率化を図るために策定された。
③ 自殺の業務起因性を認めなかった司法の判断が行政において覆される事案が発生したことが策定の背景にある。
④「業務による強い心理的負荷」となる出来事の「特別な出来事」は6つの類型に分けられ、それぞれ強度を判断する具体例が示されている。

解説 ① 家族の問題など、**業務以外の心理的負荷の基準も設定**されています。
③ 自殺の業務起因性を認めなかった**「労働基準監督署」の判断が、「司法」によって覆される事案が発生**したことが背景にあります。
④「特別な出来事」は「**心理的負荷が極度のもの**」と「**極度の長時間労働**」の**2つの類型に分けられています**。

【解答】②

問題6 労働安全衛生法と安全配慮義務・労災 **予想問題**

メンタルヘルスの法律に関する次の記述のうち、最も不適切なものを1つだけ選べ。

①「安全配慮義務」という概念は、1975年以来、判例法理として確立していたが、2008年、労働契約法が制定されたことにより、初めて法律に明文化された。
② 労働基準法や労働安全衛生法のような公法は、最低限の労働条件の基準を定める取締法規であり、違反した場合には一定の範囲で刑事罰の対象になり、企業が「安全配慮義務」に違反した場合には、企業は労働者に対し、民事上の損害賠償責任を負うことになる。
③ 労働安全衛生法は、従業員の安全と衛生を確保するために最低限の基準を定めた公法なので、これに違反すれば必ず安全配慮義務違反となる。
④ 労災認定がスムーズに認められた場合でも、労働者は損害賠償請求をすることがある。

解説 ③ 労働安全衛生法に違反していることは、裁判においてはかなり不利になることは確かですが、**その事実のみでただちに安全配慮義務違反を問われるわけではありません**。

【解答】③

問題7 **安全配慮義務** 26回第1問[9]

労働安全衛生法と安全配慮義務に関する次の記述のうち、最も不適切なものを1つだけ選べ。

① 労働安全衛生法は、職場における労働者の安全と健康を確保することなどを目的として制定され、同法上の義務は、行政的監督及び刑事罰という行政上の規制によってその履行が担保されている。
② 労働安全衛生法の規定するところの多くは、企業の従業員に対する民事上の安全配慮義務を定める基準とする裁判例が多いため、民事上の安全配慮義務の具体的内容を検討するに際しては、労働安全衛生法上の諸規定を十分に考慮する必要がある。
③ 安全配慮義務に違反し、従業員が疾病の発症・罹患に至った場合、企業は当該従業員に対して民事上の損害賠償責任を負う。
④ 管理監督者である職場の上司は、雇用契約に基づいて直接従業員に対して安全配慮義務を負っている。

解説 ④ 管理監督者は、直接ではなく、**法人からその権限を委譲されて、安全配慮義務を負っています。**

【解答】④

問題8 **労災保険・ハラスメント** 27回第1問[3]

労働者災害補償保険法に基づく保険給付(以下、労災保険給付という)及びハラスメントに関する次の記述のうち、最も適切なものを1つだけ選べ。

① 労災保険給付は、企業側に過失がなければ支給がなされず、また、財産上の損害に対する補償についても平均賃金を基礎に算定された定率的な補償にとどまる。
② 労災保険給付は、慰謝料等非財産上の損害に対する補償は一切ない。
③「心理的負荷による精神障害の認定基準」(厚生労働省、2011年)において、身体接触のない性的な発言のみのセクシュアルハラスメントであって、性的な発言が継続してなされ、かつ会社がセクシュアルハラスメントがあると把握していても適切な対応がなく、改善がなされなかった場合は、心理的負荷の程度が「中」とされている。
④ 職場におけるハラスメントの代表的な類型の1つとしてセクシュアルハラスメントがあるが、それに対する法的規制としては、労働契約法のほか、特別の法律は制定されていない。

解説 ① 労災保険給付は企業側に**過失がなくても支給されます**。また、**補償は定額か定率です**。
③ 記載の内容は**心理的負荷「強」**とされています。
④ センシュアルハラスメントを規制する法律は労働契約法ではなく、**男女雇用機会均等法**です。

【解答】②

問題 9 マタニティハラスメント　　**予想問題**

女性の妊娠・出産に関する取扱いについて、次の記述のうち、最も不適切なものを 1 つだけ選べ。

① マタニティハラスメントとは、女性が妊娠・出産をすることに関連して解雇など、不利益な取扱いをすることをいう。

② 女性の妊娠・出産に関しては、もともと労働安全衛生法で不利益な取扱いの禁止などが規定されていた。

③ 2017 年から、セクシュアルハラスメントと同様の「措置義務」が事業主に課されている。

④ 事業主は、女性労働者が婚姻、妊娠、出産したことを退職理由として予定する定めをしてはならない、という法律の規定がある。

解説 ② 当該規定が定められているのは、**男女雇用機会均等法**です。　【解答】②

問題 10 自殺対策　　**第25回第1問[11]**

自殺対策に関する次の記述のうち、最も不適切なものを 1 つだけ選べ。

① 自殺対策基本法は、2006 年 6 月に制定され、2016 年 3 月に改正された。

② 事業主は、国、地方公共団体、医療機関、学校、自殺対策にかかる活動を行う民間の団体その他の関係者とともに、自殺対策の総合的かつ効果的な推進のため、相互に連携を図りながら協力することが必要である。

③ 基本的かつ総合的な自殺対策の大綱（自殺総合対策大綱）は、5 年ごとに見直しをすることとされている。

④ 自殺対策は、2016 年 4 月から厚生労働省から内閣府に移管された。

解説 ④ 記載が逆です。**内閣府から厚生労働省**（社会・援護局障害保健福祉部）**に移管**されました。　【解答】④

問題 11 **障害者雇用** 24回第2問[3]

障害者の雇用に関する次の記述のうち、最も不適切なものを1つだけ選び、解答用紙の所定欄にその番号をマークしなさい。

① 2018年4月以降、企業等に雇用が法的に義務づけられる障害者の範囲には、身体障害者、知的障害者、精神障害者が含まれている。

② 合理的配慮をめぐっては、2015年に厚生労働省が合理的配慮指針を策定している。

③ 障害を理由とする不当な差別的取扱いを禁止する具体例として、採用時に不利な条件を課したり、低い賃金を設定することが挙げられる。

④ 合理的配慮や差別的取扱い禁止の対象となる精神障害には、統合失調症、気分障害、ストレスや強い悩み、不安などのメンタルヘルス不調を幅広く含む。

解説 ④ 対象となるのは、長期に渡り職業生活に相当な制限を受ける状態にある精神障害であり、**メンタルヘルス不調者を広く含むわけではありません。** 【解答】④

問題 12 **精神障害者への対応** 30回第2問[4]

改正障害者雇用促進法の合理的配慮の提供について、2015年に厚生労働省が合理的配慮指針を策定しているが、その指針で示されている精神障害者に対する具体的対応例として挙げられていないものを次の中から1つだけ選べ。

① 募集・採用の面接時に、就労支援機関の職員等の同席を認めること。

② 募集・採用の面接時に、できるだけ静かな場所で休憩できるようにすること。

③ 採用後、業務指導や相談に関し、担当者を定めること。

④ 採用後、本人の状況を見ながら業務量等を調整すること。

解説 ② できるだけ静かな場所での休憩は、**「採用後」の配慮**となります。 【解答】②

問題 13 **ストレスチェック制度** 26回第1回[6]

ストレスチェック制度に関する次の記述のうち、最も適切なものを1つだけ選べ。

① ストレスチェック実施事務従事者は、特に資格は要しないが、労働者について解雇、昇進または異動に関して直接の権限を持つ監督的地位にある者は、実施事務従事者になることができない。

② 事業者、実施者は、ストレスチェックを受けなかった労働者に対し、受検の勧奨をしなければならない。

③ 面接指導が必要であると通知された労働者から申出がない場合には、実施者は申出の勧奨を行うことができるが、実施事務従事者申出の勧奨を行ってはならない。

④ 全ての事業者は、1年以内ごとに1回、定期に、心理的な負担の程度を把握するための検査結果等報告書を所轄労働基準監督署長に提出しなければならない。

解説 ② 労働者側は、**ストレスチェック受検は任意です**。受検勧奨をしてもいいですが、必ずしなくてはならないものではありません。

③ 実施事務従事者は**実施者の指示を受けて申出の勧奨を行うことが可能**です。

④ 全ての事業者ではなく、**「常時雇用する労働者が50名以上の事業場」を持つ事業者**です。

【解答】①

問題 14 **ストレスチェック制度** 予想問題

ストレスチェック制度に関する次の記述のうち、最も適切なものを1つだけ選べ。

① ストレスチェック制度は、メンタルヘルス不調者の早期発見・早期対応のための「二次予防」を主な目的として制定された。

② ストレスチェック制度の「実施者」は事業主が担うことが多い。

③ ストレスチェック制度の「実施事務従事者」は、医師や保健師など有資格者が担うことが多い。

④ ストレスチェックのツールは、「ストレス要因」「ストレス反応」「周囲のサポート状況」の3項目がチェックできるものである必要がある。

解説 ① ストレスチェック制度は、**メンタルヘルス不調を未然に防ぐ「一次予防」**を主な目的として制定されました。

②「実施者」になれるのは、医師や保健師など、医療専門職に限られます。

③「実施事務従事者」は、「実施者」の事務的なサポートをする役割で、**特に資格はいりませんが、管理職など人事権がある人が担うことはできません。**

【解答】④

問題15 ストレスチェック制度 予想問題

ストレスチェック制度に関する次の記述のうち、最も不適切なものを1つだけ選べ。

①「高ストレス者」と判定されたからといって、全員が「医師面接勧奨対象者」になるわけではない。

②「医師面接勧奨対象者」になった場合、事業主から医師面接勧奨の案内がなされる。

③「医師面接勧奨対象者」になったからといって、必ず医師面接を受けなければならないわけではない。

④ 集団分析は、必ずしも実施しなくてよい。

解説 ②「事業主から」ではなく、医師面接の勧奨は、**実施者から**なされます。

【解答】②

問題16 その他の法律 予想問題

次の各種法律に関する記述のうち、最も不適切なものを1つだけ選べ。

① 自殺対策基本法においては、2016年にその対策強化のため、国、地方公共団体、医療機関、事業主、学校、民間団体などが相互に連携を図りながら協力するという関係者の連携協力の規定が追加された。

② アルコール健康障害対策基本法においては、「アルコール関連問題啓発週間」の期間についての定めがある。

③ 障害者雇用促進法が改正され、障害者の能力の有効な発揮が妨げられるような事情を改善する措置を講ずることが求められ、具体的な措置内容も法律に規定されている。

④ 障害者の法定雇用率に達していない一定規模の企業は、障害者雇用納付金として、不足1名あたり月額5万円を徴収される。

解説 ③ 合理的な配慮の具体例は、法律で定められているわけではなく、**厚生労働省から「指針」として示されています。**

【解答】③

問題 17 長時間労働 29回第4問[1]

長時間労働に関する次の記述のうち、最も適切なものを1つだけ選べ。

① 労働基準法第36条の規定に基づく労使協定によって時間外労働が可能になるが、2か月で81時間を超える協定を結ぶことは原則できない。
②「過労死」「過労自殺」に関するいくつかの裁判例では、会社側の主張と異なる限度時間を超えた長時間労働があったため、裁判所による時間管理に関する指導が強化された。
③ 現在、長時間労働防止に対する対策の根拠となっているのは、労働時間については労働基準法、また長時間労働の防止については「過重労働による健康障害防止のための総合対策について」(厚生労働省、2006年、2020年改正)のみである。
④ 長時間労働はストレスチェックの項目の中に含まれている。

解説 ② 時間管理に関する指導を強化したのは、「**労働基準監督署**」です。
③ 対策の根拠は、記載のもののほかに、「**労働時間の適正な把握のために使用者が講ずべき措置に関する基準について**」や、**労働安全衛生法の面接指導の規定**なども、**根拠の一種**といえます。
④ 長時間労働について、ストレスチェックの項目に直接的には含まれませんが(労働時間を聞く設問はない)、**「量的負担」の程度を聞く設問はあります**ので、注意しておいてください。

【解答】 ①

問題 18 長時間労働者への面接指導 27回第1問[2]

労働安全衛生法による「面接指導」に関する次の記述のうち、最も不適切なものを1つだけ選べ。

① 面接指導は、脳・心臓疾患や精神障害等の発症の重要な要因である長時間労働そのものを排除するという一次予防ではなく、二次予防であるので、面接指導そのものはこれらの疾患を予防するためには必ずしも十分であるとはいえない。
②「長時間労働者への面接指導チェックリスト)(医師用)」に記載されている手順のうち、「評価と判定」の「就業区分」は、「通常勤務」「就業制限」「要休業」の3区分に分けられている。
③ 事業者は、面接指導(義務)の対象労働者以外の労働者であって健康への配慮が必要なものについては、面接指導の実施または面接指導に準ずる措置を講ずるように努めなければならない。
④ 面接指導の対象となる労働者は、1週間あたり40時間の所定労働時間を超える時間外・休日労働が1月あたり100時間を超え、かつ疲労の蓄積が認められる者である。

解説 ④ 面接指導の対象者は2019年の働き方改革にともない、基準が**100時間超から80時間超に引き下げられています**。

【解答】 ④

問題 19 長時間労働者への面接指導 　25回第1問[8]

労働安全衛生法に基づく長時間労働者に対する面接指導に関する次の記述のうち、最も不適切なものを1つだけ選べ。

① 面接指導とは、産業医などの医師が、対象となった労働者の「勤務の状況」「疲労の蓄積の状況」「その他心身の状況」を確認し、必要な保健指導を行うとともに、当該労働者の健康の保持のために必要な措置について労働者に意見を述べるものである。

② 長時間労働者に対する面接指導（義務）の対象となる労働者は、1週間あたり40時間の法定労働時間を超える時間外・休日労働が1月あたり80時間を超え、かつ疲労の蓄積が認められる者であって、面接指導の実施の申し出をしたものである。

③ 事業者は、面接指導の結果に基づいた医師の意見を聴き、必要な労働者に対して当該労働者の実情を考慮して事後措置を講ずることが求められている。

④ 面接指導の手順において、労働者本人から入手する自己チェック結果には、業務の過重性・ストレス、労働者の疲労蓄積度自己診断チェックリストの結果、うつ病等の一次スクリーニングなどがある。

解説 ① 産業医が意見を述べるのは、労働者に対してではなく、**事業者に対してです。**

【解答】①

問題 20 面接指導 　29回第1問[5]

労働安全衛生法における「面接指導」に関する次の記述のうち、最も不適切なものを1つだけ選べ。

① 面接指導とは、産業医などの医師が、対象となった労働者の「勤務の状況」「疲労の蓄積の状況」「その他心身の状況」を確認し、必要な保健指導を行うとともに、当該労働者の健康の保持のために必要な措置について事業者に意見を述べるものである。

② 事業者は、面接指導（義務）の対象労働者以外の労働者であって健康への配慮が必要なものについては、面接指導の実施又は面接指導に準ずる措置を実施しなければならないとされている。

③ 事業者は、面接指導の結果に基づいた医師の意見を聴き、必要な労働者に対して当該労働者の実情を考慮して事後措置を講ずることが求められている。

④「健康診断結果に基づき事業者が講ずべき措置に関する指針」（1996年公示、2017年改正）で示されている就業上の区分の「就業制限」には、「出張の制限」が含まれている。

解説 ② **対象者以外への面接指導等の実施は、「努力義務」**ですので、実施するように努めなければならない、という記述が正しいです。

④ は正しい選択肢です。補足説明として、「就業制限」の具体的な措置の例を挙げておきます。「労働時間の短縮、出張の制限、時間外労働の制限、労働負荷の制限、作業の転換、就業場所の変更、深夜業の回数の減少、昼間勤務への転換など」

【解答】②

問題21 過重労働や疾病とその対策

予想問題

過重労働等に関する次の記述のうち、最も適切なものを1つだけ選べ。

① 長時間労働は「脳・心臓疾患」の発症と関連が強いという医学的知見があり、月の時間外労働が100時間を超えて長くなればなるほど、発症リスクは高まる。
② 厚生労働大臣が定めている労働時間の延長の限度は、1か月で60時間である。
③ 新たな技術、商品または役務の研究開発業務従事労働者」の場合、100時間/月超の労働者には、本人からの申出がなくても、面接指導をするように努めなければならないとされている。
④「過重労働による健康障害防止のための総合対策」において、労働者の健康管理に係る措置の徹底の1つとして、健康管理体制の整備、健康診断の実施等が挙げられている。

解説 ① **45時間を超えて**長くなればなるほど、発症リスクは高まります。
② 1か月で**45時間**です。
③ 設問の場合、面談指導は努力義務ではなく、必ず実施するものです。実施していない場合には罰則規定があります。

【解答】 ④

問題22 個人情報保護

25回第1問[2]

メンタルヘルスに関する個人情報の保護などに関する次の記述のうち、最も適切なものを1つだけ選べ。

① 労働者の個人情報を主治医などの医療職や家族から取得する際には、事業者は、あらかじめこれらの情報を取得する目的を労働者に明らかにして承諾を得るとともに、これらの情報は必ず労働者本人から提出を受けなければならない。
② 健康情報を含む労働者の個人情報を医療機関などの第三者へ提供する場合は、原則として本人の同意が必要である。
③ メンタルヘルスケアの実施においては、法令で守秘義務が課される者以外の者が健康診断、ストレスチェック又は、面接指導の実施以外の機会に健康情報を含む労働者の個人情報を取り扱うことはない。
④ 健康情報の保護に関して、医師については法令で守秘義務が課されており、また労働安全衛生法では、健康診断又は面接指導の実施に関する事務を取り扱う者及び保健師に対する守秘義務を課している。

解説 ① 提出方法としては、**本人の同意さえあれば、直接主治医から産業医に提供される場合などがあります。**
③ 上司・同僚が、職場での配慮を行うために、個人情報を取扱うことがあります。
④ 保健師の守秘義務は、「**保健師助産師看護師法**」に定められています。

【解答】 ②

問題23 個人情報保護 **30回第4問[8]**

個人情報の保護に関する次の記述のうち、最も不適切なものを1つだけ選べ。

① 産業医をはじめとする産業保健スタッフには守秘義務があり、医師については刑法に、看護師については保健師助産師看護師法にその罰則規定がある。
② 健康診断の事務担当者については、労働安全衛生法において健康診断に関する秘密の保持が定められている。
③「要配慮個人情報」とは、慎重な取扱いが求められる機微な個人情報のことであり、病歴もこれに含まれる。
④ 個人情報取扱事業者が、本人の同意なしに要配慮個人情報を取得することができるのは、人の生命・身体・財産の保護のために必要であって、同意を得ることが困難である場合のみである。

解説 ④ 記載の内容のほか、「**法令に基づく場合**」も、**同意なしに取得することが可能**です。

【解答】④

問題24 個人情報の取扱い **予想問題**

メンタルヘルスに関する個人情報の取扱いに関する次の記述のうち、最も適切なものを1つだけ選べ。

① プライバシーへの配慮を求められるのは、事業者、管理監督者、産業保健スタッフ等、対応に一定の責任がある関係者であり、同僚の労働者は含まなくてよい。
② 産業医は医師法により罰則のある守秘義務を負っている。
③ 法律による守秘義務が課されているのは、医師や保健師といった国家資格を持つ専門家だけである。
④ 企業が安全配慮義務を果たすために、本人の同意がとれていない場合でも、「緊急性・重要性」から判断して、メンタルヘルスに関する本人の情報を企業が取得する場合がある。

解説 ① **同僚の労働者も**プライバシーへの配慮が求められています。
② 医師の守秘義務は**刑法**に定められています。
③ **健康診断の事務担当者**は、労働安全衛生法により、守秘義務が課されています。

【解答】④

問題 25 健康情報の取扱い 27回第4問[1]

労働者のメンタルヘルス情報に関する次の記述のうち、最も不適切なものを1つだけ選べ。

① 個人情報取扱事業者は、個人情報を取り扱うに当たっては、その利用目的をできる限り特定しなければならない。
② 事業場内の産業医や保健師などの医療職が責任を持って一元管理し、必要に応じて加工して提供することが望ましい。
③ 衛生管理者など法律で守秘義務が定められていない者は、健康情報を取り扱うことができない。
④ 2019年4月から施行されている改正労働安全衛生法には、事業者は労働者の心身の状態に関する情報を適正に管理するために必要な措置を講じなければならないことが明記された。

解説 ③ **衛生管理者も業務のなかで健康情報を取り扱うことはあります**ので、社内で「取扱規程」を定め、その中で守秘義務について規定するなど、適切に取り扱っていくことが重要になります。 【解答】③

問題 26 メンタルヘルス指針 26回第1問[7]

「労働者の心の健康の保持増進のための指針」(厚生労働省、2006年、2015年改正)の策定の経緯に関する、次のA～Dの指針等について、公表や実施の時期を古いものから順に時系列で並べた場合、最も適切な並びとなっているものを1つだけ選べ。

A.「心の健康問題により休業した労働者の職場復帰支援の手引き」
B.「作業関連疾患の予防に関する研究―労働の場におけるストレス及びその健康影響に関する研究―」
C.「事業場における心の健康づくりのための指針」
D.「職場における自殺の予防と対応」

① A→D→B→C
② B→C→D→A
③ B→A→D→C
④ A→B→C→D

解説 テキスト p.44 に記載しておきましたので、覚えておきましょう。 【解答】②

1-3 企業が取り組む意義

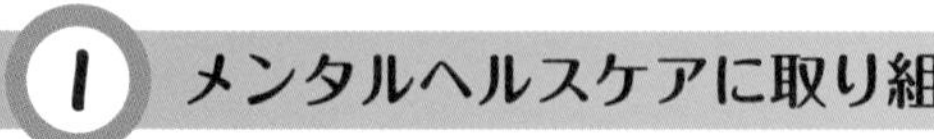

1 メンタルヘルスケアに取り組む意義　重要度

企業が従業員のメンタルヘルスケアに取り組むステップと意義は4つです。

1 第1段階：リスクマネジメント

「リスクマネジメントの一環として、メンタルヘルスケアに取り組む段階」です。メンタルヘルスに関するリスクマネジメントを怠ると次のような企業にとっても望ましくない結果を生んでしまうことがあります。

① 安全配慮義務違反により、業務上疾病や過労死や過労自殺が起きてしまうと、労災認定のリスク、高額な損害賠償のリスクが発生する。
② 企業名が公表され、企業イメージ低下のリスクが発生する。
③ 社員の心身の不調は、事故や業務上のミス、能率低下などのリスクも招く。

2 第2段階：ワーク・ライフ・バランス

「社員のワーク・ライフ・バランスを推進する目的でメンタルヘルスケアに取り組む段階」です。2007年に「仕事と生活の調和（ワーク・ライフ・バランス）憲章」および「仕事と生活の調和推進のための行動指針」が策定されました(2016年一部改定)。憲章においては、**「就労による経済的自立が可能な社会」「健康で豊かな生活のための時間が確保できる社会」「多様な働き方・生き方が選択できる社会」**が目指されています。

ワーク・ライフ・バランスを整えることで、次のようなメリットがあります。

① タイムマネジメントの工夫により、仕事の生産性が向上する可能性がある。
② プライベートでの経験が、仕事上に有益なアイデアや気づきにつながることがある。

3 第3段階：生産性の向上

「組織の生産性向上を目指してメンタルヘルスケアに取り組む段階」です。

以前は、従業員の健康を重視して職場環境改善に時間を費やしたり、労働負荷を減らせば、その分、生産性は下がると考えられていました。しかし、近年では、従業員の健康や満足度と組織の生産性は両立可能であり、むしろ、相互作用に

◀表1 行動指針で掲げる具体的な取り組みと主な数値目標▶

区分	具体的な取り組み	主な数値目標
就労による経済的自立	・人物本位による正当な評価に基づく採用 ・パート労働者などが正規雇用へ移行しうる制度づくり ・就業形態にかかわらない公正な処遇や積極的な能力開発	・女性 25～44 歳の就業率：71.6％→**77％** ・フリーターの数：138 万人→**124 万人**
健康で豊かな生活のための時間の確保	・労働時間関連法令の遵守の徹底 ・長時間労働の抑制、年次有給休暇の取得促進などのための、労使による業務の見直しや要員確保 ・取引先への計画的な発注や納期設定	・週労働時間 60 時間以上の雇用者割合：6.4％→**5％** ・年次有給休暇取得率：52.4％→**70％** ・メンタルヘルスケアに関する措置を受けられる職場の割合：59.2％→**100％**
多様な、働き方・生き方の選択	・育児・介護休業、短時間勤務、短時間正社員制度、テレワーク、在宅就業など、柔軟な働き方を支える制度の整備と利用しやすい職場風土づくり ・男性の育児休業などの取得促進に向けた環境整備 ・女性や高齢者などへの再就職・継続就業機会の提供 ・就業形態に関わらない公正な処遇や積極的な能力開発	・短時間勤務を選択できる事業所割合：11.8％→**29％** ・男性の育児休業取得率：6.16％→**13％** ・6 歳未満の子どもをもつ夫の育児・家事関連時間：1 日あたり 83 分→**2 時間 30 分**

注）数値目標は、最新値→2020 年の目標数値を示す。
出典：仕事と生活の調和推進官民トップ会議「仕事と生活の調和推進のための行動指針」（2007 年、2016 年一部改正）及び仕事と生活の調和連携推進・評価部会「仕事と生活の調和レポート 2019」（2020 年）

よって、どちらも強化されるという考え方が主流です。これは、**NIOSH（米国労働安全衛生研究所）が提示した「健康職場モデル」**と呼ばれています。

また、企業における健康経営が推進されるにしたがい、**「アブセンティーズム」**と**「プレゼンティーズム」**という言葉がキーワードになっています。どちらもWHO（世界保健機構）によって提唱されたパフォーマンス（生産性）の指標です。

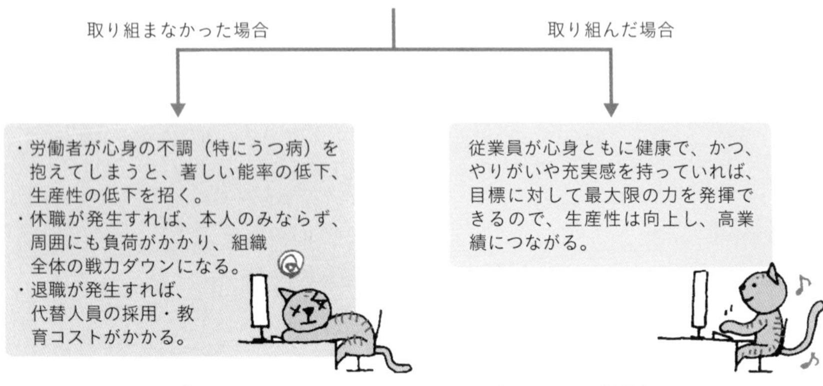

◀図１　メンタルヘルスケアへの取組みとその効果▶

■**「アブセンティーズム」**…健康問題によって仕事を休んでいる状態
■**「プレゼンティーズム」**…勤務はしているものの、健康問題によって本来の業務遂行能力や生産性が下がっている状態

2015年度の東京大学政策ビジョン研究センターの調査研究によると、日本の3企業・組織の健康関連総コストを推計した結果、以下の割合だったそうです。

■**医療費**：15.7%
■**アブセンティーズム**：4.4%
■**プレゼンティーズム**：**77.9%**

プレゼンティーズムは、社員は勤務を継続しているだけに、企業にとっては「見えづらい損失コスト」ですが、他のコストに比べて、圧倒的に大きな損失要因になっていることがわかります。これは、米国やその他諸外国の先行研究でも同じ結果でした。

つまり企業は、プレゼンティーズムを改善するためにも、積極的に健康経営を推進する必要があるというわけです。

④ 第４段階：企業価値の向上

「企業価値の向上を目指してメンタルヘルスケアに取り組む段階」です。マイナスの状態をゼロに戻すリスクヘッジの観点のみならず、プラスをよりプラスにしていくような健康経営に取り組む企業は、いま、社会的な価値が高まっています。健康で活力のある組織を実現することで、よりよいサービスや商品が生み出され、社会への貢献度が上がっていきます。

2 健康経営　重要度

経済産業省は、健康経営に取り組む優良企業の中から**健康経営銘柄**を選定、また、**健康経営優良法人（ホワイト500）**を認定しています。健康経営とは、「従業員の健康保持増進の取組みが、将来的には収益性などを高める投資であるとの考えのもと、健康管理を経営的観点から考え、戦略的に実践すること」です。経営戦略として健康管理が進むことで、さらなる生産性や労働者の活力の向上、組織活性化、医療費抑制などが期待できます。

「ワーク・ライフ・バランス」や「健康職場モデル」は、詳細を暗記するというよりも、その根本的な思想を把握しておきましょう。

3 ワーク・エンゲイジメント　重要度 新項目

心理学では2000年頃から、マイナスをゼロに戻すという分野だけでなく、人間の強みやパフォーマンス向上など、ゼロをプラスに、プラスをもっとプラスにしていくというポジティブな側面にも注目をするようなりました。そのなかでも、近年、健康増進と生産性向上の両立を目指すキーワードとして、「**ワーク・エンゲイジメント**」が注目されています。

■**「ワーク・エンゲイジメント」**…仕事に誇りややりがいを感じている（**熱意**）、仕事に熱心に取り組んでいる（**没頭**）、仕事から活力を得て活き活きとしている（**活力**）の３つがそろった状態。「バーン・アウト（**燃え尽き**）」の対概念と位置付けられる。

ワーク・エンゲイジメントが高いと、以下のような効果があるとされています。

① 健康…心身の健康状態が良く、睡眠の質が高い。

② 仕事・組織に対する態度…職務満足感や組織への愛着が高い。離職・転職の意思が低い。疾病休業の頻度が低い。

③ パフォーマンス…自己啓発学習への動機づけや創造性が高い。役割行動だけでなく、それ以外の行動も積極的。部下への適切なリーダーシップ行動が多い。

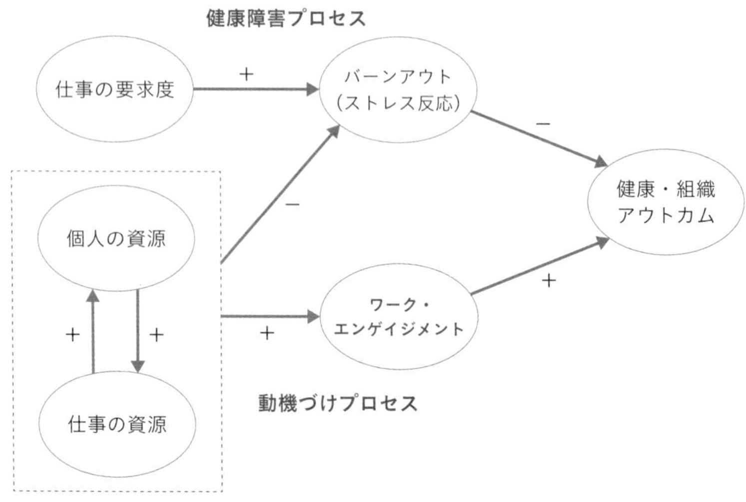

◀図２　仕事の要求度―資源モデル▶

出典：島津明人、大阪商工会議所『メンタルヘルス・マネジメント®』検定試験公式テキスト〔第５版〕［Ⅱ種ラインケアコース］中央経済社、2021年

「仕事の要求度が高く、資源が少ないと、バーン・アウト（ストレス反応）を引き起こし、健康や組織に悪い影響がある」という流れを「**健康障害プロセス**」といいます。従来のメンタルヘルス対策は、この流れを軽減することを目指していました。

一方、「仕事や個人の資源が多いと、ワーク・エンゲイジメントにつながり、健康や組織に良い影響がある」という流れを「**動機づけプロセス**」といいます。活き活きとした職場づくりのためには、仕事や個人の資源を増やすことが重要になってきます。

ちなみに「仕事の資源」とは、仕事の裁量権、上司や同僚からの支援、仕事の意義、組織との信頼関係などをいいます。「個人の資源」とは、自己効力感やレジリエンスなど、個人が持つ強みのことです。

過去問題・予想問題を解いてみよう!!

問題1 メンタルヘルスケアの意義
25回第1問[4]

企業がメンタルヘルスケアに取り組む意義に関する次の記述のうち、最も適切なものを1つだけ選べ。

① 従業員の健康や満足感と組織の生産性を両立させることは可能であり、むしろ両者には相互作用があり互いに強化することができるとする考え方を「職業性ストレスモデル」という。
② 従業員が精神的に不安定な状態で仕事をしていれば、集中力や判断力の低下を招き、思わぬ事故やミスを起こすことにつながる。
③ 従業員が過労死や過労自殺してしまったような場合、企業は安全配慮義務違反を理由に刑事責任を問われる。
④ 従業員にとって、ワーク・ライフ・バランスのとれた働き方をすることと、仕事の生産性を向上させることとは両立しない。

解説 ① この考え方は「**健康職場モデル**」といいます。
③ 刑事責任ではなく、**民事上の損害賠償責任**を問われます。
④ ワーク・ライフ・バランスのとれた働き方は社員の心身を健康にし、生産性の向上に寄与します。
【解答】②

問題2 仕事と生活の調和
25回第1問[3]

仕事と生活の調和（ワーク・ライフ・バランス）に関する次の記述のうち、最も不適切なものを1つだけ選べ。

①「仕事と生活の調和推進のための行動指針」（仕事と生活の調和推進官民トップ会議、2007年、2016年一部改正）には、就労による経済的自立が可能な社会を目指すための取組として、人物本位による正当な評価に基づく採用の推進などが挙げられている。
②「仕事と生活の調和推進のための行動指針」（仕事と生活の調和推進官民トップ会議、2007年、2016年一部改正）には、健康で豊かな生活のための時間が確保できる社会を目指すための取組として、労働時間関連法令の遵守を徹底することなどが挙げられている。
③「仕事と生活の調和推進のための行動指針」（仕事と生活の調和推進官民トップ会議、2007年、2016年一部改正）には、多用な働き方・生き方が選択できる社会を目指すための取組として、取引先への計画的な発注や納期設定などに取り組むことが挙げられている。
④ ワーク・ライフ・バランスの実現によって、個人にとっては、健康が保たれ、仕事とプライベートの両面の充実が図れるというメリットが期待できる。

解説 ③**「取引先への計画的な発注や納期設定」は**、本行動指針の中では「**健康で豊かな生活のための時間の確保**」を目指す取組みの中に示されています。
【解答】③

問題3 **健康職場モデル**　24回第1問[3]

従業員の健康と組織の生産性に関する次の文章の［　　　］にあてはまる語句の組合せとして、最も適切なものを1つだけ選べ。

従業員の健康と組織の生産性との関係については、さまざまな議論がなされてきた。従来は、従業員の健康を重視して職場環境の改善を行ったり、仕事量を減らすなど労働負荷を軽減したりすれば、［　ア　］がかかり生産性も低下すると考えられていた。そのために、従業員の健康問題は経営上の優先課題にはなりにくい状況であった。

しかし最近では、従業員の健康や満足感と、組織の生産性を両立することは可能であり、両者には相互作用があり互いに強化することができるとする［　イ　］という考え方が示されるようになった。これは、［　ウ　］が提示した考え方である。

①（ア）時間　（イ）職業性ストレスモデル　（ウ）米国立労働安全衛生研究所
②（ア）時間　（イ）健康職場モデル　（ウ）産業保健総合支援センター
③（ア）コスト　（イ）健康職場モデル　（ウ）米国立労働安全衛生研究所
④（ア）コスト　（イ）職業性ストレスモデル　（ウ）産業保健総合支援センター

解説 重要なキーワードですので、覚えておきましょう。　**【解答】**③

問題4 **健康と生産性**　30回第1問[2]

従業員の健康と組織の生産性に関する次の記述のうち、最も適切なものを1つだけ選べ。

① NIOSH（米国立労働安全衛生研究所）の健康職場モデルによれば、従業員の健康を重視して職場環境の改善を行ったり、仕事量を減らすなど労働負荷を軽減したりすれば、コストがかかり生産性も低下する。
② 厚生労働省と東京証券取引所は、優良な健康経営を実践する企業を「健康経営銘柄」に選定し公表している。
③ 健康経営とは、従業員の健康保持・増進の取組が、将来的に収益性等を高める投資であるとの考えの下、健康管理を経営的視点から考え、戦略的に実践することを意味する。
④ NIOSHの健康職場モデルによれば、従業員の健康や満足感は、マネジメントの態様、組織文化・風土、組織の価値観といった組織特性に影響を与える。

解説 ①「健康職場モデル」では、**従業員への健康施策と生産性向上は両立する**としており、むしろ**相互作用によってどちらも強化される**としています。
②厚生労働省ではなく、「**経済産業省**」です。
④「健康職場モデル」では、従業員の健康や満足感は、組織特性ではなく、**組織の生産性に影響を与える**としています。
【解答】③

1-4 方針と計画

1 事業者による方針の表明

重要度

企業においてメンタルヘルスケアを推進するためには、トップの明確な意思表明が必要です。それが事業者による「方針」ということになります。方針なきメンタルヘルスケアは、その組織の中で正当性を欠き、例えばメンタルヘルス研修参加の呼びかけをしても、「忙しいのに、そんな研修に出ているヒマはない」という管理職が続出するなど、優先順位が下がってしまうことになります。

まずしっかりとした方針があり、そのうえで方針と実際のプログラムの整合性、実行におけるリーダーシップ、貢献したスタッフを評価する仕組みなどが必要となります。

事業者からの「方針」には、以下が盛り込まれているとよいでしょう。

事業者からの方針に盛り込むべき内容

① メンタルヘルスケアの重要性の認識
② 職場全体を巻き込んでの対策
③ プライバシーへの配慮
④ 継続的実施

また、方針は従業員に周知されなければ意味がありません。いつも目につく場所に掲示する、ホームページの目立つところや社内報に掲載するなど、従業員が自分からわざわざ探さなくても、自然に目にする機会をつくることが大切です。

2 心の健康づくり計画

重要度

先にご紹介した**労働者の心の健康の保持増進のための指針（メンタルヘルス指針）**では、**心の健康づくり計画**で定める事項を７つ挙げています。

この７つの項目は、比較的問われやすいので、すべて頭に入れておいてくださいね。

◀「心の健康づくり計画」で定める事項▶

① 事業者がメンタルヘルスケアを積極的に推進する旨の表明に関すること
② 事業場における心の健康づくりの体制の整備に関すること
③ 事業場における問題点の把握およびメンタルヘルスケアの実施に関すること
④ メンタルヘルスケアを行うために必要な人材の確保および事業場外資源の活用に関すること
⑤ 労働者の健康情報の保護に関すること
⑥ 心の健康づくり計画の実施状況の評価および計画の見直しに関すること
⑦ その他労働者の心の健康づくりに必要な措置に関すること

また、「心の健康づくり計画」に記載する内容のうち、特に**実施体制**、**計画的に実施するべき施策の内容**、**具体的な活動スケジュール**、**目標**の設定は重要といえるでしょう。

1 実施体制

事業者がリーダーシップをとり、**職場ライン**が中心となって機能し、**安全衛生の担当部門**がサポートするという体制を構築します。

また、文書に関しては、**最高位の文書（＝事業者の方針）**、**上位文書（システム文書）**、**下位文書（実施要領や手順書）**といった文書様式を構築します。そのうえで、実施要領にそって活動できる人材を確保・育成します。

最高位文書……………事業者の方針
上位文書……………システム文書
下位文書……………実施要領、手順書

◀図１　実施にあたっての文書様式▶

テーマが心の健康であっても、基本的には、通常業務の計画の進め方と変わりません。そう考えてイメージすると、理解が進むと思います。

2 具体的な活動スケジュール

通常は年間計画を作成し、毎月の衛生委員会（または安全衛生委員会）にて進捗を確認することになります。また、年間計画のほか、臨時的に発生する活動（産業医による職場復帰支援の面接など）、緊急事態への対応が、スムーズになされるよう、あらかじめ役割やルールを決めておきます。

3 目　標

方針に応じた目標を計画の最初に設定しておきます。目標の達成度合いを定期的に評価し、達成できなかった場合には、その原因を分析して改善策を考えます。その繰り返しにより、メンタルヘルスケア活動が、継続的に実施されていくことになります。**評価指標例**としては、以下のようなものが考えられます。

◀評価指標例▶

① メンタルヘルス不調が原因の休職・退職者数、休職日数の変化
② 自殺者数の変化
③ 質問紙調査によるストレス評価
④ アンケートによる従業員の意識調査
・強いストレスを感じる人の割合
・職場のコミュニケーションに満足している人の割合
・職場が働きやすいと感じている人の割合
⑤ 職場復帰率や再休職率
⑥ メンタルヘルス研修の実施数・参加率
⑦ ストレスチェックの結果
・高ストレス者の割合
・集団分析におけるリスク値

過去問題・予想問題を解いてみよう!!

問題1 心の健康づくり計画 24回第1問[7]

次の記述のうち、「労働者の心の健康の保持増進のための指針」（厚生労働省、2006年、2015年改正）における「心の健康づくり計画」に定める事項として挙げられていないものを1つだけ選べ。

① 事業場における心の健康づくりの体制の整備に関すること。
② 定期健康診断の実施と有所見者への対応に関すること。
③ 労働者の健康情報の保護に関すること。
④ メンタルヘルスケアを行うために必要な人材の確保および事業場外資源の活用に関すること。

解説 ② **定期健診に関することは「心の健康づくり」とは関係が薄い**ため、挙げられていません。

【解答】②

問題2 心の健康づくり計画 27回第1問[5]

心の健康づくり計画の策定・実施・評価に関する次の記述のうち、最も不適切なものを1つだけ選べ。

①「労働者の心の健康の保持増進のための指針」（厚生労働省、2006年、2015年改正）では、「心の健康づくり計画」で定める事項として、「心の健康づくり計画の実施状況の評価及び計画の見直しに関すること」が挙げられている。
② 安全衛生活動は、衛生委員会のリーダーシップのもと、安全衛生部門が中心となって機能し、さらに労働者の安全衛生への参加意識を高め、職場ラインと事業場外資源がサポートして展開される。
③ 心の健康づくり計画の達成目標は、具体的な数値目標であることが望ましく「職場のコミュニケーションが良いとする労働者の割合」という指標は評価指標として適当である。
④「労働者の心の健康の保持増進のための指針」（厚生労倒省、2006年、2015年改正）の「ラインによるケア」では、「管理監督者は、部下である労働者の状況を日常的に把握しており、また、個々の職場における具体的なストレス要因を把握し、その改善を図ることができる立場にあることから、職場環境等の把握と改善、労働者からの相談対応を行うことが必要である」等と記載されている。

解説 ② 安全衛生活動は、**事業主のリーダーシップ**のもと、**職場ラインが中心**となって機能し、**安全衛生の担当部門や事業場外資源がサポート**して展開されます。

【解答】②

問題 3　心の健康づくり計画　予想問題

「労働者の心の健康の保持増進のための指針」に記載された「心の健康づくり計画」に定めるべき事項として挙げられていないものを次の中から1つだけ選べ。

① 事業者がメンタルヘルスケアを積極的に推進する旨の表明に関すること
② 事業場における心の健康づくりの体制の整備に関すること
③ 事業場における心の健康づくりの具体的年間スケジュールに関すること
④ 労働者の健康情報の保護に関すること

解説 ①、②、④は「心の健康づくり計画」に定めるべき事項として挙げられていますが、③**は挙げられていません。**

【解答】③

Column

安全配慮義務を果たすとはどういうことか

人事部門の方々とメンタルヘルス対策のお話をしていると、大きく分けて２種類の方がいらっしゃいます。

法律にさえ引っかからなければ、できるだけ何もしたくない、と考えているタイプと（ごくまれに、罰則さえなければ、法律にひっかかってもいいという方もいますが…これは問題外ですね）、コンプライアンスは当たり前、メンタルヘルスケアを通じて、真に従業員の幸せを考えているタイプです。幸せというのは、健康、やりがい、成長、自社の発展、お客様へ貢献できること…さまざまな要素を含んでいます。

前者のタイプは、メンタルヘルスなんて所詮は個人の問題、なんだかんだ言っても、メンタルヘルス不調になるのは、一部の心が弱い人、仕事を怠けたいわがままな人だと、何を言われても心のどこかで信じているのですね。どうして会社がそんな従業員の面倒をみなければならないんだ、従業員なんてギュウギュウ絞ったほうが、よく働くと思っています。

一方、後者のタイプは、メンタルヘルスの問題は労使の対立事項ではないと知っています。労使が一緒になってどう成長していくかという話ができます。従業員一人ひとりの幸せを追求することが、会社の力になると知っています。
私は、後者タイプの人事の方とお話しているほうが楽しいですが、前者タイプの人事の方にもきっちりお伝えしているのが「安全配慮義務」を果たすとはどういうことかというお話です。

そもそも、メンタルヘルスは法律問題として考えるとかなり難しい分野です。「業務が大変でうつ病になったんです」という主張が「黒か白か」判断するのは、裁判所にとっても容易なことではありません。安全配慮義務に違反した疑いがあると民事裁判になりますが、この場合、民事裁判の目的は、「起きてしまった災害に対し、原告と被告の責任の割合を決めること」です。裁判官は労使それぞれの主張を聞いて、提出された証拠を見て、どちらの話に説得力があるかを総合的に判断して責任割合を決めるわけです。結果的に「会社の責任のほうが重い」と判断されること、それが「安全配慮義務違反」です。

となれば、会社はいざというときに「説得できる材料」をそろえておく必要があります。それがメンタルヘルス対策なのです。

不調者が発生しないように労働時間管理や職場環境づくりをしていたのですか？不調者を早めに発見できるように産業医を活用していましたか？不調者が出たら、ルールに則って丁寧に対応していましたか？

つまり、「会社としてやるべきことをやっていたのですか？」と聞かれたとき、「はい。その証拠がこれです」と、活動の記録が出せれば、裁判になっても、何もこわいことはないのです。

2章

ストレス・メンタルヘルス不調

全出題問題50問中、「2章 ストレス・メンタルヘルス不調」からは、**12〜13問程度出題**されています。専門的な用語も多く暗記しにくい分野ではありますが、**細かい内容まで出題される**ため、丁寧に覚えていくことが必要です。

出題傾向分析

重要度	重要な内容
🐾🐾🐾	• 健康障害が起きるメカニズム • さまざまなストレス要因 • ストレス関連疾患（心身症） • 基本的な予防法 • 職場でのソーシャルサポート • 管理監督者のストレスとセルフケア
🐾🐾	• ストレスとストレス反応 • 職業性ストレスモデル • 特に注意すべき部下の就労態様 • メンタルヘルス不調に関する正しい知識
🐾	• ストレス増加の社会的背景 • ストレス反応の変化と特徴 • 世代別のストレスの特徴 • メンタルヘルス不調 • メタボリックシンドローム対策 • ストレスコーピング

🐾🐾🐾：よく出題される　🐾🐾：比較的よく出題される　🐾：出題されることがある

2-1 ストレスの基礎知識

1 ストレスとストレス反応　重要度

1) ストレッサー（ストレス要因）

ストレッサーとは、ストレスの要因のことです。職場においては人間関係の不和や過重労働など、プライベートにおいては夫婦喧嘩やご近所トラブルなど、**その人にとって負担となる出来事や要請**がこれにあたります。

《表1　ストレッサーの種類》

ストレッサーの種類	具体例
物理的ストレッサー	暑い・寒い、明るい・暗い、騒音など
化学的ストレッサー	大気汚染、多飲酒、喫煙、薬害、栄養の不足など
生物学的ストレッサー	細菌、カビ、ウイルスなど
心理社会的ストレッサー	職場・家庭・学校などにおける立場や責任、葛藤、人間関係にともなうものなど

2) ストレス反応

ストレス反応とは、**ストレッサーによって引き起こされる、身体面、心理面、行動面に現れる反応**のことです。不調も次の順番で現れることが多いです。

身体症状 ➡ 精神症状 ➡ 行動の変化や社会活動性の低下

言葉の定義はよく覚えましょう。ストレス反応が現れる順番を逆にするような問題にひっかからないよう注意！

2 職業性ストレスモデル　重要度

職場には表1のようにさまざまなストレッサーがありますが、だからといって**すぐに疾患やメンタルヘルス不調になるわけではありません**。性格や年齢、ものの捉え方などの**個人的要因**、家庭やプライベートなどの**仕事以外の要因**、また、ストレッサーをクッションのように和らげてくれる、周囲からの支援である**緩衝要因**が複合的に絡み合います。それでもなお、**ストレッサーが強過ぎる、いくつか重なってしまう、長期的に続く**などの状況があると、まずは**ストレス反応**が現れます。

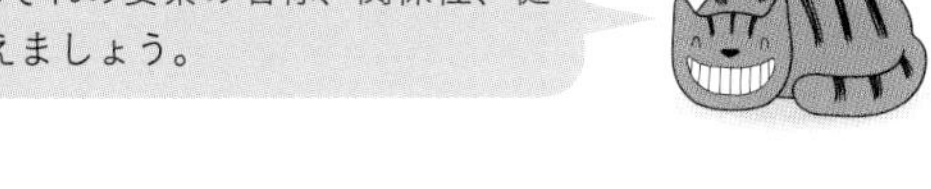

NIOSH の職業性ストレスモデルは、それぞれの要素の名称、関係性、健康障害が発生してしまうまでの流れを覚えましょう。

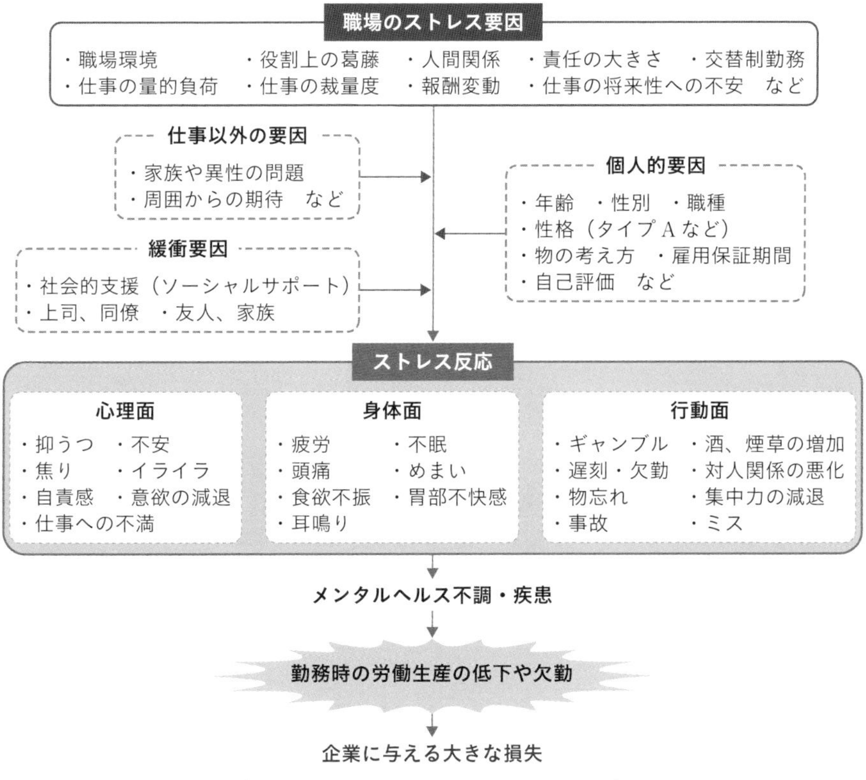

職場のストレス要因

・職場環境　・役割上の葛藤　・人間関係　・責任の大きさ　・交替制勤務
・仕事の量的負荷　・仕事の裁量度　・報酬変動　・仕事の将来性への不安　など

仕事以外の要因

・家族や異性の問題
・周囲からの期待　など

個人的要因

・年齢　・性別　・職種
・性格（タイプ A など）
・物の考え方　・雇用保証期間
・自己評価　など

緩衝要因

・社会的支援（ソーシャルサポート）
・上司、同僚　・友人、家族

↓

ストレス反応

心理面

・抑うつ　・不安
・焦り　・イライラ
・自責感　・意欲の減退
・仕事への不満

身体面

・疲労　・不眠
・頭痛　・めまい
・食欲不振　・胃部不快感
・耳鳴り

行動面

・ギャンブル　・酒、煙草の増加
・遅刻・欠勤　・対人関係の悪化
・物忘れ　・集中力の減退
・事故　・ミス

↓

メンタルヘルス不調・疾患

↓

勤務時の労働生産の低下や欠勤

↓

企業に与える大きな損失

図 1　NIOSH の職業性ストレスモデル

ストレス反応が出たときに、「これは自分の心身からの SOS だな」と受け止め、**早期にセルフケアを行えば回復も早くなります**。しかし、日常の忙しさに任せてストレス反応を長期間放っておくと、やがて悪化して疾患や健康障害、メンタルヘルス不調につながってしまうのです。また、「この程度の辛さはみんな同じだ」などと考え、ストレス反応の重要性は案外自分では気づきにくいもの。遅刻やミスの増加、対人関係トラブルなど行動面でのストレス反応は職場で目に見えるものなので、ぜひ管理監督者が気づき、早期に声がけをしてあげてください。

特に「**タイプA性格**」と呼ばれている人は、競争心や野心が強く、攻撃的で切迫感も強いので、高血圧や心筋梗塞などになりやすいことが知られています。出世欲が強いこのようなタイプの部下には、特に注意が必要です。

3 ストレス増加の社会的背景

重要度

社会的背景や時代の流れにともなう、大きな意味での産業ストレスも、私たちに影響しています。例えば、**経済のグローバル化**により、企業間の競争は激化するばかりです。**技術革新、IT化、サービス産業の発展**を受けて、仕事の質的な難しさも増しています。また、**終身雇用制の崩壊や成果主義の導入**も雇用不安に繋がりました。

一方で、少子化や教育の影響で**個人主義傾向が強まりました**。職場で新入社員を迎えたとき、企業への忠誠心の低さ、**コミュニケーションスキル・対人関係スキルや自立心の不足**といった課題を彼らに感じた管理職の方も少なくないのではないでしょうか。「そういう世代だから」と諦めてしまうのではなく、若い労働者のよさを引き出して行く、**新しいマネジメント体制が必要とされている**のです。

覚えるというより、常識や管理職としての肌感覚で考えて適切なものは「適切」と判断しましょう。

また、近年は新型コロナウイルスの影響によるテレワークの導入により、ニューノーマルへの意識改革が求められています。テレワークは自由な働き方を促進しましたが、孤立感を感じる人も少なくありません。

4 健康障害が起きるメカニズム　重要度

ストレスによって健康障害が起こるメカニズムの概要は図2のとおりです。強いストレッサーにさらされたときの情動的興奮（感情）（図2の③）は、**脳内の神経伝達物質（ノルアドレナリン、ドーパミン、セロトニン**など）によって引き起こされています。ストレッサーが強すぎたり、長く持続しすぎたりすると、この神経伝達物質の産生や伝達に障害が出る、つまりバランスが崩れます。結果として、強い不安や抑うつ気分、意欲の低下などが引き起こされ、うつ病や不安障害につながるのです。

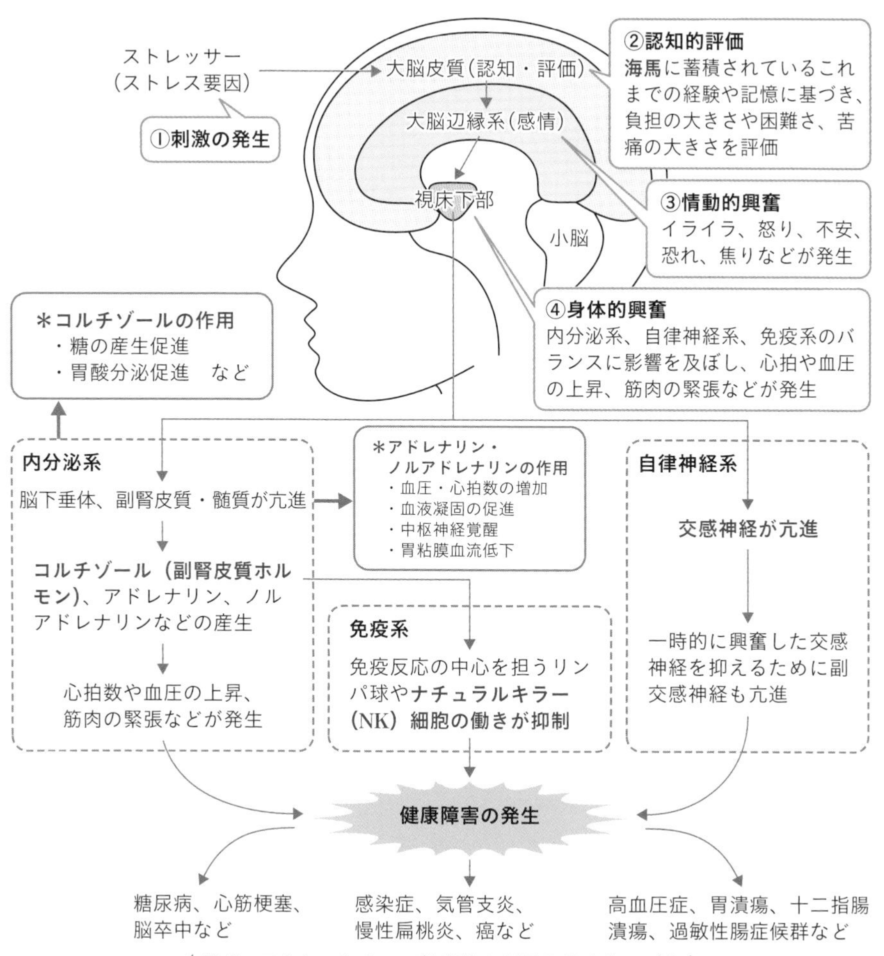

図2　ストレスによって健康障害が起こるメカニズム

5 ストレス反応の変化と特徴

重要度

図3、図4は、ストレスがかかったとき、ストレスへの抵抗力が普段の正常値に比して、どのような変化をたどるかを図示したものです。

ストレス反応の分類・特徴を、表2、表3にまとめました。

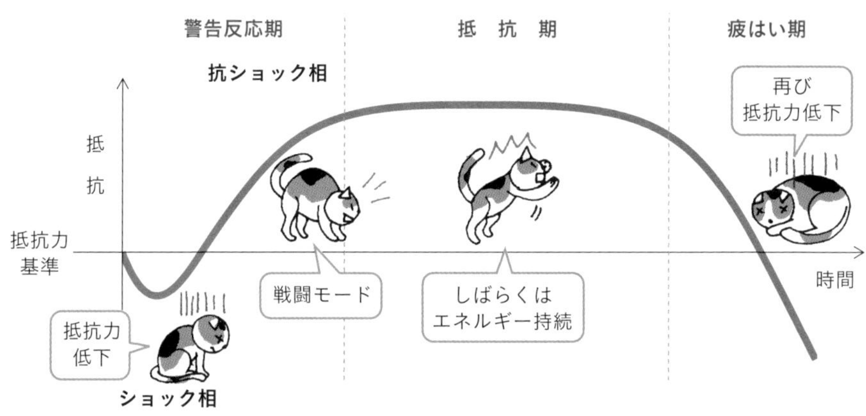

図3　ストレス反応の3相期の変化

表2　3相期のストレス反応とその特徴

	警告反応期・抵抗期	疲はい期
感情面	全般的にそわそわ落ち着かない感じ（不安、緊張、イライラ、焦り）	沈痛な感じが強くなる（抑うつ感、無力感、自責感）
思考面	解決しようとする思考	集中力・判断力の低下
意欲・活動性	亢進（高ぶっている）状態または普通	気分・根気の低下
心身の状態	無症状あるいは、自律神経症、初期の睡眠障害、心身症（高血圧、潰瘍、じんま疹）、一時的な血圧上昇など	慢性的な睡眠障害、不安障害（神経症）、うつ病、心身症（症状固定、増悪）、高血圧症、脳・心血管疾患、蓄積疲労、適応障害など

表2、表3の内容は細かいですが、頭に入れる必要があります！
ひっかけ問題も作りやすいので要注意！

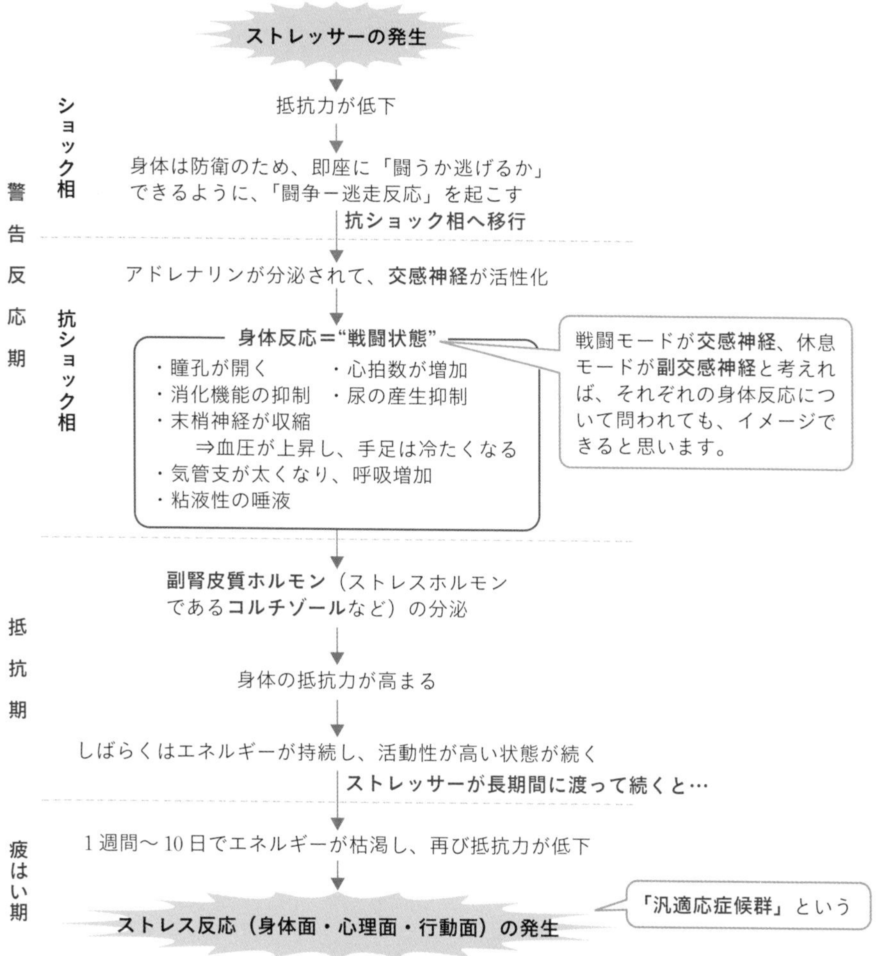

《図4 ストレス反応の3相期と身体反応》

《表3 急性・慢性のストレス反応》

	身体面	心理面	行動面
急性反応	動悸、発汗、顔が赤くなる、胃痛、下痢、震え、筋肉の緊張など	不安、緊張、興奮、混乱、落胆	回避、逃避、エラー、事故、口論、対人トラブル
慢性反応	疲労感、不眠、循環器系症状、消化器系症状、神経筋肉系症状	不安、怒りっぽさ、抑うつ感、無気力、不満、退職願望	遅刻、欠勤、仕事の効率低下、過度の飲酒、過度の喫煙、やけ食い、生活の乱れ

・**急性反応**：すぐに出てくるもの
・**慢性反応**：時間の経過とともに出てくるもの
これらの反応それぞれに、どんな症状があるか、おおまかに把握しましょう。

6 世代別のストレスの特徴

重要度

世代によって、人生のステージなどが異なるため、ストレスの特徴が異なります。また、対応策も世代によって変える必要があります。

表4　ストレスの特徴と対応策

世代	特徴	対応策
新入社員・若年社員 ※15歳～30代前半	・親から自立し、学生から社会人へ社会的立場が変わったことによるプレッシャーがある ・入社前に抱いていた理想と現実のギャップの間で葛藤が生じることがある ・一部、未熟であるがゆえの自己愛の強さ、他責性の強さ、忍耐力の乏しさから職場になじめず、自分からすすんで容易に休職に入るような事例もみられる	・上司や先輩、人事部といった周囲の関係者が社会人としての精神的成長を助ける ・業務やルールは厳しく指導する一方で、簡単にレッテルを貼ることなく、「成長過程にある人材」という目線を常に持って接する
青壮年社員・中堅社員 ※30代後半～45歳	・働き盛りであるがゆえの過重労働に陥りやすい ・**管理職は若年化の傾向で、プレイング・マネージャー**としての負荷がある ・中途社員は即戦力として期待されるプレッシャーや人間関係の悩みが生じやすい ・結婚や出産、住居購入といったプライベートでの大きな節目が過重労働など職場のストレスと重なるときは特に注意が必要	・過重労働対策 ・管理職がよくコミュニケーションをとり、本人が許す範囲でプライベートな面を含めて本人が抱える状況を把握しておくと、疲労の蓄積などの変化に早めに気づくことができる
中高年社員・管理職 ※45歳～65歳	・心身機能の衰えによる疲れを感じることが多くなる ・管理職の場合は、業績に対する責任、部下の管理といったプレッシャーがかかる ・子どもの受験や親の介護といったプライベートでのストレスが重なることも多い	・一般的に、自らすすんでまとまった休暇をとったり、リフレッシュすることが苦手な世代 ・定期的に管理職研修を実施し、セルフケアの必要性、重要性を論理的に伝える

◀表4 ストレスの特徴と対応策（続き）▶

世代	特徴	対応策
高年齢社員 ※65歳以上	・定年延長や定年後の再雇用など、雇用形態の変化により、それまでと役割が変わることに対するストレスを感じることがある ・国際比較調査でも就労意欲は高いことが報告されているが、一方で給与や処遇に対する改善要求も高い ・反射神経、記銘力（新しいことを覚える能力）、想起力（記憶したことを思い出す能力）は衰えることが多い ・**流動性知能**といわれる、情報を獲得し処理することで新しい環境に適応したり、問題の解決策を模索する力は**40歳をピーク**に低下していく ・**結晶性知能**といわれる、経験や知識を生かして総合的に判断する力は、経験を積んでいけば**80歳に至るまで上昇**し続ける ・親の死や自身の持病による辛さを抱えることも多い	・後進への技術の伝承など、豊富な知恵や経験を活かせる職務設計を行う ・管理職と同様、セルフケアの重要性を伝える
女性労働者	・職場におけるストレスには、役割上のストレスに加え、セクハラ、パワハラ、マタハラなどハラスメントを含む人間関係ストレス、キャリアや出産後の復職に伴うストレスがある ・家庭におけるストレスには、仕事と家庭の両立の困難さ、育児・介護のストレス、家庭内暴力（DV）やモラルハラスメントを含む家庭内の人間関係ストレスがある ・女性特有の生物学的特性にともなうストレスには、月経痛、月経前症候群、更年期障害、出産による精神的・身体的疲労、出産児のケアなどがある	・ハラスメント対策 ・産業保健スタッフによる支援 ・育児休暇制度や時短労働、男性の育児休暇取得推進など、仕事と家庭の両立支援 ・長時間労働の抑制、有給休暇取得推進など、ワーク・ライフ・バランス実現への支援 ・**ポジティブアクション**（社会的・構造的な差別によって不利益を受けている人に対して、特別な機会を提供するなどして、実質的な機会均等を実現するための暫定的な措置）の実施

◀表4 ストレスの特徴と対応策（続き）▶

世代	特徴	対応策
非正規雇用者	・雇用が不安定である ・賃金や待遇がよくない ・人間関係が希薄 ・正規雇用者よりも心身の症状が多いとする報告が多いが、「差がない」とする報告も見られる ・最近の調査では、「不本意ながら非正規社員になってしまった人」と、「自分で希望して非正規雇用を選んでいる人」とでは、前者のほうが心身の症状が多く、失業者に近い特徴を示し、正規雇用者よりもストレスが大きいことが報告されている	・自発性の有無がメンタルヘルスにとっては重要な要因 ・現在の就業状況に関わらず、**ポジティブなキャリア**感を持つことが、非正規雇用者のメンタルヘルスにとっては重要

だいたい常識的な判断で解答できそうですが、「管理職の高齢化（×）の流れの中で～」などというひっかけ問題につまずかないように。

さらに、日本における高齢者の就労意欲は、国際的に見ても非常に高いことがわかっています。働きたい理由は「収入が欲しいから（49.0%）」「体によいから・老化を防ぐから（24.8%）」となっています。

◀高齢者の就労意欲の高さ（国際比較）▶

第1位　日本　44.9%　　第2位　米国　39.4%　　第3位　スウェーデン　36.6%

出典：「2015年度　第8回高齢者の生活と意識に関する国際比較調査」

また、若年社員の傾向をつかむのに、離職率が参考になります。

◀就職後3年以内の離職率▶

高卒：約 **39.5%**　　大卒：約 **32.8%**

7 さまざまなストレス要因

重要度

ストレス要因は非常に多岐にわたりますが、管理職が気をつけるべき代表的なストレス要因は表5のとおりです。業務外でも部下の話から、表6のような体験をしていることがわかったときは気をつけて見守る必要があります。

《表5 業務上のストレス要因》

ストレス要因	具体例
自信喪失体験	人事異動や昇進、担当業務変更、大きな失敗、ミス、上司からの度重なる叱責など、自信を喪失する体験
社会的に糾弾される	仕事に関連する行為により罪に問われる、社会的に重大な事件や事故の責任を追及される、世間からの厳しい糾弾に合う体験
孤立無援	海外への単身赴任、客先への単身常駐、職場での孤立、担当業務について自分しか知らずに誰にも相談できない状況など

《表6 業務以外のストレス要因》

ストレス要因	具体例
喪失体験	・自分にとって大切なもの、慣れ親しんだものを失う体験 【例】引越し、家族との死別、子どもの独立、離婚、失恋、体力や能力の衰えなど ※ネガティブな出来事だけでなく、傍目にはポジティブな出来事も含まれるので注意。そのため、自分が大切なものを失ったことを自覚していない場合も多いので注意
重い悩み	・別居、重い病気やケガ（自分・家族）、多額の借金、天災や犯罪に巻き込まれるなど
責任の増大	・結婚、出産、家を購入してローンを組むなど

責任の増大は、傍目にはポジティブな出来事も含まれるので注意！
なお、「心理的負荷による精神障害の認定基準」には、家族のケガや病気、離婚や金銭関係など業務以外のストレス要因の基準も記載されています。

8 特に注意すべき部下の就労態様　重要度

管理監督者はストレス要因となりうる部下の就労態様に注意しなくてはいけません。注意すべき項目は、大きく分けて**長時間労働、不規則な勤務、作業環境、精神的緊張（心理的負荷）**の4つです。

1 長時間労働

医学的知見によれば、**1か月当たり、おおむね「45時間」を超えて時間外労働が長くなればなるほど、業務と脳・心臓疾患など、心血管系の発症の関連性が**

高まるといわれています。

時間外労働が長くなると、必然的に削られるのは睡眠時間です。NHK放送文化研究所の報告書によると次のような関係があります。

◀残業時間と睡眠時間の関係▶

・月45**時間以上**の残業で睡眠時間8**時間**が確保できなくなる。
・月80**時間以上**の残業で睡眠時間6**時間**が確保できなくなる。
・月100**時間以上**の残業で睡眠時間5**時間**が確保できなくなる。

労働安全衛生法に定められている医師の面接指導の対象者選定基準や、労災認定の基準も、こうした医学的知見を参考にしています。

◀表7 時間外労働と発症との関連▶

時間外労働時間	業務と発症の関連	企業の対応
・月100**時間超** ・発症前2〜6か月間に1か月当たり80**時間超**	関連性が強い	産業医面談を受けさせる
・発症前1〜6か月間に1か月当たり45**時間超**	時間外労働時間が長くなるほど、関連性は強まる	産業医に事業場の健康管理について助言指導などを受ける
・発症前1〜6か月間に1か月当たり45**時間以内**	関連性は弱い	現状の労働時間を維持もしくはさらに削減するよう努める

2 不規則な勤務

交替制勤務などの不規則な勤務も、睡眠リズムを乱し、睡眠障害を招きやすくなるため、心血管系疾患の発症に気をつける必要があります。

3 作業環境

温度変化・騒音・時差などの作業環境は、心血管系疾患の発症と強い関連性はありませんが、過重性の評価にあたっては、付加的要因として評価する必要があります。

4 精神的緊張（心理的負荷）

米国のジョンソン（Jonson）らは、**高い仕事の要求度、低いコントロール（裁量権）、低いサポート**が組み合わさった状態が、**精神的緊張の最も高い状態**であり、脳・心臓疾患リスクをはじめとする疾病リスクが高いとしました。

それは、次の①、②の医学的知見によるものです。

◀ 精神的緊張と疾病リスクに関する医学的知見 ▶

① **循環器系疾患の休業者**には、**仕事のコントロール（裁量権）が有意に低い**傾向が示されている。
② **心血管疾患による死亡率・罹患率が高いのは、仕事の要求度が高く、加えて上司や同僚からのサポートが低い**現場労働者である。

「4つ」の注意すべき就労態様と、その内容については、比較的細かい部分まで問われますので要注意です。

過去問題・予想問題を解いてみよう !!

問題1 ストレスに関する基礎知識 予想問題

ストレスに関する次の記述のうち、最も適切なものを1つだけ選べ。

① 米国立労働安全衛生研究所（NIOSH）の職業性ストレスモデルでは、職場のストレッサーや仕事以外のストレッサーが強いと、ただちにメンタルヘルス不調や疾病が引き起こされることが示されている。
② さまざまなストレス要因がかかった結果、ストレス反応として、まずイライラする、不安になるなどの心理面の反応が現れ、次に頭痛や腹痛といった身体面、最後に遅刻や仕事上のミスなど行動面での反応が見られることが多い。
③ 警告反応期の感情面のストレス反応としては、抑うつ感のような沈痛な感じが強くなる。
④ 高年齢労働者は、国際比較調査において、先進国の中では「就業意欲」や「給与や処遇に対する改善要求」が、ともに高いことが報告されている。

解説 ① ストレッサーが強くても、**ただちに不調になるのではなく**、まずはストレス反応が起こり、さらにそれが長期間続いたり、いくつか重なって個人の限界を超えたときに何らかの健康障害が発生するので、不適切です。
② ストレス反応は、**身体面→心理面→行動面**の順に現れることが多い。
③ **警告反応期の感情面**のストレス反応は、**全体的にそわそわして落ち着かない感じ**になることが多いです。

【解答】 ④

Ⅰ編 メンタルヘルスの基礎知識
Ⅱ編 管理監督者の役割
1章
2章
3章
4章
5章
6章

問題2 ライフサイクルとストレス　**24回第2問[1]**

職業人としてのライフサイクルとストレスに関する次の記述のうち、最も不適切なものを1つだけ選べ。

① 管理職の若年化の流れにより、30歳代でも自分自身の仕事の実績を上げることのほかに、部下の仕事のマネジメントも求められるプレイング・マネージャーが増えている。
② 新入社員は学生生活から一転して、会社でチームの一員として、協調性や役割の遂行、責任が求められ、人間関係や役割に伴う葛藤が生じる機会が増える。
③「労働市場分析レポート第23号」（厚生労働省、2013年10月）によれば、約30〜40%の新入社員（高卒または大卒）が、就職後3年以内に転職あるいは退職している。
④ 中高年労働者の特徴として、一般的には壮年期よりも体力、記憶力、新しい環境への適応能力が向上して、経験や実績を評価されて職場で指導的立場につく人が増えてくる。

解説 ④中高年労働者は、一般的に**心身機能の衰えを感じることが多く、体力、記憶力、新しい環境への適応能力は低下する**と言われています。　**【解答】**④

問題3 職業性ストレスモデル　**26回第2問[2]**

職業性ストレスモデルに関する次の記述のうち、最も不適切なものを1つだけ選べ。

① NIOSH（米国立労働安全衛生研究所）の職業性ストレスモデルは、職業に伴う様々なストレッサーとストレッサーによって引き起こされるストレス反応と病気への進展を横軸に表している。
② NIOSHの職業性ストレスモデルにおいて、個人的要因に該当するものは、年齢、性別、自己評価（自尊心）、結婚生活の状況、雇用保証期間などである。
③ NIOSHの職業性ストレスモデルにおいて、職場環境、人間関係、職種（肩書）、仕事の量的負荷と変動性、交替制勤務などは職場のストレッサーに該当する。
④ 一般的に上司や同僚、家族などの周囲からの支援は、ストレス反応や健康障害の発生を防ぐ緩衝要因となる。

解説 ③「職種（肩書）」は、「**個人的要因**」に分類されています。　**【解答】**③

※選択肢①の「横軸」というのは、間違えではありません。本テキストでは、構成の都合上、職業性ストレスモデルの進展を上から下に表記していますが、原典は左から右へと表記されています。

問題4 職業性ストレスモデル 24回第2問[2]

NIOSH（米国立労働安全衛生研究所）の職業性ストレスモデルに関する次の組合せのうち、最も不適切なものを1つだけ選べ。

① 職場のストレッサー	仕事のコントロール・交替制勤務・雇用保証期間
② 個人的要因	性別・自己評価（自尊心）・職種（肩書）・性格
③ 急性のストレス反応	仕事への不満・事故・病気欠勤
④ 緩衝要因	上司や同僚の支援・家族の支援

解説 ①**「雇用保証期間」は、個人的要因に分類**されています。 【解答】①

問題5 職業性ストレス 27回第2問[3]

各層の職業性ストレスや職業性ストレスモデルに関する次のA～Dの記述のうち、正しいもの（○）と誤っているもの（×）の組合せとして、最も適切なものを1つだけ選べ。

A. 新入社員の場合、仕事の適性の問題や給与処遇に対する不満などから、大卒者で約5割弱、高卒者で約6割弱が就職後3年以内に転職、退職していることが厚生労働省の「労働市場分析レポート第23号（2013年10月）」に報告されている。

B. NIOSH（米国立労働安全衛生研究所）の職業性ストレスモデルにおいて、職場環境、人間関係、雇用保証期間、職種（肩書）、仕事の量的負荷と変動性、交替制勤務などは職場のストレッサーに該当する。

C. 近年、非正規就労者（パート、契約社員、派遣社員など）が増加しており、全労働者の約半数を占めるようになっているが、非正規就労者は正規就労者に比較して精神状態が悪いことが報告されている。

D. 高年齢者では、反射神経機能や記銘力、想起力は低下し、情報を獲得し処理する能力（流動性知能）は20歳ごろをピークに加齢に伴い低下する一方で、知識や経験を活かして総合的に判断する能力（結晶性能力）は多くの人が60歳をピークに下降することが知られている。

	(A)	(B)	(C)	(D)
①	○	×	○	×
②	×	×	×	×
③	○	×	○	○
④	×	○	×	○

解説 Aの選択肢について、**大卒者では約4割弱、高卒者では約3割強**となります。

Bの選択肢について、**雇用保証期間と職種（肩書）**については、**個人的要因のストレッサーとして分類**されています。

Cの選択肢について、**非正規就労者は全労働者の4割弱**であり、正規就労者に比べて精神状態が悪いとは言い切れないという報告も増えています。

選択肢Dについて、**「流動性知能」は40歳**をピークに低下していきますが、**「結晶性能力」は80歳**に至るまで上昇していくとされています。 【解答】②

問題6 **ストレス反応** 予想問題

ストレスが発生した際の生体反応である「闘争ー逃走反応」に関する次の記述のうち、最も不適切なものを1つだけ選べ。

① 末梢の血管が収縮して血圧が上昇する。
② 気管支が太くなり、呼吸が増加する。
③ 胃腸の働きが活性化し、消化が促進する。
④ 尿の産生が抑制する。

解説 ③ 交感神経系が優位になっているので、**消化は抑制されます。** 【解答】③

問題7 **ストレス反応** 25回第2問[3]

ストレス反応に関する次の記述のうち、最も適切なものを1つだけ選べ。

① ストレス時の心身の反応として、初期には感情面では不安、イライラが起こりやすく、心身の状態としては、蓄積疲労、適応障害などがあげられる。
② 負担を引き起こすストレッサーに直面すると、これらの情報は感情の中枢である後頭葉に伝達され、不安や不満、怒り、悲しみなどの感情を引き起こす。
③ 自律神経系の中枢は視床下部にあり、強いストレスを感じると交感神経系が優位になり、アドレナリンが副腎髄質から、ノルアドレナリンが交感神経末端から、それぞれ血中に放出される。
④ ストレッサーに直面したとき生じる感情は、主に脳内のノルアドレナリン、ドーパミン、メラトニンなどの神経伝達物質によって引き起こされる。

解説 ①蓄積疲労や適応障害が起きてくるのは、**「疲はい期」といって反応の後期**になります。
② 感情の中枢は「**大脳辺縁系**」です。
④ メラトニンではなく、**セロトニン**です。メラトニンは睡眠に影響する神経伝達物質です。

【解答】③

問題8 **ストレス反応** 25回第5問[3]

ストレス反応に関する次の記述のうち、最も不適切なものを1つだけ選べ。

① ストレスへの抵抗力は、警告反応期に一旦低下した後、抵抗力が高まり、抵抗期を経て、疲はい期では再び抵抗力が低下し、ストレス反応が現れるようになる。
② 抗ショック相では、交感神経系の働きが優位となるため、気管支は細く、心拍はゆっくりとなり、消化器系の活動が抑制される。
③ ストレス反応は、身体面、行動面、心理面に現れるが、身体面、心理面の反応は周囲からはわかりにくいため、面談等を通して管理監督者が積極的に部下の話に耳を傾けることが求められる。
④ 行動面に現れるストレス反応としては、仕事ぶりの変化があり、特に勤怠などの出勤状況が、変化に気づくポイントとして重要となる。

解説 ② 交感神経系が優位になるとき、**気管支は太く、心拍は早くなります**。【解答】②

問題9 **ストレス反応** 27回第5問[2]

ストレス要因を受けた際に現れるストレス反応に関する次の記述のうち、最も不適切なものを1つだけ選べ。

① 長時間ストレス要因にさらされ続けたり、強いストレス要因を受けたときに生じる一連の反応を「汎適応症候群」と呼び、これにいち早く気付くことが部下の不調の早期発見のポイントとなる。
② 身体面に現れるストレス反応は、全身で見られ、十二指腸潰瘍や過換気症候群などの心身症を引き起こすことがある。
③ ストレス要因を受けた直後は抵抗力が高まり、覚醒・活動水準が高くなるが、強いストレスを受けた場合、多くの人が1か月ほどで適応のエネルギーは枯渇し、抵抗力は正常値以下に低下する。
④ ストレスによる心身面の不調は、部下本人が訴えない限り周囲が気付くことが難しいが、ミスが目立つ、勤怠問題が生じるなどの仕事ぶりの変化によって捉えることができる。

解説 ③「1か月ほど」ではなく、**「1週間から10日ほど」で、エネルギーが枯渇**していきます。

【解答】③

問題10 ストレス反応 　27回第2問[2]

ストレス反応に関する次の記述のうち、最も適切なものを1つだけ選べ。

① 一般的にストレス反応のことをストレッサーと呼ぶ。
② ストレス反応が長く続き、悪化して、うつ状態やうつ病になる場合、一般的にはまず身体症状が出て、次に精神症状が出現し、引き続いて社会活動性の低下、最後に抑うつ症状などが出現する。
③ 慢性ストレス状態では、内分泌系の機能が亢進した状態になり、免疫系と自律神経系の機能は抑制され、何らかの健康障害が発生し、これがストレス病と呼ばれる。
④ 脳内のノルアドレナリン、ドーパミン、セロトニンなどの神経伝達物質は、不安や抑うつ気分、意欲、活動性に密接に関係しており、また、ノルアドレナリンは血圧や心拍数の増加、血液凝固の低下などの作用もある。

解説 ① ストレス「**要因**」のことを**ストレッサー**と呼びます。
③ 慢性ストレス状態の場合、免疫系は抑制されますが**自律神経系（交感神経・副交感神経）は亢進**します。
④ ノルアドレナリンは**血液凝固を促進**させます。 　**【解答】②**

問題11 ストレス反応 　30回第5問[1]

ストレス反応に関する次の記述のうち、最も不適切なものを1つだけ選べ。

① 生体が危険な事態に直面した際、身を守るための防御反応を「闘争ー逃走反応」というが、これは交感神経系の働きが副交感神経系の働きよりも優位になっている状態である。
② 交感神経系が優位に働くと末梢血管の収縮、心拍の増加、筋肉の血管拡張など、危機的状況に対応するための反応が起きる一方で、消化器系の活動は抑制される。
③ ストレス要因が加えられた直後には、「闘争ー逃走反応」により身体活動や抵抗力が向上し、抵抗期へと移行する。
④ ストレス要因によって生じた部下の心身の異変に早期に気付くには、身体面・行動面・心理面に注目することがポイントとなるが、特に勤怠問題などの行動面の異変は管理監督者にとっても気付きやすい。

解説 ③ ストレス要因が加えられた直後は、「ショック相」となり、**抵抗力は一旦低下**します。 　**【解答】③**

問題 12 健康障害のメカニズム 26回第2問[1]

ストレスによる健康障害のメカニズムに関する次の記述のうち、最も適切なものを1つだけ選べ。

① ストレッサーに直面すると、その負担の大きさや困難性、苦痛の程度などが大脳辺縁系で認知、評価され、大脳皮質、視床下部へと伝達される。
② ストレッサーに直面したときに生じる感情は、主に脳内のノルアドレナリン、ドーパミン、コルチゾールなどの神経伝達物質によって引き起こされる。
③ 自律神経系の中枢は視床下部にあり、怒りや不安を感じるときに動悸がしたり、抑うつ気分のときに食欲がなくなるのは、感情と自律神経の作用が密接に関係していることを示している。
④ ストレス状態ではコルチゾールなどが産生されるが、コルチゾールは糖の産生の促進、免疫抑制、胃酸分泌の抑制作用がある。

解説 ①大脳辺縁系と大脳皮質の記述が逆になっています。
② コルチゾールではなく、**セロトニン**です。
④ コルチゾールは、**胃酸分泌を促進する作用**があります。 【解答】③

問題 13 交感神経の働き 24回第5問[4]

交感神経系の働きに関する次の記述のうち、最も適切なものを1つだけ選べ。

① 消化活動を促進する。
② 気管支が細くなる。
③ 漿液性の唾液が出る。
④ 瞳孔が開く。

解説 ① 消化活動は**抑制**されます。
② 気管支は**太く**なります。
③ **粘液性**の唾液が出ます。 【解答】④

問題 14 **注意すべき部下の就労態様** **予想問題**

管理監督者が特に注意すべき部下の就労態様に関する次の記述のうち、最も適切なものを 1 つだけ選べ。

① 医学的知見によれば、1 か月当たり、おおむね「45 時間」を超えて時間外労働が長くなればなるほど、業務と脳・心臓疾患など、心血管系の発症の関連性が高まるといわれおり、NHK 放送文化研究所の報告書によると、月 45 時間以上の残業で睡眠時間 6 時間が確保できなくなるとされている。

② 米国の Jonson らは、「高い仕事の要求度」「低いコントロール」「低いサポート」が組み合わさった状態が、精神的緊張の最も高い状態としている。

③ 心血管疾患による休業者には、仕事のコントロール（裁量権）が有意に低い傾向が示さている。

④ 温度変化・騒音・時差などの作業環境は、心血管系疾患の発症と強い関連性があり、過重性の評価にあたっては、付加的要因として評価する必要がある。

解説 ① 月 45 時間以上の残業で睡眠時間として **8 時間が確保できなくなる**とされています。

③ 仕事のコントロール（裁量権）が有意に低い傾向が示されたのは、**循環器系疾患の休業者**です。

④ 温度変化・騒音・時差などの作業環境は、**心血管系疾患の発症と強い関連性はない**とされていますが、過重性の評価では、付加的要因として評価する必要があります。

【解答】②

2-2 心身症・メンタルヘルス不調

1 ストレス関連疾患

重要度 ★★★

高血圧症や糖尿病などに代表される身体疾患のうち、ストレスと関連のある身体疾患のことを**ストレス関連疾患（心身症）**といいます。発症の原因や症状の経過と、心理社会的なストレッサーとの間に時間的な関連性が認められる疾患です。この関連性を**心身相関**と呼びますが、誰しも、体と心は密接に繋がっていることを実感したことがあると思います。心に負荷がかかり過ぎたために、体のほうへ器質的、機能的な障害が出てしまったと考えるとわかりやすいでしょう。

1 心身症の種類

代表的な心身症について、表1にまとめました。

◀表１　各疾患と治療のポイント▶

疾患	特徴	治療のポイント
過敏性腸症候群	・ポリープや癌ではないのに、症状が出る。**消化管の運動機能異常**と**腸の拡張時**に痛みを感じやすい ・「下痢型」「便秘型」「不安定型（下痢と便秘の交替型）」がある ・腹痛のほか、食欲不振や嘔吐、胸やけ、疲れやすさ、不安感や抑うつ感などを伴う場合もある	・自覚症状の軽減と**心身相関への気づき**を促し、症状を主体的にコントロールできるようになることを目指す ・**規則正しい生活（食事・睡眠・運動）**で心身のリズムを回復させる ・ストレッサーを取り除く ・薬物治療と並行して、症状が出やすいシチュエーションに対する行動療法を行う **【例】**満員電車でいつもお腹が痛くなる →出勤時間を変えてみるなど
緊張型頭痛	・頭をタスキなどで締めつけられているような頭痛、**ジワジワした連続性の痛み** ・日常生活は若干制限されるものの、**寝込むほどではない** ・偏頭痛にみられるような吐き気はない	・リラックスや入浴、軽い運動が有効 ・**認知行動療法**（CBT）を試す ・「痛くてもできたこと」に焦点をあて、「頭痛があるうちは何もできない」などといった認知を修正していく

◀表1 各疾患と治療のポイント（続き）▶

疾患	特徴	治療のポイント
摂食障害	・食事や体重に異常なこだわりがあり、太ることへの恐怖感が強い ・**思春期から青年期にかけての女性**に多くみられる 〈**神経性食欲不振症**〉 ・極度に痩せているにも関わらず、「まだ太っている」と思い込み、食べたものを吐いたり、下剤を乱用するが、活動性は高い 〈**神経性大食症（過食症）**〉 ・大量の食べ物を一気に食べ、直後に嘔吐したり、下剤や利尿剤を乱用する ・体重は正常範囲内であることが多い ・「過食→嘔吐」の繰り返しに自己嫌悪に陥り、ひどい落ち込みに襲われることも多い	・治療は困難で、長期化することが多い ・**神経性食欲不振症**は、自分は太っていると思い込んでいるので、**治療へ積極的に参加しない傾向**があり、**神経性大食症（過食症）**は、「**過食→嘔吐**」が**1つの習癖として形成**されてしまっているため治療が困難 ・「食べる・食べない」といった表面上の問題行動の背景にある「本当の問題」は何なのか、時間をかけて探求し、解決していくことが必要 ・落ち込みが激しいと、**自傷行為**（リストカットなど）におよぶこともある。**死に至るケースは少ない**が、心のSOSとして真摯に受け止め、医療につなげる

表の中の細かい記述はつい読み飛ばしてしまいがちですが、心身症の1つひとつの特徴は、**しっかりと覚えましょう！** 細かい内容まで出題される傾向があります。

2 職場で心身症が現れたときには

部下が心身症に罹ったとき、「身体の病気だから、会社は関係ない。医者に任せればいい」と考えてしまいがちです。しかし、そのような意識では、安全配慮義務を果たせません。**作業関連疾患（病因の1つが就業上の要因である疾患）**であれば、**業務上疾病として労災認定されたり、労災認定とは独立して、安全配慮義務違反による民事上の責任を問われかねません。**

労災認定と民事上の安全配慮義務違反は関連していますが、それぞれ独立して判断されます。「労災認定の結果として安全配慮義務違反が問われる（×）」という認識は誤っていますので要注意。

近年、裁判所は職場のストレス要因を重要な因子としてみる傾向が強くなっています。心身症とみられる部下が出てしまった場合には、早期に介入するようにしましょう。過重労働など職場のストレス要因が大き過ぎないか確認し、改善すべき点は改善します。管理監督者は緩衝要因となって部下をサポートします。

そのような対処は面倒に思えるかもしれません。求められる成果が厳しいなかで、丁寧な対処は無理だと思われるかもしれません。

しかし、見て見ぬふりをすることが重篤な事態を引き起こし、組織が致命的なダメージ（部下が一斉に倒れる、辞めるなど）を受けるリスクを考えてみてください。職場のストレス要因に真摯に対処することは、長期的にみれば、その組織の生産性を高めるのです。

2 メンタルヘルス不調　重要度

「労働者の心の健康の保持増進のための指針（メンタルヘルス指針）」において、「メンタルヘルス不調とは、精神および行動の障害に分類される精神障害や自殺のみならず、ストレスや強い悩み、不安など、労働者の心身の健康、社会生活および生活の質に影響を与える可能性のある精神的および行動上の問題を幅広く含むもの」と定義されています。

職域における**トータル・ヘルスプロモーション・プラン（THP）**は、これまで、生活習慣病に対する保健指導・栄養指導・運動指導と並び、メンタルヘルスケアとしてストレスに対する気づきの援助、リラクセーションの指導、良好な職場の雰囲気づくりなどが健康保持増進事業として推進されてきましたが、2020年３月に改正されました。

職場のストレスは時代とともに変化が激しいため、労働者個人のセルフケアだけでは追いつきません。管理監督者はTHP改正の現状もふまえ、予防に努めていただければと思います。

◀THP改正のポイント▶

① 若い世代から健康づくり活動を充実・強化する。
② リスクが高い層への「ハイリスクアプローチ」だけではなく、全体に対して底上げをする「**ポピュレーションアプローチ**」の視点を強化する。
③ 健康測定⇒産業医による指導票作成⇒運動指導・栄養指導という定型的なものだけでなく、事業場の規模や事業の特性に応じて、事業場自らが健康保持増進の内容を策定して実施する。
④ 事業場の健康保持増進対策は**PDCA サイクル**にそって、確実に実施する。

それでは、代表的なメンタルヘルス不調・精神疾患を次にまとめたので、みていきましょう。

1 うつ病

うつ病の特徴や症状、治療方法は表2のとおりです。

表2 うつ病の概要

<table>
<tr><td>特徴</td><td>・人口の1〜3%にみられ、一生のうち一度以上うつ病にかかったことのある人は7%前後と、決して珍しい疾病ではない
・生真面目、模範的、几帳面、頑張りやなど、本来社会適応がよかった人が罹りやすい傾向にある
・本人は自分は病気だと気づきにくい、もしくは認めたがらないという傾向がある</td></tr>
<tr><td>症状</td><td>・下記のような症状が2週間以上継続し、日常生活に支障をきたしている状態であれば、うつ病が疑われる
① 朝が特に不調
② 次のような症状が現れる
<table><tr><td>精神面の症状</td><td>憂うつな気分、不安、おっくう感、絶望感、イライラ、怒りっぽくなる、自責感など</td></tr><tr><td>身体面の症状</td><td>不眠（入眠困難、中途覚醒、早朝覚醒）、疲労感、だるさ、頭痛、食欲減退、性欲減退など</td></tr><tr><td>その他の症状</td><td>集中力、意欲の低下、決断力の低下、興味の減退（今まで好きだったことに興味が持てなくなる）、快体験の喪失（入浴などをしても気持ちいいと感じられない）など</td></tr></table></td></tr>
<tr><td>治療</td><td>・原則は、「休養」と「服薬」
・多くの場合、3〜6か月程度、職場を離れ、自宅療養が必要になる
・復職した場合でも、その後、半年程度は通院、服薬を継続することが必要
・自己判断で治療を中断してしまうと、再発のリスクが高まる</td></tr>
</table>

なお、近年、上記とは違うタイプの「うつ」も職場で多くみられるようになっています。

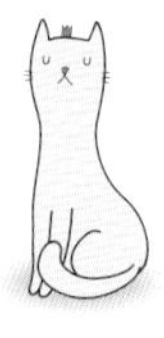

うつ病については「治る病気だが、治療にはそれなりに時間がかかる」と認識してください。

従来のうつ病にはあまりみられなかった**「他責性」「役割意識や責任感が希薄」「秩序やルールを嫌う」「うつの診断に自ら積極的」**などの特徴があります。その背景に、社会的な未熟さや仕事に対するモチベーションの低さ、対人関係スキルの不足などがある場合が多く、原則的なうつ病の治療が功を奏さないケースも多いようです。

従来型のうつ病にならって長期に休職させるよりも、規則正しい生活（睡眠・食事・運動）ができるように指導したり、本人のやる気を引き出すようなマネジメントなど、社会的な成熟を助ける支援が有効になることが多いようです。

いずれにせよ、職場において、うつ病の部下への対応するときは、次の点に留意しましょう。

うつ病の部下へ対応するときの留意点

・職場での対応、職場環境が予後を大きく左右する。
・上司からの支援はとても大切。
　【例】段階的な業務復帰、定期的な面談、相談しやすい関係づくりなど
・腫れものにさわるように取り扱わない。

2 躁うつ病（双極性障害）

躁うつ病の方は、**自分は病気であるという認識（病識）が希薄**であることが多いので、職場では、管理監督職、人事、家族などの関係者が連携して、専門的な治療（投薬など）につなげる工夫が必要です。

表3　躁うつ病の概要

特徴	・**人口の0.5%前後**にみられる
症状	・うつ病と躁病の2つの病態がみられる ・躁病の症状が出ているときは、軽躁であれば活動量が増え、バイタリティーあふれる印象を受ける ・症状が重くなるにつれ、寝ないで活動する、大きな声で際限なくしゃべる、派手過ぎる格好になる、尊大で横柄な態度になる、抑制がきかない、自信過剰、非現実な誇大妄想が膨らむなどの傾向が強くなる ・できない約束を簡単にしてしまうなど、職場や取引先でのトラブルにつながる

表3　躁うつ病の概要（続き）

<table>
<tr><td rowspan="3">類型</td><td colspan="2">双極性障害は、その症状からⅠ型とⅡ型に分けられる</td></tr>
<tr><td>双極Ⅰ型障害</td><td>・従来から「躁うつ病」と診断されてきたタイプ
・入院治療の必要があるほどの明確な躁状態をともなう</td></tr>
<tr><td>双極Ⅱ型障害</td><td>・躁状態が比較的軽度な範囲にとどまる
・近年は抑うつ状態と軽躁状態を反復し、抗うつ薬が効きにくいケースを双極Ⅱ型障害として対応することが増えている
・抑うつ状態のなかに、怒りっぽさやテンションの高さが4〜5日続くような症状が見られる場合は、うつ病ではなく、双極Ⅱ型障害の可能性を検討する必要がある</td></tr>
</table>

3 統合失調症

統合失調症の部下への対応としては、症状が就業に支障が出るほど重く出ている場合は、医療につなげることになります。

しかし、症状がうまく抑えられ、安定した経過を辿っている場合は、同僚など周囲に理解を求め、就業を継続しながら息の長い支援を行っていきましょう。

表4　統合失調症の概要

<table>
<tr><td>特徴</td><td colspan="2">・2002年に「精神分裂病」から呼称変更された
・生涯有病率は0.55%で、10代後半から30代前半の若年者に発症しやすい</td></tr>
<tr><td rowspan="3">症状</td><td colspan="2">・症状には、陽性症状と陰性症状がある</td></tr>
<tr><td>陽性症状</td><td>・妄想（どのような説得も受けつけず、訂正不能）、幻聴、幻覚、現実と非現実の区別がつかない支離滅裂な思考など
・薬物療法が有効</td></tr>
<tr><td>陰性症状</td><td>・コミュニケーション障害、意欲や自発性の低下、引きこもり傾向など
・薬物が十分に効かない場合が多い</td></tr>
<tr><td>治療</td><td colspan="2">・就業しながらの治療は難しく、比較的長期の治療を要する
・一方で、近年は薬物療法を中心とした治療法が進歩しているため、ずっと働けないということではなく、回復すれば、症状を抑えながら、就業などの社会活動を送ることが可能である</td></tr>
</table>

4 アルコール依存症

アルコール依存症は症状が重くなってくると、朝からアルコール臭い、飲み会の場での逸脱行動、遅刻や欠勤など、職場においても就業に支障が出てきます。

職場での部下への対応としては、本人への自覚をうながし、治療につなげましょう。

◀表５　アルコール依存症の概要▶

特徴	・「付き合いでたまに飲む程度（機会飲酒）➡毎日飲む（習慣飲酒）➡飲みすぎて記憶を失う（ブラックアウト）」という順に、徐々に飲酒量が増えていく ・飲酒量が増えていく背景には、内心の葛藤や乗り越えられない問題などが隠されていることが多い
症状	・症状には精神依存と身体依存がある **精神依存**：ブラックアウトがたびたび起こるくらい過度な飲酒を続けていると、飲まずにはいられない、意志の力でやめられないという精神状態になる **身体依存**：アルコールが切れると手が震える、冷や汗が出る、イライラする、眠れないなどの身体的な症状が出る
治療	・治療法は**完全断酒**しかない ・依存が形成されていると、自分の意志だけで断酒するのは困難なので、入院や断酒会、AA といった自助グループへの参加、また、家族の協力が非常に重要になる

※ AA（Alcoholics Anonymous：匿名アルコール依存症者の会）

5 パニック障害

「遅刻や欠勤が多いので、うつ病を疑っていたら、実は電車に乗るのがこわいという外出恐怖だった」という例があるように、本人が打ち明けたり、実際に不安発作が起きた場面に遭遇しないと、周囲が病気に気づくのは困難な疾患です。そのため、職場では本人が管理監督者へ相談しやすい関係づくりが重要になります。

◀表６　パニック障害の概要▶

特徴	・身体的検査をしても、**どこにも明らかな異常所見が認められない**にも関わらず、下記のような症状が出る
症状	・**突然起こる**不安発作（動悸、めまい、息苦しさ、非現実感など）が繰り返される ・発作の際の自覚症状は「このまま死んでしまうのではないか」と感じるほど強烈なもの ・発作が起きるかもしれないシチュエーション（満員電車、人ごみなど）を避けようとするため、家から出られなくなる、行動範囲が極端に狭くなることがある（**外出恐怖**、**広場恐怖**）。「また発作が起きたらどうしよう」という不安を**予期不安**という
治療	・薬物療法や行動療法など、有効な治療法がある程度確立されているため、**予後は比較的良好**である ・服薬は**１年程度継続**することが必要 ・空腹、怒り、孤立感、疲労、強いストレスなどは、症状悪化の背景要因となるため、規則正しい生活や、ストレスへの対処も重要となる

6 適応障害

適応障害においては、本人をストレッサーから切り離せば、通常、症状は消えます。そのため、環境調整が有効ですが、繰り返しを避けるためには、本人のストレス対処能力を高めるような介入が重要となります。

表7　適応障害の概要

特徴	・さまざまな生活領域（職場や家庭など）において、**個人の価値観に基づいた主体的な働きかけと環境や周囲の人々からの要請**がうまくかみ合わず、心身および社会的に不都合をきたしている状態 ・軽度ではあるものの、病的な反応を引き起こしうる強さの**ストレッサー（例：生活上の変化、職場でのストレスなど）が必ず存在**する ・個人の素質や脆弱性、対処能力の問題もあるが、上記のストレッサーがなければ、発症はしなかったと考えられる。つまり、**ストレッサーと発症の間に明らかな因果関係**が認められる
症状	・主たる症状は、不安、憂うつ感、行為の障害（無断欠勤、人間関係トラブル、無謀な行為など）であり、日常生活に支障が生じている状態 ・**ただし、軽度**であり、他のいずれの病気の診断基準も満たさない程度 ・発症はストレッサーの発生から1～3か月以内に起こり、症状の持続は**通常6か月を超えない**

7 睡眠障害

ひとくちに睡眠障害といっても、さまざまな原因があり、治療法も異なるため、医師の診断が必要です。「最近よく眠れないんです」という訴えが部下からあった場合には、そのリスクをよく理解させ、産業保健スタッフや専門医につなぐことが大切です。

睡眠障害は、**脳の高次機能（注意力・集中力・問題処理能力など）の低下**を引き起こすので、職場ではミスやアクシデント、効率低下や生産性低下の大きな要因となり、さらに、さまざまな身体疾患や精神疾患に関連しています。

「睡眠不足による作業効率低下」の日本経済に対する影響は、**全国で3兆円**、これに欠勤・遅刻・早退・交通事故による損失を加えると、**総計3兆5000億円**に達するという研究結果もあります。

表8　睡眠障害の種類の概要

<table>
<tr><td>不眠症</td><td>・以下のような障害が週3回以上程度、1か月以上に渡って継続し、本人が苦痛を感じる、もしくは社会活動に支障を来たしている状態。自己診断は禁物で、そのような状態であれば医師に相談することが必要となる
<table>
<tr><td>入眠障害</td><td>眠ろうとするのに、寝付くのに30分〜1時間かかる</td></tr>
<tr><td>中途覚醒</td><td>いったん入眠しても、何度も目が覚めてしまう</td></tr>
<tr><td>早朝覚醒</td><td>通常の起床時刻の2時間以上前に覚醒してしまい、その後は入眠できない</td></tr>
<tr><td>熟眠障害</td><td>深く眠った感じが得られない</td></tr>
</table>
・薬や嗜好品の副作用で不眠になる場合もある</td></tr>
<tr><td>過眠症</td><td>・日中の耐え難い眠気発作、居眠り（夜間の睡眠不足が原因ではない）
・危険作業中や面談中など、通常では眠ることなど考えられない状況下で発作的に眠ってしまう
・代表的な疾患は、ナルコレプシー</td></tr>
<tr><td>概日リズム睡眠障害</td><td>・本人の睡眠覚醒リズムと、社会生活の時間帯との間に大きなズレにより生じる
・時差ボケや交替制勤務にともなう睡眠障害など
・不規則で浅い睡眠、疲労感、ぼんやり、眠気、めまいや立ちくらみなどの自律神経症状</td></tr>
<tr><td>睡眠相後退症候群</td><td>・10〜20代の若年単身者で、たびたび欠勤する職員の中には、極端な遅寝遅起きが固定してしまい、体調や社会生活に支障をきたしているケースがある</td></tr>
<tr><td>睡眠関連呼吸障害</td><td>・睡眠中の呼吸障害により生じる睡眠障害
・代表的な疾患は、睡眠時無呼吸症候群で、睡眠中に10秒以上連続して無呼吸になる状態が反復して認められる
<table>
<tr><td>閉塞性タイプ</td><td>喉の構造異常や肥満による気道が狭くなることで起きる</td></tr>
<tr><td>中枢性タイプ</td><td>呼吸運動機能自体の異常で起きる</td></tr>
</table>
・睡眠の分断、日中の強い眠気、集中力低下、大きく不規則なイビキ、全身倦怠感、朝の頭痛など
・酸素不足により、脳や心臓の障害を合併することが少なくない
・本人は疾患を自覚していないケースもあり、仮に運転職がこれに罹っていた場合、大事故にも繋がりかねないリスクがある</td></tr>
</table>

8 発達障害

2005年4月に施行された発達障害者支援法によると、発達障害とは、「自閉症、アスペルガー症候群、その他広汎性発達障害、学習障害、**注意欠陥多動性障害**、その他これに類する脳機能の障害であって、その症状が通常低年齢において発現するもの」と定義されています。

表9　発達障害とその特徴

発達障害	特徴
注意欠如・多動症（ADHD）	・忘れ物やケアレスミスが多い ・動きが多く、思考もせわしない ・思い立つとすぐやりたくなる ・部屋が片付けられない ・気が散りやすく、よそ事を考えてしまう ・プランニングがうまくできない ・スケジュール管理ができない ・段取りが悪い
自閉スペクトラム症（ASD）	・空気を読むことが苦手 ・比喩や言葉の裏の意味がわからない ・あいまいな指示だと、その意図がわからない ・人との距離感が独特（近過ぎたり、遠すぎたり） ・好きなテーマを話しだすと止まらない ・視覚、聴覚、触覚、味覚、嗅覚が過敏 ・強いこだわりがあり何か変化があると混乱しやすい ・視線を合わすことや表情の動きが少ない

留意点

大人になり就職し、仕事をするなかで初めて発達障害の可能性があることがわかったケースも多いのです。そのように比較的軽症なケースや他の精神疾患と併存するケースがあったり、また、**パーソナリティ障害との鑑別なども必要**であるため、発達障害の診断には高度な専門性を必要とします。

対　応

「何ができて何ができないのか」「どのような種類の支援を必要とするか」を具体的にアセスメントすることが重要です。特性を活かせれば、高い能力を発揮することも多いのです。ただ、ストレスが高まると、発達障害の心理行動特性が顕著に出やすいため、職場ではストレスをかけすぎない配慮が必要です。

表の中の細かい記述はつい読み飛ばしてしまいがちですが、精神疾患の1つひとつの特徴は、しっかりと覚えましょう。細かい内容まで出題される傾向があり、次のようなひっかけ問題が考えられます。

【例】

①「近年のうつ病は、長期間の休養が必要（×）」

②「アルコール依存症は、飲酒量の抑制（節酒）（×）が治療法である」

過去問題・予想問題を解いてみよう!!

問題 1 ストレス関連疾患（心身症）　予想問題

ストレス関連疾患（心身症）に関する次の記述のうち、最も不適切なものを 1 つだけ選べ。

① 心身症とは、糖尿病などの身体的な疾患のうち、その症状の発生や経過と心理社会的なストレッサーとの間に時間的な関連性が認められる疾患のことをいう。

② 心身症に罹りやすいのは、なかなか職場に適応できなかったり、秩序やルールに従うのが苦手といった心理行動特性がある人である。

③ 緊張型頭痛は、日常生活は若干制限されるものの寝込むほどではなく、認知行動療法のアプローチが有効である。

④ 摂食障害は治療が長期化することが多い。

解説 ② 心身症に罹りやすいのは、職場や秩序やルールに**自己犠牲的なまでに過剰適応する心理行動特性がある人**なので、不適切です。　**【解答】** ②

問題 2 メンタルヘルス不調　予想問題

メンタルヘルス不調などに関する次の記述のうち、最も適切なものを 1 つだけ選べ。

①「憂うつな気分」といった精神面の症状、「不眠」といった身体面の症状、その他「集中力や意欲の低下」といった症状が認められたときには、ただちにうつ病が疑われる。

② 躁うつ病は、躁病の症状が軽度である限りは、バイタリティーあふれて元気な印象で、活動量が増える程度なので、特段の対応は必要がない。

③ 統合失調症は、どんな説得にも応じない訂正不能な妄想や、陰性症状といわれる自発性の低下がみられ、比較的長期の治療を必要とするが、経過が安定していれば就業しながらの治療も可能である。

④ パニック障害は、身体的・器質的に何らかの障害が発生していることから、動悸・めまい・息苦しさといった突然の不安発作に襲われるもので、「外出恐怖」など、家から出られなくなってしまうこともある。

解説 ① **主要な症状が 2 週間程度継続**し、日常生活が辛くなってきたときにうつ病が疑われるので、**「ただちに」というのは不適切**です。

② 軽躁でも、病気の症状が現れているのであれば、**放置するのは不適切**です。

④ パニック障害は、身体的・器質的にはどこにも**明らかな異常所見が認められないことが特徴**です。　**【解答】** ③

2-3 メンタルヘルス不調者への態度

1 メンタルヘルス不調に関する正しい知識 重要度

正しい知識がないと、メンタルヘルス不調者に対して偏見を持ちやすくなります。管理監督者として、職場の手本となるような、正しい認識を持っていることが大切です。

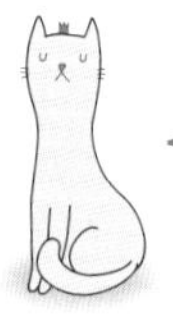

「よくある偏見」の記述は、不適切な記述の選択肢として出題しやすいですよね。

表1 メンタルヘルス不調者への認識

よくある偏見	正しい認識
・メンタルヘルス不調は、心の弱い人、気合が足りない人、心に甘えがある人が罹る特別な病気である ・自分だけは絶対に罹らない ・不調になるのは個人の責任	・メンタルヘルス不調は、誰しもが罹る可能性がある ・特にうつ病は、**真面目で組織に適応しすぎる優秀な人**が罹りやすい ・職場環境が悪ければ、誰にでも心身の不調を発生させるメカニズムが働くため、**職場の問題と捉える**
・メンタルヘルスケアは福利厚生の枠組みで考えるもの ・メンタルヘルスケアにお金をかけるなんてもったいない	・メンタルヘルスケアは、**経営上・人材戦略上の課題** ・心身の不調は、生産性を下げる ・職場の活性低下につながる ・トラブルになれば高額な損害賠償や和解金を請求されることがある
・一度うつ病などに罹ると、もう完全には治らない ・休職をすると、復帰しても、100% の状態には戻らない	・うつ病は、早期に対応すればするほど、**完治する可能性も高くなる** ・統合失調症に関しても、WHO の健康報告 2001 において、「約 1/3 は医学的にも社会的にも完全に回復する。初患者の場合、適切な薬物治療と心理ケアで、約半数は完全な回復が期待できる」という趣旨の記載がある
・メンタルヘルス不調者・精神疾患者・精神障害者は危険である	・一般刑法犯の全検挙者に対して**精神障害者は** 1.3% に過ぎない

表1　メンタルヘルス不調者への認識（続き）

よくある偏見	正しい認識
・精神疾患は遺伝性の疾患である ・いわゆる「生まれ」の問題である	・**脆弱性ストレスモデル**：メンタルヘルスの不調は、その人の病気へのなりやすさ（発症脆弱性）と、環境要因が複雑に絡み合って起こる ・**発症脆弱性は遺伝的な気質だけでなく、生育過程での経験や学習、後天的なストレスへの対応力も深く関係する** ・**統合失調症、うつ病、パニック障害などの不安障害では、この「脆弱性ストレスモデル」による病態理解が主流**となっている

「脆弱性ストレスモデル」は重要です！どのような考え方かを理解しておきましょう。どんな疾患が脆弱性ストレスモデルで病態理解されているか、覚えましょう。

関連知識　日本におけるDALYs損失の上位10原因（15歳〜49歳の男女）

1位　筋骨格系疾患（腰痛、頸部痛ほか）
2位　精神疾患
3位　その他の非感染性疾患
4位　自傷・自殺＆暴力
5位　悪性新生物（各種がん、悪性腫瘍、白血病ほか）
6位　不慮の事故
7位　脳神経系疾患（脳卒中、アルツハイマー病、パーキンソン病ほか）
8位　虚血性心疾患
9位　皮膚疾患
10位　消化器系疾患

※DALYs：疾病や障害を原因とする平均寿命短縮および生活の質低下による損失の合計

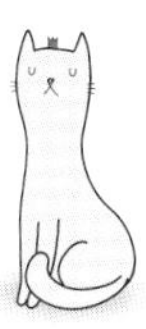

従業員は企業にとって重要なステークホルダーの一員です。メンタルヘルスマネジメントは、特定の職域だけに必要な特別なものではなく、「人的資源管理」の観点から、経営上の最重要テーマといえるでしょう。

2-4 対処・軽減・予防法

1 基本的な予防法

重要度

メンタルヘルス不調の予防には、規則正しい日常生活が大切です。基本的なところからみていきましょう。

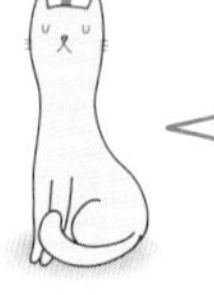

基本的な予防に対する問題は広く具体的に出題されますが、基本的な内容をおさえておけば大丈夫です。

1 休　養

一般的に、昼間、仕事など活動している間は自律神経のうち**交感神経が優位**になっており、夜、自宅に帰って家族と食事をしたり、ゆったりとした時間を過ごしている間は**副交感神経が優位**になっています。

「休養が大切」というと、何か当たり前のことをいわれているように思うかもしれませんが、夜間に心身をゆっくり休めることは、副交感神経を優位にするということなのです。

副交感神経が優位になっている間に、私たちの体は、消化や新陳代謝を促進したり、老廃物を体外に排出したりしています。そのようにして疲労を翌日まで持ち越さないことが、一番の予防です。**自律神経（交感神経・副交感神経）のバランスを保つこと**が、予防の基本と考えてください。

2 睡　眠

夜間に心身をゆっくり休める、その一番の方法はもちろん睡眠です。睡眠不足や睡眠障害は、昼間の仕事中のミス、能率低下、情緒不安定、場合によっては重大な事故につながることもあります。

また、よい睡眠がとれないと**交感神経優位の状態が持続**されるため、疲労が蓄積し、心循環器系への負担が増し、高血圧、糖尿病、心臓病、脳疾患など生活習慣病のリスクが高まります。

参考に、厚生労働省が発表した「健康づくりのための睡眠指針 2014」より睡眠 12 か条をご紹介します。

睡眠12か条

1. よい睡眠で、体も心も健康に
2. 適度な運動、しっかり朝食、眠りと目覚めのメリハリを
3. よい睡眠は、生活習慣病予防に繋がります
4. 睡眠による休養感は、心の健康に重要です
5. 年齢や季節に応じて、昼間の眠気で困らない程度の睡眠を
6. よい睡眠のためには、環境づくりも重要です
7. 若年世代は夜更かしを避けて、体内時計のリズムを保つ
8. 勤労世代の疲労回復・能率アップに、毎日十分な睡眠を
9. 熟年世代は朝晩メリハリ、昼間に適度な運動でよい睡眠
10. 眠くなってから寝床に入り、起きる時刻は遅らせない
11. いつもと違う睡眠には、要注意
12. 眠れない、その苦しみを抱えずに、専門家に相談を

出典：厚生労働省「健康づくりのための睡眠指針 2014」

よい睡眠をとるための、そのほかのポイントは表1のとおりです。

表1　よい睡眠をとるためのその他ポイント

要素	概要
光	・朝、太陽の光を浴びると、**14〜16時間後**に眠気ホルモン「**メラトニン**」が分泌されて、自然と眠くなる ・毎日同じ時刻に起きて、太陽の光を浴びれば、自然と睡眠のリズムが整う
体温	・温かい夕食やぬるめのお風呂で寝る前の体温を少し上げておくと、眠りにつくときの**体温低下が顕著**になり、深い眠りに入れる
就寝前の刺激を避ける	・就寝前は交感神経を刺激するような、テレビ、ゲーム、携帯電話、パソコンなどの長時間の使用は避ける
寝室環境を整える	・寝室は暗くし、静かな環境を整える ・リラックスできるような香りや音楽を取り入れるのもよい
睡眠時間	・睡眠時間や睡眠パターンは個人差が大きいので、**8時間睡眠にこだわり過ぎない**
交替制勤務の場合	・夜勤のとき、職場の照明はできるだけ明るく ・夜勤シフトの**2日前から遅く寝る** ・夜勤明けはサングラスをかけて目に日光を入れない ・寝室は遮光カーテンなどで、なるべく暗く ・勤務時間が変わった初日は**仮眠を取らず**、就寝時間まで我慢して起きておく

3 運　動

適度な運動は、心身症やメンタルヘルス不調の予防になるだけでなく、うつ病などの症状改善に役立つともいわれています。

表2　運動の効果

運動の効果	概要
ストレス解消・気分転換	・蓄積されていた疲労やストレスを解消し、リフレッシュできる ・定期的・習慣的に運動を生活に取り入れることで、ストレスを溜め込み過ぎずに済む
うつ病など精神疾患の症状改善	・運動によって、脳内の神経伝達物質である**エンドルフィン**や**セロトニン**が分泌されて、うつ病などの精神疾患の症状改善に寄与しているのではないかという研究成果が多く報告されている
熟眠を促進する	・ただし、就寝前に激しい筋力トレーニングなどの運動をしてしまうと、**かえって交感神経が刺激されて逆効果**になるので注意

4 食　事

食事はその内容（栄養素）も大切ですが、何より、「同じ時間に規則正しく食事をする」という生活習慣そのものが、自律神経のバランスを整えます。空腹時には交感神経が、満腹時には副交感神経が優位になりますので、決まった時間にその切り替えが行われることが大切なのです。

表3　予防に役立つ栄養素

栄養素の効果	栄養素	具体的な食材
アドレナリンやコルチゾールなど「抗ストレスホルモン」の合成を助ける	**ビタミンB群**	豚肉、乳製品、レバー、納豆など
	ビタミンC群	野菜、果物など ※**ビタミンCは煙草やお酒で失われる**ので、喫煙・飲酒が増えている場合には意識的に補う
精神安定に効果がある	**カルシウム**	小魚、海藻類、乳製品など
	マグネシウム	ナッツ類、大豆など
ホルモン分泌を助ける	**たんぱく質**	魚類、肉類など ※ストレスによってホルモン分泌が盛んになると、**たんぱく質が多く使われる**ので、補う必要がある

5 リラクセーション

副交感神経を優位にするには、リラクセーションも効果的です。

〈表4 代表的なリラクセーション〉

方法	概要
呼吸法	・深くゆっくりとした「腹式呼吸」により心身をリラックスさせる
漸進的筋弛緩法	・「腕➡肩」と順番に筋肉を緩めることで心身をリラックスさせる ・筋肉に力を入れたときと、弛緩させたときの感覚の落差により、リラックスした筋肉の状態を感じやすくなる
自律訓練法	・自己暗示の練習によって不安や緊張を軽減し、筋肉を弛緩させて自律神経のバランスを整える ① 背景公式（安静練習）：**「気持ちが落ち着いている」**と自己暗示する ② 第1公式（重感練習）：**「両手両脚が重たい」**と自己暗示する ③ 第2公式（温感練習）：**「両手両脚が温かい」**と自己暗示する ④ 練習が終わったら、必ず「消去動作（伸びをする、手をグーパーする、脚をブラブラさせるなど）」を行う ・リラクセーションとしては、上記②、③の部分だけで十分効果があるが、全公式としては第6公式まである ※なお、不安感やイライラ感、不快感を伴う胸痛や頻脈が出現する場合は練習を中止すること
その他	・音楽、ヨガ、アロマテラピーなど

6 認知行動療法

認知行動療法（CBT）とは、セルフコントロール力を高める心理療法の1つです。この認知行動療法に関して、**うつ病**や**不安障害**（パニック障害、強迫性障害、社会不安障害など）、**不眠**などに対して、科学的根拠に基づいた有効性が報告されています。そのため、エビデンスのある心理療法として、現在は精神疾患の治療法において第一選択肢となることが多くなっています。

「上司に叱られる」という出来事があった場合、人によってひどく落ち込んだり、気にしなかったりします。この結果の違いは、認知行動療法的には、個々人の「認知」の違いだと考えます。落ち込みやすい人には、その人特有の「認知の歪み」がある、と捉えます。例えば「自分は何をやってもダメなやつだ」という「認知の歪み」を、「人は誰でも失敗することがある」という「認知」に修正することで、結果としての気分（感情）が変わっていきます。

認知行動療法では、「身体反応（頭痛や腹痛、疲労感など）」と「気分（悲しい、怒り、憂うつなど）」に焦点を当てて変えようとするのではなく、**「認知（思考）」と「行動」に焦点を当てます**。この4つは相互に影響を与え合っているので、本人を苦しめる「認知（思考）」と「行動」のパターンを修正することによって、結果として「身体反応」と「気分（感情）」も変わり、セルフコントロール力が高められていくのです。

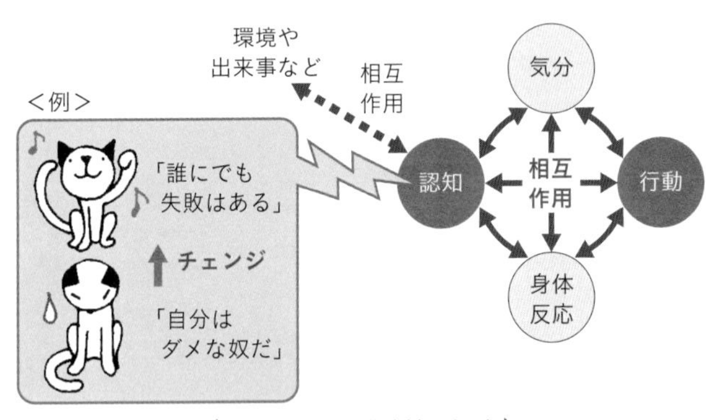

◀図1　認知行動療法の概略▶

7 マインドフルネス

近年、生産性の向上や健康維持のための方法として**マインドフルネス**が注目されています。マインドフルネスは2,500年以上前の原始仏教用語のsatiという言葉の英語訳です。「心をとどめておくこと」「注意」などの意味があります。日本語では「気づき」と訳されることが多いです。**「今、ここ」の現実をあるがままに感じ、感情や思考にとらわれない意識の持ち方を指します。**

1970年代に、米国のJon Kabat-Zinnが慢性疼痛患者を対象としたグループ療法として、「**マインドフルネスストレス低減法（MBSR）**」を開発し、それ以降、MBSRを再発性うつ病に適用したマインドフルネス認知療法や、アクセプタンス＆コミットメント・セラピーなどの療法が、精神医学や臨床心理学の分野で活用されるようになりました。

私たちの悩みは、「どうしてあんなことを言ってしまったのだろう」という過去の後悔や、「将来、こんなことが起きたらどうしよう」という未来の心配から生まれることが多いものです。マインドフルネスは「今、ここ」に意識を向けることで、過去や未来への否定的な思考、感情から距離をおきます。つい過去や未来のことを考えてしまっても、「ああ、今自分は、『また失敗したらどうしよう』と考えているな」と、その思考を俯瞰し、また静かに「今、ここ」に意識を戻します。そうするための方法として、「瞑想」が適しています。ここでは、2つの瞑想法をご紹介します。

■**集中瞑想**…「今、ここ」に注意をとどめるための集中力を育む瞑想。何か特定の対象に集中する。「呼吸」を対象にすることが多い。呼吸だけに意識を集中し、何か雑念が浮かんできても、「ああ、またこんなことを考えてしまったな」と思考を俯瞰し、また呼吸に意識を戻す、ということを繰り返す。

■**洞察瞑想**…今、この瞬間に生じている経験に気づいているための平静さを育む瞑想。特定の対象は用いずに、今、この瞬間に生じている思考や感覚などの経験が、現われては消えていくさまに「気づいている」ということを訓練する。この訓練により、どんな体験がきても、穏やかで落ち着いた心の状態でいることができるようになる。

2 メタボリックシンドローム対策　重要度

長時間労働（p.23）で学んだように、動脈硬化は脳・心臓疾患の原因となるため、その予防として**「メタボリックシンドローム（略称：メタボ）」**という概念が2008年から産業保健の場に導入されました。40～74歳の医療保険加入者を対象とした**特定健診・特定保健指導**も同時に開始されました。

「メタボ」という言葉は今では広く社会に広まり、一次予防（健康の維持・増進）や二次予防（早期発見・早期対応）に役立っています。「死の四重奏」と言われる**肥満、糖尿病、高血圧、脂質異常症**は生活習慣病ですが、医療費の1/3をこの生活習慣病が占めています。特定健診・特定保健指導は医療費の適正化を目的に始まったという背景もあります。生活習慣病の元になっているのは、内臓脂肪型の肥満です。ですから、特定保健指導では、生活習慣を改善させ、肥満の解消を目指します。

厚生労働省が発表した2019年の定期健康診断結果によると、有所見率は**57.0%**であり、年々増加しています。脳・心臓疾患の労災事例を発生させないためにも、個人に合わせたきめ細かな指導が必要です。

特定保健指導では、有所見者を**「動機付け支援」**と**「積極的支援」**に分けて、それぞれに合った指導を行います。所見がない人には情報提供を行います。

特定健診や特定保健指導を実施するのは保険者（健康保険組合）ですが、一方、事業者側も保健指導を実施します。「健康診断結果に基づき事業者が講ずべき措置に関する指針」では、以下のように記載されています。

> 「一般健康診断の結果、特に健康の保持に努める必要があると認める労働者に対して、医師または保健師による保健指導を受けさせるよう**努めなければならない**。この場合、保健指導として必要に応じ、日常生活面での指導、健康管理に関する情報の提供、健康診断に基づく再検査または精密検査、治療のための受診勧奨を行う。また、その円滑な実施に向けて、健康保険組合や健康増進事業実施者（健康増進法に基づく）との連携を図ること。**深夜業**に従事する労働者については、睡眠指導や食生活指導などを一層重視した保健指導を行うように努めることが必要である。また、職場における保健指導全般は、**産業医が中心**となって進めることが適当である」

保険者（健康保険組合）が行う特定保健指導は主に**医療費の適正化が目的**であり、事業者が行う保健指導は主に**就業に関する適切管理が目的**です。お互いに連携することで、効率的で総合的な産業保健活動につながります。

◀表5　メタボを解消・予防する生活習慣改善のポイント▶

食事	・規則正しい食事時間 ・腹八分目 ・一口30回くらいよく噛む ・魚、野菜、きのこ、海草をよく取る ・間食、塩分、アルコールは控えめ ・低エネルギー、低脂肪、高食物繊維
運動	・定期的に軽度な有酸素運動を行う
禁煙	・喫煙は動脈硬化を促進し、血圧を高めるなどのさまざまなリスクがあるので、禁煙に取り組む

◀メタボリックシンドロームの診断基準▶

■ **必須項目**

☑　**内臓脂肪の蓄積**

ウエスト周囲径：男性　85 cm 以上
女性　90 cm 以上
（内蔵脂肪面積男女とも 100 cm^2 以上に相当）

■ **選択項目（2 項目以上該当）**

☑　**脂質異常**

高トリクリセリド血症 150 mg/dL 以上
HDL コレステロール 40 mg/dL 未満
のいずれかまたは両方

☑ **高血圧**
最高（収縮期）血圧 130 mmHg 以上
最低（拡張期）血圧 85 mmHg 以上
のいずれかまたは両方

☑ **高血糖**
空腹時血糖値 110 mg/dL 以上

※特定保健指導の対象者判断には「血糖値 100 mg/dL 以上または HbA1c 5.6％以上」が採用されている。

参考：日本高血圧学会「高血圧治療ガイドライン 2014 年版」

メタボの診断基準は具体的な数値を含めて出題されたことがあるので、暗記が必要です。

高血圧予防・治療のための生活習慣の修正項目

☑ **減塩**
6 g/日未満

☑ **食事パターン**
野菜・果物、多価不飽和脂肪酸（魚など）を積極的に摂取する
飽和脂肪酸・コレステロールは避ける

※重篤な腎障害を伴う患者では高カリウム血症をきたすリスクがあるので、野菜・果物の積極的摂取は推奨しない。
※糖分の多い果物の過剰な摂取は、肥満者や糖尿病などのカロリー制限が必要な患者では勧められない。

☑ **減量　BMI（Body Mass Index）が 25 未満**
BMI＝体重〔kg〕÷(身長〔m〕×身長〔m〕)

☑ **運動**
有酸素運動を中心に定期的に（毎日 30 分以上または週 180 分以上を目標に）行う

☑ **節酒**
アルコール量：男性　20〜30 mL／日以下
　　　　　　　女性　10〜20 mL／日以下

☑ **禁煙（受動喫煙の防止も含む）**

☑ **その他**
防寒
情動やストレスのコントロール

なお、生活習慣の複合的な修正はより効果的である

参考：日本高血圧学会「高血圧治療ガイドライン 2019 年版」

ストレスコーピング

重要度

ストレス反応の発生を抑えたり、ストレス反応を軽減するストレス対処行動のことをコーピングといいます。

1 コーピングの種類

コーピングには大きく分けて2つのタイプがあります。

① 情動焦点型コーピング

・感情を調整する（気分転換や気晴らしをする）

② 問題焦点型コーピング

・問題解決に向けて問題を整理し、計画的に対処する

・ものの見方を修正する（思い込みなどを修正して、物事の受け止め方を合理的に変える）

・サポートを求める（人に相談し、問題解決のための理解や協力を得る）

2 段階に応じたコーピング

ストレスの段階に応じて、効果的なコーピングを選択しましょう。

表6 段階に応じたコーピング

段階	対応するコーピング	例
① ストレッサーとなる刺激が発生している段階	刺激の発生自体を阻止するような行動	・嫌いな人にはなるべく近づかない、疲れている日には残業をしないなど
② ストレッサーを「嫌だな」と認知している段階（認知的評価段階）	受け取り方やものの見方を変える、広げてみる	・上司に叱られたとき、「ああ、こんなことで注意されるなんて、自分はやっぱり仕事ができないダメ人間だ」と受け取っていた認知を、「叱られたことで、1つ成長できた」というように、違う側面から捉えてみるなど
③ 情動的な興奮が起きている段階（イライラ、怒り、不安、焦りなどの精神的な反応が発生している段階）	感情を鎮めるようなリラクセーション	・気持ちが落ち着くような音楽、アロマテラピー、呼吸法などのほか、特別なことをしなくても少し休憩を入れるだけでもよい ・趣味に没頭するなども効果的

◀表6　段階に応じたコーピング（続き）▶

段階	対応するコーピング	例
④ 身体的な興奮が起きている段階 （心拍数上昇、血圧上昇、筋肉の緊張などの身体的な反応が発生している段階）	身体の興奮を鎮めるようなリラクセーション、または、ストレスホルモン（コルチゾール）を消費する有酸素運動	・ウォーキングや水泳など

段階と対応するコーピングの組み合わせを問う問題に対応できるようにしましょう。

3 自覚レベルに応じた働きかけ

部下にセルフケアについて指導する際、本人のレベルに合った働きかけをするとよいでしょう。

◀表7　セルフケアへの働きかけ▶

自覚レベル	働きかけ
① セルフケアにまったく関心がないレベル	・メンタルヘルスの研修や個人面接を通して、ストレスを軽視するリスクや、コーピングの利点などを伝えていく
② セルフケアに関心はあるが、何も実行しないレベル	・個人面接を通して、本人の「変わりたい」という思いを後押しする ・今のままでいることのリスクや、セルフケアに成功している人の例をモデルとして伝えるとよい
③ セルフケアに関心があり、何かを実行し始めているレベル	・個人面接を通して、継続の後押しをする ・運動やリラクセーションなどのセルフケアを実行したときに気持ちよさに焦点をあて、健康行動を強化する
④ セルフケアに関心があり、半年以上、何かを実行しているレベル	・個人面接を通して、継続できていることへ自信を深めてもらう ・仕事が忙しくなってきたり、何かセルフケアの継続を妨げるような突発的な出来事が起きたときに、セルフケアがストップしてしまわないように手助けする

全レベルに共通する大切なことは次の4つです。

《自覚レベルに関わらず管理監督者が行うべきこと》

① 正しい知識を伝えること
② コーピングスキルは誰でも身につけることができるという認識を持ってもらうこと
③ セルフケアはQOL（生活の質）向上に役立つという認識を持ってもらうこと
④ できたりできなかったりするが、一喜一憂せずに、とにかく継続すること

4 職場でのソーシャルサポート　重要度

ソーシャルサポート（社会的支援）とは、配偶者、家族、友人、医師・看護師、職場の上司、同僚など、周囲からのサポートをいいます。NIOSHの職業性ストレスモデル（p.76）について学びましたが、ストレッサーを和らげる緩衝要因がまさにソーシャルサポートといえるでしょう。

1 ソーシャルサポート（社会的支援）の種類

ソーシャルサポートには、以下の4つのタイプがあります。

《表8　ソーシャルサポートとその例》

サポートの種類	具体例
情緒的サポート	共感したり、慰める、励ますといった受容的な態度により、気持ちを落ち着かせるようなサポート
情報的サポート	問題解決に役立つ情報を提供するサポート
道具的サポート	実際に仕事を手伝う、金銭的に援助をする、仕事を効率化するために機械や人を増やすなど、問題解決に直接的に関わるサポート
評価的サポート	適切に人事評価を行ったり、仕事ぶりを褒めたりして、自信をつけさせ、やる気を出させるようなサポート

2 職場でサポートを行うときの留意点

職場で部下をサポートする場合は、次のようなことに気を付けましょう。

① 本人の自律的な努力を助けるようなサポートであること

やみくもに、いつでもどこでもサポートをすることは、本人の主体性を損なうリスクがあります。過保護にし過ぎず、本人の努力を後押しするようなものであることが大切です。

② サポートが双方向であること

上司・部下の関係であっても、いつも上司が部下を助けるばかりでなく、部下が上司を助ける場面もあったり、「持ちつ・持たれつ」の関係であることが必要です。一方的なサポートは長く続きにくいものです。

③ 労働者の適性や適応状態に合わせたサポートであること

たとえ適応状態がよくても、「見守る姿勢」は大切です。

表9 適応状態とサポートの仕方

適応状態	サポートの具体例
適応状態がよい場合	・「過剰適応」になって頑張り過ぎていないか見守る
適応はしているが、元気がない場合	不適応状態にまで進まないようすることが必要 ・「道具的サポート」で仕事量を調節する ・「情緒的サポート」で話を聴いたりする
不適応状態の場合(1週間以上続くなら要注意)	・頑張り過ぎたあげくに燃え尽きているのか、もともとその職務に適性がなかったのかを判断する ・適性がなければ配置転換という「道具的サポート」の必要性を検討する ・いずれの場合も、「情緒的サポート」は大切

④ 職務内容に合わせたサポートであること

例えば、次のようなサポートをするなど、その仕事においてそのとき一番求められているサポートを選択することが大切です。

ⓐ 事務仕事であれば、直接仕事を手伝う「道具的サポート」
ⓑ 何かを作る生産現場であれば、できたものを褒める「評価的サポート」
ⓒ 営業であれば、顧客の情報や効果的な提案を教える「情報的サポート」

5 管理監督者のストレスとセルフケア　重要度

1 管理監督者とストレス

ラインケアばかりを学んでいると、自分自身のことが疎かになりがちです。実際の現場でも、部下には残業制限があるため、管理監督者がプレイヤーとして部下をカバーしていたり、さらに上位職との板ばさみになって苦しんでいたりすることが少なくありません。さらに、「名ばかり管理職」という言葉が社会に広まったように、権限や賃金は管理職に見合わないのに、時間外手当も支給されず長時間労働を強いられている“管理職”の存在は社会問題になっています。

さらに、「働き方改革」によって、部下が残業規制を受けることから管理職にしわ寄せが来ている例も増えています。リモートワークの導入により、マネジメントで苦労されている管理職も多いでしょう。部下と遠隔でコミュニケーションをとるために、デジタルリテラシーを上げる必要も出てきています。また、管理監督職に昇進をすると、真面目で頑張り屋、几帳面で仕事好きといった人ほど、役割を果たそうと過剰適応状態となります。その状態が長期間続けば、「昇進うつ病」になることもあります。

ホームズ&レイ（Holmes & Rahe）の社会的再適応評価尺度（Social Readjustment Rating Scale）によると、「配偶者の死」をストレス値「100」、「結婚」をストレス値「50」としたとき、**「仕事上の責任変化」はストレス値「29」**となっていて、決して少ないストレスではありません。一般的に昇進は喜ばしいことであり、本人も張り切っていても、ケアが必要ないということではないのです。

◀ホームズ&レイの社会的再適応評価尺度▶

〈ストレス値〉

「配偶者の死」：100

「結婚」：50

「仕事上の責任変化」：29

また、厚生労働省の「労働者の心の健康の保持増進のための指針（メンタルヘルス指針）」では、次が明記されています。

◀管理監督者とメンタルヘルスケア▶

- 事業者はセルフケアの対象として管理監督者を含めること
- 事業場内の産業保健スタッフは、管理監督者に対する相談対応を行い、管理監督者のメンタルヘルスケアについても留意すること

2 管理監督者のセルフケア

管理監督者であっても、セルフケアの方法は、今まで学んだ労働者のセルフケアと基本的には同じです。ただし、管理監督者だからこそ気をつけなくてはいけないこととして、次の3つがあります。

① 自分のストレスに気づく

「自分だけは大丈夫」「まさか自分が」と思いがちなのが管理監督者です。まずは、ストレス反応に自分自身が気づくことが大切です。定期的なストレスチェック制度を積極的に利用し、客観的に自分のストレス状態に気づくのもよいでしょう。

なお、ストレスチェック制度では集団分析の項目として「上司の支援」が点数化されます。集団分析の結果が管理職にまでフィードバックされる場合、「上司の支援」のリスク値が高いと、当該管理職はストレスを感じることと思います。しかし、**ストレスチェックはあくまで個々の労働者が主観でつけています**ので、過度にストレスに感じることなく、実際に部下とコミュニケーションをとるなかで、**改善すべき点がないか前向きに考えていく**という姿勢がよいでしょう。

② 積極的に休む

「管理職が何もないのに休むなんて」という意識を持っている人も少なくないと思います。しかし、地位が高い人ほど、仕事と余暇のバランスをうまくとり、睡眠もしっかりとるべきです。それが部下のセルフケアのお手本となり、部下の有休取得を推進することにつながります。

③ 自ら相談する

「管理職は部下や他人に弱みをみせてはいけない」と思っていませんか。しかし、わからないことがあれば率直に部下に相談するような上司は、むしろ部下から信頼されます。また、産業保健スタッフは守秘義務を負っていますから、不調が深刻化する前に、予防的に専門家への相談を活用すべきです。

部下に関する相談も抱え込まずにうまく産業保健スタッフや人事労務部門と連携しましょう。

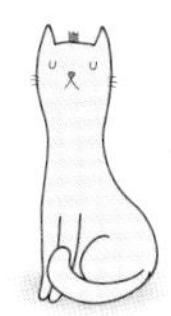

当たり前のことですが、管理監督者も「働く人」として健康を守らなければいけないですよね。

過去問題・予想問題を解いてみよう!!

問題1　ストレス対処　24回第4問[7]

ストレスへの対処に関する次のA～Dの記述のうち、正しいもの（○）と誤っているもの（×）の組合せとして、最も適切なものを1つだけ選べ。

A. ストレスに対処するための行動をコーピングという。
B. 物事の受け取り方（認知）を変えることで、ストレス発生を阻止したり、ストレスの程度を少なくすることはできない。
C. ストレスを受けて分泌されたコルチゾールを消費するためは、有酸素運動が効果的である。
D. ストレスへの対処に有効な有酸素運動には、ウォーキング、サイクリング、ゆったりとした水泳などが挙げられる。

①　(A)　○　(B)　○　(C)　×　(D)　○
②　(A)　○　(B)　×　(C)　○　(D)　○
③　(A)　○　(B)　○　(C)　○　(D)　×
④　(A)　×　(B)　×　(C)　○　(D)　○

解説　選択肢Bの**認知を変えること**は、**ストレスの程度を少なくすることに役立ちます。**

【解答】②

問題2　ストレス対処　25回第4問[6]

ストレスへの対処に関する次のA～Dの記述のうち、正しいもの（○）と誤っているもの（×）の組合せとして、最も適切なものを1つだけ選べ。

A. ストレスに対処するための行動（コーピング）とは、スポーツにより気分転換をする、飲酒で嫌なことを忘れるという身体の活動を伴うことであり、思考を伴う精神作業は含まれない。
B. 適切なコーピングを行うことによって、ストレス反応の発生が抑えられたり反応の程度が軽減されたりする。
C. 友達と喧嘩をしてギスギスした関係になったときに、自分から謝って以前のような良好な関係を取り戻そうとする行動は、問題焦点型コーピングである。
D. ストレス対処行動スキルの向上は誰でも可能なことであり、個人のQOL（生活の質）の向上に役立つという認識を持つ。

①　(A)　○　(B)　○　(C)　×　(D)　○
②　(A)　○　(B)　×　(C)　○　(D)　○
③　(A)　×　(B)　○　(C)　○　(D)　○
④　(A)　×　(B)　×　(C)　○　(D)　×

解説　選択肢Aに記載の「思考を伴う精神作業」として、**思い込みなどを修正**して、**物事の受け止め方を合理的に変える認知の修正**は、**ストレスコーピングの一種**です。**【解答】**③

問題3 **ストレス対処** 25回第4問[7]

ストレスへの対処、軽減方法に関する次のA～Dの記述のうち、正しいもの（○）と誤っているもの（×）の組合せとして、最も適切なものを1つだけ選べ。

A. ストレスが高くなるとビタミンB・C群が消費されるので、ビタミンBを含む豚肉や乳製品、ビタミンCを含む野菜や果物を補給する。

B. 運動は、ストレス解消や気分転換に役立つが、うつ病などの精神疾患の症状改善には効果がない。

C. リラクセーションの代表的な方法として呼吸法、漸進的筋弛緩法、自律訓練法などがある。

D. 良い睡眠のためには、不快な音や光を防ぐ環境づくり、寝具の工夫をする。

① (A) ×　(B) ○　(C) ×　(D) ×
② (A) ○　(B) ○　(C) ×　(D) ○
③ (A) ×　(B) ○　(C) ○　(D) ○
④ (A) ○　(B) ×　(C) ○　(D) ○

解説 選択肢Bに記載の**運動**は、**うつ病などの精神疾患の症状改善にも役立つとされる研究結果が多く報告されています**。 **【解答】④**

問題4 **ストレス対処** 29回第4問[6]

ストレスの発生段階に応じた対処方法に関する次の記述のうち、最も不適切なものを1つだけ選べ。

① 刺激の発生の段階における対処として、配置転換や生活習慣の改善などがある。
② 認知的評価の段階における対処として、刺激をストレスフルと認知しないために、他に熱中できることに打ち込むことなどがある。
③ 情動的興奮の段階における対処として、感情や気分を鎮めるための瞑想などがある。
④ 身体的興奮の段階における対処として、身体的興奮を鎮めるための有酸素運動などがある。

解説 ②他に熱中できることに打ち込むような対処は、感情を鎮める効果がありますので、**「情動的な興奮が起きている段階」の対処**といえます。 **【解答】②**

問題5　睡眠　25回第4問[5]

休養と睡眠に関する次の記述のうち、最も不適切なものを1つだけ選べ。

①「健康づくりのための睡眠指針2014」（厚生労働省）では、8時間睡眠にこだわらないことが大切だとされている。
② 睡眠不足や睡眠障害などの問題があると、作業効率の低下、行動や判断のミスにつながるが、情緒が不安定になることはない。
③ 交替制勤務などで夜間に勤務する場合は、職場の照明を明るくするよう心がける。
④ 睡眠時無呼吸症候群は、睡眠中に呼吸が止まることが繰り返されるために、十分に睡眠が取れない疾患である。

解説　② **睡眠に問題があると、情緒が不安定になる**など、心理面にも強い影響があります。
【解答】②

問題6　交代制勤務の睡眠　27回第4問[10]

交代制勤務などで本来眠る時間である夜間に働き、昼間に眠らなければならない労働者に推奨される健康法として、最も不適切なものを次の中から1つだけ選べ。

① 夜勤の時間帯は、できるだけ職場の照明を明るくする。
② 夜勤シフトに入る2日前から遅くまで起きておくようにして、遅く寝る。
③ 夜勤明けの帰宅時には、なるべく光を浴びる。
④ 寝室は雨戸や遮光カーテンなどで、できるだけ暗くする。

解説　③ 夜勤明けの帰宅時には、帰宅してから睡眠をとることになりますので、**サングラスをかけて、できるだけ目に日光を入れないようにします。**
【解答】③

問題7　認知行動療法　予想問題

認知行動療法（CBT）に関する次の記述のうち、最も不適切なものを1つだけ選べ。

① 認知行動療法は、エビデンスのある心理療法として、うつ病、不安障害、不眠などの治療過程において、心理療法の第一選択肢となることが多い。
② 認知行動療法では、自分の力で変えやすい「気分・感情」と「認知・思考」に焦点をあてていく。
③ 例えば仕事で失敗をしたとき、「自分は何をやってもダメな人間だ」と考えるのは、認知に不合理な歪みがあると捉えられる。
④ 認知の不合理な歪みが、合理的なものに修正されることで、「身体反応」や「気分・感情」にも良い影響がある。

解説　② 認知行動療法で焦点をあてて修正するのは、**「認知・思考」と「行動」**です。
【解答】②

問題8 **うつ病と認知行動療法** 25回第6問[6]

うつ病患者の考え方の特徴や、うつ病に対する認知行動療法に関する次の記述のうち、最も不適切なものを1つだけ選べ。

① うつ病で認める思考の1つに「全か無かの思考」がある。
② うつ病で認める思考の1つに「過度の一般化」がある。
③ 認知行動療法は、ものの考え方、受け止め方のゆがみを戻していこうという治療法である。
④ うつ病で正しい判断が十分にできないときには、自分の性格を深く考えさせることが重要である。

解説 ④うつ病で正しい判断が十分にできないときは、**まだ症状が重いので、まずは休養と投薬で症状を安定させることが必要です。** 【解答】④

問題9 **管理監督者のセルフケア** 25回第4問[12]

管理監督者自身のメンタルヘルスケアに関する次のA〜Dの記述のうち、正しいもの（○）と誤っているもの（×）の組合せとして、最も適切なものを1つだけ選べ。

A.「労働者の心の健康の保持増進のための指針」（厚生労働省、2006年、2015年改正）には、管理監督者のセルフケアに関する記載がない。
B. 管理監督者の有給休暇の取得は、管理監督者自身の休養だけでなく、部署全体のストレス低減につながる可能性がある。
C. 管理監督者に多いと思われる「まじめ、几帳面、仕事好き」な性格の人は、ストレスを受けやすい側面がある。
D.「昇進」は、本人がそれを喜んで受け入れていればストレス要因にならない。

① (A) × (B) × (C) ○ (D) ○
② (A) × (B) ○ (C) ○ (D) ×
③ (A) ○ (B) × (C) × (D) ○
④ (A) ○ (B) ○ (C) × (D) ×

解説 選択肢Aのメンタルヘルス指針には、**管理監督者をセルフケアの対象にするようにとの記載**があります。
選択肢Dの昇進は、**本人が喜んでいても、役割や責任に変化**がありますから、**それ自体ストレス要因になりえます。** 【解答】②

問題 10 職場によるサポート 30回第4問[4]

職場によるサポートなどに関する次のA～Dの記述のうち、正しいもの（○）と誤っているもの（×）の組合せとして、最も適切なものを1つだけ選べ。

A. 個人のストレスを緩和するための周囲からのサポートをソーシャルサポートという。

B. 一般的にソーシャルサポート源は、配偶者（恋人）、医師や看護師などの健康管理の専門家、家族、友人の順に重要とされている。

C. ソーシャルサポートは、情緒的サポート、情報的サポート、物質的サポート、評価的サポートの4種類にまとめることができる。

D. 部下への指示や仕事への褒め言葉あるいは慰めなども、ソーシャルサポートになる。

① (A) ○ (B) ○ (C) × (D) ○
② (A) ○ (B) × (C) × (D) ○
③ (A) × (B) ○ (C) ○ (D) ○
④ (A) × (B) × (C) ○ (D) ×

解説 選択肢Bについて、**配偶者、家族、友人、医師や看護師などの専門家の順**に重要とされています。ただし、**職場においては、上司・同僚からのサポートが配偶者よりも重要**といわれています。
選択肢Cについて、「物理的サポート」ではなく「**道具的サポート**」です。 **【解答】**②

問題 11 職場によるサポート 30回第4問[4]

労働者の適性に合わせた職場によるサポートなどに関する次の記述のうち、最も不適切なものを1つだけ選べ。

① 情緒的サポートはソーシャルサポートの基本だが、過剰適応者には励ましばかりを与えると逆効果になる場合がある。

② Selyeの汎適応症候群は、新たな刺激に対して身体生理は適応へと向かい、一時は頑張って適応状態を保つことができるが、その状態が長く続くと、最後は疲弊して死に至る、というものである。

③ 労働者の頑張りを評価することは重要であるが、評価されることが強化因子となって、調子が悪いにもかかわらず頑張ろうとする労働者もいるので注意が必要である。

④ 職場適応に関する大きな問題はないものの、一時的に元気がなく俊敏な反応が減少している場合、明らかに不適応状態に向かいつつあるので、要注意である。

解説 ④ **明らかに不適応状態に向かっているとまでは言えませんが、不適応状態にまで進まないように配慮することは必要です。**「情緒的サポート」として話を聴いたり、「道具的サポート」として仕事量を調節することなどが有効です。 **【解答】**④

問題 12 高血圧予防 **予想問題**

高血圧予防・治療のための生活習慣に関する次の記述のうち、最も適切なものを1つだけ選べ。

① 減塩の目安は、1日に10 g未満である。
② BMIは、22未満が目安である。
③ 運動は、週に1度、1時間以上を目標に行う。
④ 節酒の目安は、アルコール量で男性で1日に20〜30 mL以下である。

解説 ① 塩分摂取は、1日に**6 g未満**が目安です。
② BMIは、**25未満**が目安です。
③ 運動を行うのは、**毎日30分以上または週180分以上**が目標です。 **【解答】**④

問題 13 ストレスコーピング **27回第4問[8]**

ストレス対処のためのコーピングに関する次のA〜Dの記述のうち、正しいもの（○）と誤っているもの（×）の組合せとして、最も適切なものを1つだけ選べ。

A. ストレッサーは解決されるべき課題であり、コーピングは課題解決のための行動である。
B. 問題焦点型コーピングは、ストレッサーによって引き起こされた怒りや不安などの情緒不安定を低減させることを目的としたコーピングである。
C. リラクセーションは最も有名な問題焦点型コーピングである。
D. 問題焦点型コーピングは、好ましいコーピングといわれている。

①	(A)	○	(B)	○	(C)	×	(D)	○
②	(A)	○	(B)	×	(C)	×	(D)	○
③	(A)	×	(B)	○	(C)	○	(D)	○
④	(A)	×	(B)	×	(C)	○	(D)	×

解説 選択肢Bについて、記載の内容は「**情動焦点型コーピング**」になります。選択肢Cについて、**リラクセーションも「情動焦点型コーピング」**といえます。

【解答】②

問題 14 **ストレスコーピング**　　**予想問題**

ストレスコーピングに関する次の記述のうち、最も不適切なものを1つだけ選べ。

① 嫌な出来事にあったときや残業で疲れがたまったときに、同僚と飲みに行ったり、旅行をしてリフレッシュするという行動は、「情動焦点型コーピング」といえる。

② 仕事でミスをしたときに、「自分はダメな人間だ」と考えてしまったが、その後「でも、これで1つ成長できた」と思い直した。このようにものの受け止め方を広げる方法は、ストレッサーの認知的評価の段階で有効である。

③ ストレスによって身体的興奮が起きているときは、それを鎮めるため、ストレスホルモン（コルチゾール）を消費する筋トレなどの無酸素運動が効果的である。

④ 質のよい睡眠をとることは基本的なストレスコーピングであるが、寝付きが悪いときも眠くなってから寝床に入り、起きる時刻は遅らせないようにして、睡眠時間にこだわり過ぎなくてよい。

解説 ③ ウォーキングや水泳などの**有酸素運動が効果的**です。　　**【解答】③**

問題 15 **特定健診・特定保健指導**　　**29回第4問[8]**

特定健診・特定保健指導に関する次のA〜Dの記述のうち、正しいもの（○）と誤っているもの（×）の組合せとして、最も適切なものを1つだけ選べ。

A. 35歳から74歳の医療保険加入者被保険者・被扶養者）を対象としてしている。

B. 特定保健指導の対象者はメタボリックシンドローム該当者もしくは予備群である。

C. ゴールは、特定保健指導の対象者に対して特定保健指導を実施することで生活習慣を改善させ、将来的に生活習慣病への罹患を抑制することである。

D. 特定健診は特定保健指導の対象者を絞り込むためのスクリーニング作業である。

①	(A)	×	(B)	○	(C)	×	(D)	×
②	(A)	○	(B)	×	(C)	×	(D)	○
③	(A)	○	(B)	×	(C)	○	(D)	×
④	(A)	×	(B)	○	(C)	○	(D)	○

解説 選択肢Aについて、「**40歳から74歳**」が正しい記述となります。　　**【解答】④**

問題 16 リラクセーション　30回第4問[11]

リラクセーションに関する次の記述のうち、最も不適切なものを1つだけ選べ。

① 呼吸法は、意識を呼吸（腹式呼吸）に集中させて、(1). 息を吐く、(2). ゆっくり息を吸う（4拍数えながら）、(3). ゆっくり息を吐く（8拍数えながら）、(4). (2) と (3) を繰り返し、最初は3分程度続けられることを目標にして、徐々に長くできるように練習する。

② 認知行動療法は、うつ病やパニック障害・強迫性障害・社会不安障害などの不安障害に適用され有効性が報告されているが、不眠には適用されない。

③ 自律訓練法は、ストレスに由来する身体症状の治療法として用いられているが、リラクセーション法としても広く利用されている。

④ 漸進的筋弛緩法は、緊張した筋肉のこわばりを解きほぐすことで心をリラックスさせる方法である。

解説 ② 認知行動療法は、**不眠にも有効性があります。**　【解答】②

問題 17 自律訓練法　30回第4問[12]

自律訓練法に関する記述として、最も不適切なものを次の中から1つだけ選べ。

① 講習テキストが容易に入手できる。

② ビデオなどの研修教材がそろっている。

③ 仰向けで寝た状態で行わなければならない。

④ 習得までは通常約1か月かかるとされている。

解説 ③ **椅子に腰掛けた状態**でも行うことができます。　【解答】③

I編 メンタルヘルスの基礎知識
II編 管理監督者の役割
1章 2章 3章 4章 5章 6章

近年のうつをどう見るか

2章では、近年のうつについての話題が出てきました。

ひと頃は、「新型うつ」という名称が、マスコミや雑誌の特集などでさかんに取り上げられました。ただし、「新型うつ」は、日本うつ病学会によって、「『現代型（新型）うつ病』はマスコミ用語であり、精神医学的に深く考察されたものではなく、治療のエビデンスもない」とされ、正式な疾患名ではありません。精神科医の間でも、その病態に関する見解は分かれるところです。

一方、各企業の人事部の皆様にお話を伺っていると、「新型うつっぽい若手が増えて困っているんですよね」というご相談は、確かに一時期増えていました。

では具体的に、どのような人を指して「新型うつ」といっていたのでしょうか。実際のご相談の例にあったのは、「私がうつになったのは、上司のせいなんです」と他人を責める傾向、「もっと自分に合った仕事があるはずだ。私の能力を活かすためにも異動させてくれ」と訴えてくるような自己愛の強さ、「ネットでうつ病の基準を調べていたら、どうも私はうつみたいなんですよね。会社は休んだほうがいいですよね」と自ら休職したがる傾向などです。さらに、休職に入ると悪気なく海外旅行に行き、それをfacebookに投稿してしまったり…。それを見た同僚の士気が下がってしまい、人事の方は頭を抱えていました。

単なる甘え、さぼり、仮病なのではないかと糾弾されがちな彼らですが、私はある勉強会で、「バイオ・サイコ・ソーシャル・モデル」の考え方を知り、この問題をどう考えるべきかの糸口がつかめたような気がしました。「バイオ・サイコ・ソーシャル・モデル」とは、何らかの症状がある場合、それを生物的・心理的・社会的の3つの側面から捉えてアプローチすることです。つまり、近年のうつに見られる症状は、生物的な所見は少ないものの、心理的、社会的には支援が必要だと捉えてみてはどうでしょうか。

近年のうつは特に若年労働者によく見られます。若い彼らは成長途上にあります。職場の管理監督者は、若い部下に対して多様なものの見方を教えたり、困ったときに親身に相談に乗ったりして、心理的・社会的に支援ができる重要な存在です。若年労働者は表面上はクールですが、実は「やりがい」や「達成感」を心の奥底で強く求めているという側面もあるのです。

若年労働者の「やる気のポイント」を根気強く探し、強みを引き出していくマネジメントの可能性を真剣に考えていきたいと思います。

Ⅰ編｜メンタルヘルスの基礎知識

3章

活用できる事業場内外資源

全出題問題50問中、「3章 活用できる事業場内外資源」からは、**7～8問程度出題**されています。**活用できる公共機関**や**メンタルヘルス不調の治療**については、表の内容も読み飛ばさず、細かい内容まで理解しておきましょう。

出題傾向分析

重要度	重要な内容
🐾🐾🐾	• 産業保健スタッフ • 公共機関 • 外部EAP機関 • 治療の実際
🐾🐾	• 医療機関や診療科の種類 •（事業場外資源と）連携する際の留意点
🐾	• 人事労務スタッフ • 健康保険組合、その他 •（事業場外資源との）連携が必要な場面

🐾🐾🐾：よく出題される　🐾🐾：比較的よく出題される　🐾：出題されることがある

3-1 事業場内資源

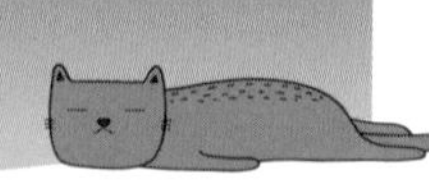

1 産業保健スタッフ

重要度

産業保健スタッフには、産業医、保健師、衛生管理者などがあります。事業場の人数・規模によって、選任義務がありますが、次のように整理できます。なお、対象事業場であるにも関わらず、産業医や衛生管理者を未選任の場合は、労働安全衛生法違反となり、**罰則もあります**から、注意してください。

1 産業医

企業の産業保健活動において、産業医は要ともいっていい存在です。産業医は、企業が労働者に対して負っている**健康配慮義務**、**安全配慮義務**を果たせるよう、医療の専門家として**企業側に助言する立場**にいます。

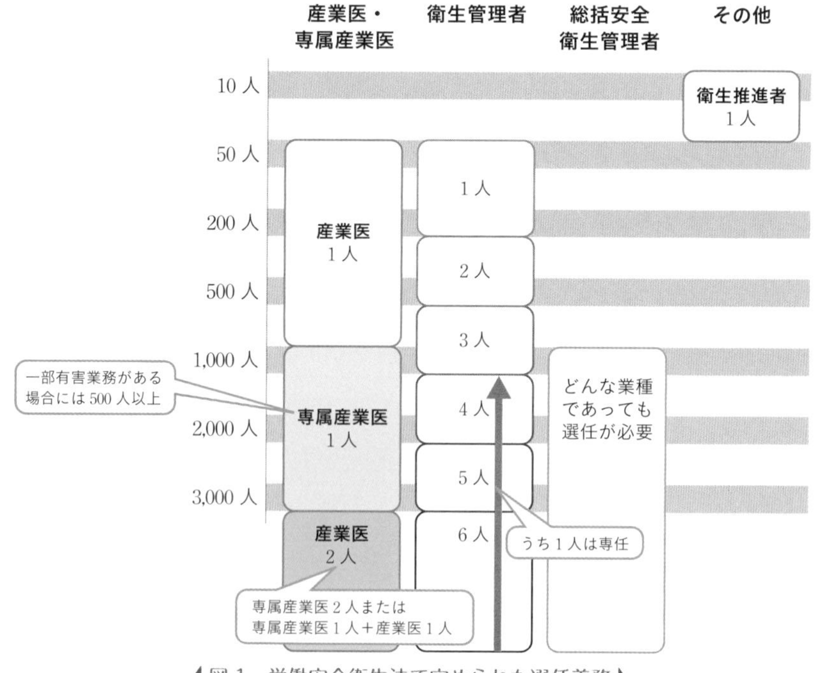

図1　労働安全衛生法で定められた選任義務

同時に、労働者側のケアを行いますが、主治医と違うところは、**診療はしない**という点と**労働者側に厳しいアドバイスをすることもある**という点です。

主治医は基本的に、患者側の意向に寄り添う傾向があります。

例えば、休職中の労働者に関して、主治医の診断書では「復職可能」となっていて、本人も復職を希望していても、労働者がまだ十分に回復していないと思えば、長期的な労働者の健康を守る観点から、「復職不可（継続療養）」の判断を下すことがあります。

（a）産業医職務（安衛法施行規則14条1項）

産業医は、次の事項について、医学に関する専門的知識を必要とするものとされています。

◀産業医に必要とされる医学の専門的知識▶

① 健康診断や面接指導などの実施と、これらの結果に基づく労働者の健康を保持するための措置に関すること
② 作業環境の維持管理に関すること
③ 作業の管理に関すること
④ ③に掲げるもののほか、労働者の健康管理に関すること
⑤ 健康教育、健康相談その他労働者の健康の保持増進を図るための措置に関すること
⑥ 衛生教育に関すること
⑦ 労働者の健康障害の原因の調査と再発防止のための措置に関すること

（b）産業医の勧告権（安衛法13条3項、4項）

産業医は、労働者の健康を確保するため必要があると認めるときは、事業者に対し、労働者の健康管理などについて必要な勧告をすることができます。

（c）産業医の定期巡視（安衛法施行規則15条）

産業医は、少なくとも**毎月1回（所定の情報提供があれば2か月に1回以上で可）作業場などを巡視し**、作業方法または衛生状態に有害のおそれがあるときは、直ちに、労働者の健康障害を防止するため必要な措置を講じなければなりません。

（d）メンタルヘルス対策における主な役割

産業医の役割には次の①～⑨のようなものがあります。

◀産業医の主な役割▶

① 労働者の病態のアセスメント（判断）
② 休職者の面談と復職可否に関してアセスメント、意見を会社へ出す
③ **ストレスチェック制度に基づく高ストレス者の面接指導・実施者の業務**・集団分析結果を利用した職場環境改善の提案
④ 就業上の配慮に関しての意見を会社へ出す
⑤ 社内関連部署や管理監督者との連携
⑥ 主治医との情報交換
⑦ メンタルヘルス対策の企画や実施、助言指導
⑧ 個人情報の保護と一元管理
⑨ 長時間労働者の面談

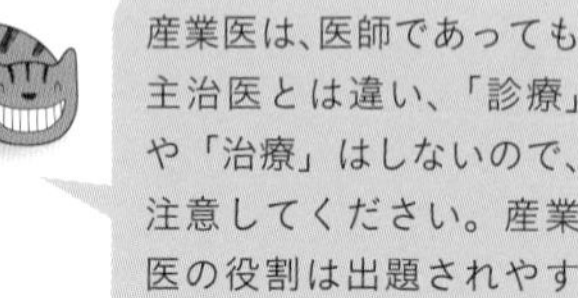

産業医は、医師であっても主治医とは違い、「診療」や「治療」はしないので、注意してください。産業医の役割は出題されやすいので、要チェックです。

2017年には、産業医が効率的に職務を遂行できるよう、健康診断の事後措置や長時間労働面談の際に必要となる労働者の情報を産業医に提供する義務が、事業者に課されました。

2 保健師・看護師

法律的な選任義務があるわけではないので、すべての企業に保健師・看護師がいるわけではありませんが、大手企業などでは、産業医の指示命令のもとに動く産業保健スタッフとして、保健師を雇用していることがあります。産業医が面談する前の一次窓口として労働者の相談対応をしたり、心身の不調がみられる場合にはその内容を産業医に報告して産業医面談につなげることは重要な役割です。

（a）一般的な職務

・保健指導、健康相談対応、健康教育などによる疾病予防

（b）メンタルヘルス対策における主な役割

・メンタルヘルス不調者の早期発見、フォローアップ、相談窓口
・産業医との連携、報告
・人事労務スタッフ、管理監督者との連携
・メンタルヘルス対策の企画、教育
・**ストレスチェック制度に基づく実施者の業務**

ストレスチェックの実施において、医師も保健師も実施者を担うことができます。

3 衛生管理者・衛生推進者

衛生管理者とは、労働安全衛生法に規定された労働条件、労働環境の衛生的改善と疾病の予防・処置などを担当し、事業場の衛生全般を管理する者のことです。

衛生管理者は、法的な選任義務があります。例えば、メンタルヘルス分野では、不調者を保健師や産業医などにつなげたり、人事労務スタッフに連携する役割を担っています。他には、産業医等の助言指導をふまえて、教育研修の企画・実施、職場環境の評価と改善、メンタルヘルス不調者の早期の気づきや相談しやすい風土づくりなどを担います。さらに、衛生管理者は、労働安全衛生法に定められている次の法令業務のうち衛生のために必要な技術的事項の管理をしなければなりません。

また、少なくとも**毎週1回作業場などを巡視**し、設備、作業方法または衛生状態に有害のおそれがあるときは、直ちに、労働者の健康障害を防止するために必要な措置を講じなければなりません。

法令業務

① 労働者の危険または健康障害を防止する措置
② 労働者の安全衛生のための教育の実施
③ 健康診断の実施とその他健康の保持増進のための措置
④ 労働災害の原因調査と再発防止対策に関すること
⑤ 火災・爆発などに備え、労働者の救護に関する必要な措置
⑥ 労働者の負傷・疾病それによる死亡、欠勤・異動に係る統計の作成

従業員50人未満の事業場には、**衛生推進者**を決めて同じような役割を担ってもらいます。

4 心理職

その他の産業保健スタッフとしては、公認心理師（国家資格）、臨床心理士、産業カウンセラー、THP（トータル・ヘルスプロモーション・プラン）における心理相談担当者などの「心理職」がいます。しかし、法的な選任義務はないので、心理職を社内に置くかどうかは企業の判断によります。役割としては、保健師の職務と重なるところが多いのですが、より心理的な側面でのサポートが期待されます。

2 人事労務スタッフ　重要度

人事労務スタッフも、メンタルヘルス対策、産業保健活動の中では、重要な役割を負っています。人事にしかできないことも多いので、産業保健スタッフ任せ

にするのではなく、主体的に活動に関わっていく必要があります。

◀メンタルヘルス対策における人事労務スタッフの主な役割▶

・勤怠管理からの不調者の早期発見（勤怠不良者の状況の確認）
・メンタルヘルス不調者の早期の気づき
・長時間労働対策などによる労務管理
・不調者に対する就業上の配慮（残業制限、配置転換、業務軽減など）
・産業医、保健師など産業保健スタッフとの連携
・休職・復職に関する会社としての判断を人事責任者にしてもらう
・キャリアプランへの支援　　・モチベーション向上施策
・適切な人事考課　　・外部 EAP 機関の選定・提携

過去問題・予想問題を解いてみよう!!

問題1　産業医　　予想問題

産業医の職務に関する次の記述のうち、最も適切なものを 1 つだけ選べ。

① 産業医は労働者の気持ちに寄り添うことが何より重要であるため、できうる限り労働者本人の希望を尊重した意見を会社に提出することが望ましい。

② 産業医の職務は、健康診断のフォローや面接指導の実施、安全衛生に関する教育、メンタルヘルス不調者の治療、職場巡視などが含まれる。

③ 産業医はメンタルヘルス不調者の復職の可否について判断するために、主治医と情報交換を行うことが望ましい。

④ 産業医の選任義務は、常時雇用する労働者が 50 名以上の事業場が対象なので、50 人に満たない事業場が産業医を選任することは、労働安全衛生法により許されていない。

解説　① 産業医は安全配慮義務遂行の観点で企業側に意見をする立場にあることから、**労働者の希望に沿わない判断をすることもあります。**

② 産業医は、メンタルヘルス不調者の相談対応や面談などの支援をしますが、**「治療」や「診療」は行いません。**

④ 50 人未満の事業場でも、**産業医を雇用することは禁止されていない**ですし、むしろ望ましいとされています。

【解答】③

問題2 事業場内資源 26回第6問[1]

社内の資源（スタッフ）に関する次のA～Dの記述のうち、正しいもの（○）と誤っているもの（×）の組合せとして、最も適切なものを1つだけ選べ。

A. 保健師はメンタルヘルス不調の疑いがある従業員と面接し、病気を早期に診断することができ、早期に産業医面談につなげることが期待される。

B. 産業医は医療の専門家として、従業員の健康を守るために事業主に対して指示し、就業上の配慮を決定する立場にある。

C. 常時、400人の正社員と450人の契約社員と180人の長期アルバイトを使用する事業場において、事業者は労働安全衛生法などに基づき、専属産業医を選任する必要がある。

D. 衛生管理者は事業場の規模によらず、必ず1人が選任されなければならない。

① (A) ○ (B) × (C) ○ (D) ○
② (A) × (B) ○ (C) × (D) ×
③ (A) ○ (B) ○ (C) × (D) ○
④ (A) × (B) × (C) ○ (D) ×

解説 選択肢Aの保健師は、従業員と面接はしますが、**医師ではないので、「診断」はしません**。

選択肢Bの産業医は、就業上の配慮について事業主に意見を述べますが、**「決定」をするのは、人事部門等の責任者**です。

選択肢Dの**衛生管理者は、常時50人以上の労働者がいる事業場から選任**されます。事業場の人数規模が大きくなると、人数に応じ、選任する人数も増やす必要があります。

【解答】④

3-2 事業場外資源

1 公共機関

重要度

行政機関をはじめ、さまざまな機関がメンタルヘルスケアのサポートをしています。

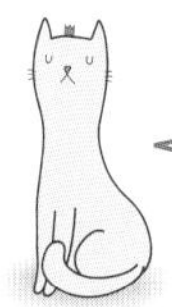

公共機関は似たような名称や役割があり、記憶しにくいところもありますが、名称と役割セットで出題されやすいので、頭に入れておいてください。

1 行政機関

行政機関としては、労働基準監督署や保健所などがあり、その役割などは表1のとおりです。

表1　行政機関の概要

名　称	設　置	概　要
労働基準監督署	各都道府県内の地域ごとに設置	・こころの健康づくりやメンタルヘルス対策の基本的な情報発信・指導 ・相談窓口
労働局	都道府県単位で設置	
保健所	都道府県、政令指定都市、中核市などに設置	・**地域住民の精神保健の相談窓口** ・訪問指導 ・適切な病院や施設、精神保健福祉センターなどへの紹介 ・医学的指導やケースワーク ・社会復帰支援、社会復帰相談
保健センター	**市町村単位**で設置	

2 その他の公共機関

その他の労働安全衛生・メンタルヘルス分野の公共機関については、表2にまとめます。

表2 その他の公共機関の概要

名称	設置	概要
中央労働災害防止協会	**労働災害防止団体法**に基づき設立	・企業の安全衛生向上、労働災害の絶滅が目的 ・**THP（トータル・ヘルスプロモーション・プラン）の担当者育成**など、国からさまざまな業務を委託されている ・情報提供、コンサルティング、教育研修を行う ・メンタルヘルス事業も有償で行っている 【例】現状チェック、心の健康づくり計画支援、講師派遣、**職業性ストレス簡易調査票を使用したストレスチェック**など
産業保健総合支援センター	**(独)労働者健康安全機構**が**全国の都道府県**に設置	・産業医、産業看護職、衛生管理者などの産業保健関係者の支援、事業主などに対し職場の健康管理への啓発を行うのが目的 ・**一次予防から三次予防までメンタルヘルス全般に関して事業主、労働者、家族からの相談に対応** ・研修、情報の提供、広報・啓発、調査研究 ・地域窓口（**地域産業保健センター：おおむね労働基準監督署管轄区域に設置**）の運営 ・**小規模事業場（主に労働者50人未満）の支援**
いのち支える自殺対策推進センター	厚生労働大臣指定一般社団法人	・国内の自殺総合対策におけるハブ（つなぎ役） ・自殺対策に関する先進的な取り組み等の情報収集、整理、提供 ・地方公共団体に対する助言、援助 ・自殺対策に関する研修
精神保健福祉センター	**精神保健福祉法**に基づき、**各都道府県・政令指定都市**に設置 （東京に3か所、他は各1か所）	・**精神保健福祉に関する総合的な技術センター** ・精神保健・精神障害者の福祉に関する知識の普及・調査研究 ・精神保健・精神障害者に関する相談・指導のうち、困難または複雑なものを取り扱う ・心の病を持つ人の自立と社会復帰を指導・援助 ・地域の保健所や関係機関の職員への研修、連携協力 ・センターによって活動内容は若干異なり、相談業務のみを実施しているところから、精神科外来診療やデイケアを実施しているところもある
勤労者メンタルヘルスセンター	(独)労働者健康安全機構が運営する**労災病院の一部**に設置	・ストレス関連疾患の診療、相談 ・メンタルヘルスに関する研究 ・勤労者・医療従事者向けの講習、研修等 ・ストレスドック・リラクセーション部門の開設等
地域障害者職業センター	**(独)高齢・障害者雇用支援機構**が各都道府県に設置	・休職中の精神障害者を対象に、**リワーク（職場復帰）支援を実施** ・職場に「ジョブコーチ」を派遣して、職場に適応できるように支援 ・支援内容は地域によって異なる
こころの耳電話相談	厚生労働省	・メンタルヘルス不調やストレスチェック制度、過重労働による健康障害の防止に関して、労働者や家族、人事担当者などがフリーダイヤルで相談できる
こころの耳メール相談		・メンタルヘルス・ポータルサイト「こころの耳」では、産業カウンセラーなどがメールやSNSを活用してメンタルヘルスの相談に対応している
こころの耳 SNS 相談		

2 健康保険組合

重要度

健康保険法によると、健康保険組合の役割は、保険給付だけではありません。ほかにも、被保険者や被扶養者の健康の保持増進のため、健康教育、健康相談、健康診査など、**予防**に関わる事業も行うよう努めることになっています。

そこで、健康組合の中には、外部EAP機関と契約して、電話相談窓口などを被保険者・被扶養者に提供しているところも多くあります。また、事業者と協力して、メンタルヘルス研修の開催をしているところもあります。

細かい部分ですが、上記の公共機関を含めて、「どの法律に基づいて設立されているか」もチェックポイントになります。

3 外部EAP機関

重要度

EAPとは、**Employee Assistance Program**（**従業員支援プログラム**）の略称です。一般にEAPというと、ヘルスケアサービスを企業へ提供する外部EAP機関を指して呼ばれることが多いですが、企業内のスタッフがこのプログラムを行う内部EAP機関を含めての総称です。

1 EAP機関の歴史

◀EAPに関連する歴史▶

1940年代：米国にて、アルコール依存症の人々をケアする活動から始まったとされる

1960年代：アルコール依存、薬物依存による従業員の生産性低下・治療費増加などが企業の大きな経営問題となる

1970年代：EAPプロバイダーの台頭、各企業で明らかな効果が示される

1971年：現在の「国際EAP協会」の前身が発足

1980年代以降：アルコールや薬物の問題だけでなく、生産性に影響を与える心身の問題、行動上の問題、家庭問題、経済的な問題などにも包括的に対応するようになる

1989年：「国際EAP協会」発足（日本にも「日本EAP協会」がある）

2 EAP 機関の特徴

外部 EAP 機関の「本来」の目的は「企業の生産性向上への寄与」にあります。

前記の歴史からもわかるように、**EAP 機関は企業の生産性に影響を与える問題に関わります**。サービスの対象となる従業員個人が抱えるさまざまな問題に対し、解決を援助することで、**結果的に、企業の生産性向上に寄与しようとするもの**です。

EAP 機関は、企業の現状や要望にあった継続的・システム的な支援が提供できるので、従業員に対して、より専門的で質の高い対応を行うことが可能になります。また、外部に相談窓口があれば、個人情報が保護された状態で相談ができるので、従業員は安心感をもって利用することができます。

3 EAP 機関の機能と役割

EAP 機関は、以下の機能と役割を企業に提供するため、専門スタッフを確保しています。

EAP のコア・テクノロジー

1. 組織のリーダー（管理職、組合員、人事）などへの問題を抱える社員の管理、職場環境の向上、社員のパフォーマンスの向上に関するコンサルテーション、トレーニング、援助および社員とその家族への EAP サービスに関する啓蒙活動
2. 個人的な問題によって社員のパフォーマンスが落ちないように、社員への秘密厳守で迅速な問題発見／アセスメント・サービスの提供
3. パフォーマンスに影響を与えている個人的な問題を持つ社員へ建設的コンフロンテーション、動機づけ、短期介入的アプローチを通して、個人的な問題とパフォーマンス問題の関係に気づかせること
4. 社員を医学的診断、治療、援助のための内部または外部機関にリファーし、ケースをモニターし、フォローアップを行うこと
5. 治療などのサービスのプロバイダーとの効果的な関係を確立、維持するための組織へのコンサルテーション、およびプロバイダー契約の管理および運営
6. 組織にコンサルテーションを行って、アルコール問題、物質乱用、精神的、心理的障害などの医学的、行動的問題に対する治療を医療保険の中に含み、社員が利用するように働きかけること
7. 組織や個人のパフォーマンスへの EAP の効果を確認すること
8. EAP サービスの効果評価（外部 EAP の選定、提携）

出典：日本 EAP 協会ホームページ

 4 その他

重要度

いのちの電話は都道府県ごとに設置され、無料で電話相談、インターネット相談（一部）に応じてくれます。一部、英語など外国語でも対応してくれます。**働く人の悩みホットライン**とは、日本産業カウンセラー協会が無料で実施する電話相談です。

厚生労働省はポータルサイトを複数運営しています。

・「こころの耳」

・「みんなのメンタルヘルス総合サイト」

・「こころもメンテしよう　～若者を支えるメンタルヘルスサイト」

過去問題・予想問題を解いてみよう!!

問題1 公共機関　　予想問題

メンタルヘルス対策や労働安全衛生分野の公共機関等に関する次の記述のうち、最も不適切なものを１つだけ選べ。

① 保健センターは各都道府県に設置され、地域住民の精神保健の相談窓口となっている。

② 中央労働災害防止協会では、職業性ストレス簡易調査票によるストレスチェックのサービスなどが受けられる。

③ 産業保健総合支援センターは、事業主等に対し職場の健康管理への啓発を行う目的で設置され、小規模事業場の支援などを行っている。

④ 精神保健福祉センターは、各都道府県・政令指定都市に設置された、精神保健福祉に関する総合的な技術センターである。

解説 ① **保健センターは、市町村に設置**されています。　【解答】①

問題2 社外資源 24回第6問[2]

社外資源とその役割に関する次のA〜Dの記述のうち、正しいもの（○）と誤っているもの（×）の組合せとして、最も適切なものを1つだけ選べ。

A. 事業主の自主的な労働災害防止活動の促進を通じて安全衛生の向上を図り、労働災害を絶滅することを目的として、労働災害防止団体法に基づき設立されたのが、中央労働災害防止協会である。

B. 独立行政法人労働者健康安全機構が事業主などに対して職場の健康管理への啓発を行うことを目的として全国47都道府県に設置したものが、産業保健総合支援センターである。

C. 精神保健福祉法に基づき、精神保健福祉に関する総合的な技術センターという位置づけで各都道府県と政令指定都市に設置されたのが、精神保健福祉センターである。

D. こころの耳電話相談（旧こころほっとライン）は厚生労働省により設置された電話相談窓口で、メンタルヘルス不調やストレスチェック制度、過重労働による健康障害の防止対策に関することについて相談が可能である。

① (A) × (B) ○ (C) × (D) ○
② (A) ○ (B) × (C) × (D) ×
③ (A) ○ (B) ○ (C) ○ (D) ○
④ (A) × (B) × (C) ○ (D) ×

解説 すべて正しい選択肢です。記載内容をしっかり確認してください。 **【解答】**③

問題3 事業場外資源 25回第6問[3]

メンタルヘルス対策の役割を担った機関に関する次の記述のうち、最も不適切なものを1つだけ選べ。

① EAP（従業員支援プログラム）のサービスでは、企業に対して、職場組織が生産性に関連する問題を提議することを援助している。

②「こころの耳電話相談」（旧「こころほっとライン」）は、厚生労働省により設置された電話相談窓口である。

③「働く人の悩みホットライン」は、一般社団法人日本産業カウンセラー協会が実施している電話相談である。

④ 勤労者メンタルヘルスセンターでは、休職中の精神障害者を対象に職場復帰（リワーク）支援を実施したり、ジョブコーチを派遣している。

解説 ④記載の活動を行っているのは、「**地域障害者職業センター**」です。 **【解答】**④

問題4　事業場外資源　27回第6問[2]

事業場外資源とその役割に関する次の記述のうち、最も不適切なものを1つだけ選べ。

① 労働基準監督署や労働局では、心の健康づくり・メンタルヘルス対策の基本的な情報発信や指導を行うとともに、相談窓口を設けているところもある。
② 中央労働災害防止協会は、労働災害防止団体法に基づき設立され、情報提供、意識向上の運動、コンサルティング、教育研修など様々な支援を行っている。
③ 産業保健総合支援センターは、全国47都道府県に設置されており、専門家を配置して、メンタルヘルス全般の取組に関しての相談に対応している。また、地域窓口（地域産業保健センター）も設置され、主に50人未満の事業場とその従業員を対象に有料で産業保健サービスを提供している。
④ 地域障害者職業センターでは、休職中の精神障害者を対象に職場復帰（リワーク）支援を実施したり、職場にジョブコーチを派遣して、職場に適応できるよう支援したりしている。

解説　③ 地域産業保健センターは、**無料で産業保健サービスを提供**しています。

【解答】③

問題5　事業場外資源　29回第6問[2]

事業場外資源に関する次のA～Dの記述のうち、正しいもの（○）と誤っているもの（×）の組合せとして、最も適切なものを1つだけ選べ。

A. 保健所は地域住民の精神保健の相談に乗ってくれる。
B. 中央労働災害防止協会は、情報提供、意識向上運動、コンサルティング、教育研修など様々な支援を行っている。
C. 産業保健総合支援センターでは、事業主、労働者自身や家族から寄せられる相談対応やカウンセリングを実施する。
D. 「こころの耳」では、メールでのメンタルヘルスに関する相談を実施している。

① (A) ○　(B) ○　(C) ○　(D) ×
② (A) ○　(B) ○　(C) ×　(D) ○
③ (A) ○　(B) ×　(C) ×　(D) ○
④ (A) ×　(B) ×　(C) ○　(D) ○

解説　選択肢Cについて、**産業保健総合支援センターでは、カウンセリングは行いません。**

【解答】②

3-3 医療機関や治療・薬

1 医療機関や診療科の種類 重要度

メンタルヘルス不調が深刻化した場合、早期に適切な医療機関を受診することが重要です。管理監督者として、基本的な知識は押さえておきましょう。

1 各診療科と取り扱う疾患

各診療科で取り扱う疾患は、表1のとおりです。ただし、受診のハードルを下げるために、精神科であっても「心療内科」を標榜することもあります（各医療機関が何科を標榜するかについて、特に決められたルールはありません）。

表1　各診療科の主な対象疾患

診療科	主に扱う疾患
精神科	心やストレスに関する疾患のうち、症状が主に精神に出ている疾患**（精神疾患）** 【例】うつ病、統合失調症、アルコール依存症、神経症性障害*など
心療内科	心やストレスに関する疾患のうち、症状が主に身体に出ている疾患**（心身症）** ※うつ病でも、身体的な症状が強ければ、心療内科でも治療される
神経内科	脳血管障害、神経の病気、認知症など **※心に関わる疾患を扱う科ではない**
内科・外科	身体疾患

* 神経症性障害：心理的なストレスによって誘発されるパニック障害，不安障害，PTSD，摂食障害などの総称

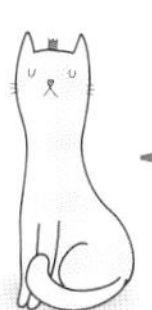

それぞれの得意な守備範囲を理解しておくようにしてください。
もちろん、心療内科と精神科は一部、守備範囲に重なりがありますが（精神科で心身症が扱われることもあるなど）、「この組み合わせは絶対違う」というものがわかればよいでしょう。

2 医療機関の種類

医療機関は、入院患者を受け入れられる施設の規模によって**病院**と**診療所**の2種類に大別されます。ただし、精神疾患の入院に関しては、「精神病床」の許可が必要です。

◀医療機関とその規模▶

■**病　院**
20人以上の患者を入院させるための施設を有する医療機関
■**診療所（クリニック）**
19人以下の患者を入院させるための施設を有するか、入院施設を有さない医療機関

医療機関の中には、公認心理師・臨床心理士・精神保健福祉士・作業療法士などの専門スタッフが雇われており、医師の治療と並行して、カウンセリングや心理療法、デイケアやリワーク、リハビリテーションなどを受けられるところもあります。

「就業しながらでも継続して通院しやすい」「信頼できる医師に継続的に診てもらえる」「回復期にはカウンセリングやリワークが受けられる」など連携先の医療機関に関しては、産業保健スタッフとも協力して情報を収集しておくと、いざというときに役立つと思います。

2 治療の実際

重要度

1 病気の診断

精神疾患の診断をする場合、まずは身体疾患からくる精神症状でないことを確認することが重要になるので、血液検査や複数の科で検査をすることもあります。その他、調査票や心理テスト、過去の病歴、生育歴、家族の状況、面接、問診などを経て診断が下されることになります。

2 診断後

医師より、診断された病気に関する説明、選択できる治療の方法、薬の説明(作用と副作用)、本人・家族・周囲の人が守るべきこと、治療の一般的な経過や今後の見通しについて説明があります。

3 治療の方法

例えば、うつ病は一般的に、**第一に休養、第二に薬物療法、第三に心理療法・精神療法**が用いられます。心の病気の治療というと、すぐに「カウンセリング」をイメージされる人も多いですが、**まずはじっくり休み、投薬で症状が回復してから、**再発防止のために認知行動療法などの心理療法が適宜取り入れられます。

表2 うつ病の治療

休養		・枯渇したエネルギーを再び蓄えるために、休養することが第一優先となる ・必要な期間は症状の重さによるので、数日から数か月程度まで幅がある
薬物療法	**抗うつ薬**	・脳内の神経伝達物質の働きを回復させる ・軽度・中等度のうつ病の場合、**副作用が少ないSSRI**（選択的セロトニン再取込み阻害薬）**やSNRI**（セロトニン・ノルアドレナリン再取込み阻害薬）**が第一選択剤**とされている ※ただし、まったく副作用がないわけではない。**吐き気などの消化器系の症状を認めることがあったり**、SSRIは肝臓のある酵素で代謝されるため、併用できない薬があることも注意 ・NaSSA（ノルアドレナリン作動性・特異的セロトニン作動性抗うつ薬）は、新しい薬で、抗うつ作用が強いが、眠気や体重増加といった副作用がみられる ・その他、SARI（セロトニン遮断再取り込み阻害薬）、セロトニン受容体調節薬など ・三環系抗うつ薬、四環系抗うつ薬は、副作用（眠気、眼のかすみ、口の渇き、動悸、便秘、排尿困難、立ちくらみなど）が上記の薬より比較的強い ・**スルピリド**は、少量では潰瘍の治療薬だが、大量では統合失調症の治療薬としても使われる ・抗うつ薬はパニック障害、強迫性障害、PTSD、摂食障害など他の疾患にも処方される ・最初に処方された薬で**2〜4週間様子を見て**、効果があれば継続、効果がない、副作用が強過ぎるという場合は薬の変更を行ってまた様子をみるという流れになる ・効果の発現がゆっくりであるとともに、**効果的な作用が出る前に副作用が先に出現**したり、**症状が回復してからも再発防止のためには半年〜1年は投薬が必要**とされているため、自分や周囲の勝手な判断で薬を減らしたり、やめてしまったりしないように注意が必要
	抗不安薬	・不安の強い場合、抗うつ薬と併行して使用されることがある
	睡眠剤	・睡眠障害の改善のために使用される
	抗精神病薬	・幻覚、妄想といった精神症状や、不安や焦燥感が強くてじっとしていられない症状が出ている場合、または抗うつ剤の効果が不十分な場合、一般には統合失調症に用いるような抗精神薬が使用される場合もある

◀表2　うつ病の治療（続き）▶

薬物療法	気分安定剤	・気分の波を抑えて安定させる ・双極性障害や抗うつ薬だけでは効かないうつ病の場合に使用される **【例】**リチウム、抗てんかん剤など
心理療法と精神療法		・ものの見方や受け止め方を合理的なものにしていく認知行動療法（**認知再構成法**など）や、問題を明確にして具体的な解決のアイディアをたくさん考え、一番役に立ち実行可能なものに取り組んでいくという**問題解決技法**のほか、精神分析、交流分析、家族療法など、さまざまな心理療法・精神療法が症状に合わせて選択される
その他の治療		・うつ病の治療では、**電撃療法**、**高照度光療法**、**断眠療法**、**磁気刺激治療**といった治療法が、病態に合わせて用いられることがある ・副作用緩和のために、胃腸薬が加えられることもある

薬に関しては専門的な内容になるので、管理監督者にはなじみが薄いですが、うつ病の部下を持った場合、投薬に関する基本的な知識は重要になるため、比較的細かい部分まで問われます。

4 治療の形態

病気の症状・状態などによって、通院（外来）治療と入院治療のどちらかを選択することになります。

(a) 通院（外来）治療

・多くのうつ病の場合は、通院治療で行われます。

・1～2週に1度のペースから通院を始めることが多いです。

(b) 入院治療

入院が必要となるケースは、以下のような場合です。

◀入院による治療が必要な場合▶

・自殺の危険性が高い
・重度のうつ病で食事も十分に取れず、身体的な管理が必要
・焦燥感・不安感が強く精神的に相当に不安定
・統合失調症で幻覚妄想状態
・躁うつ病で躁状態が激しい
・一人暮らしで生活リズムを保つことが困難
・投薬のルールや禁酒のルールを自分では守れない
・自宅では療養に専念しにくい

入院理由になるのは、必ずしも重篤な症状の場合だけではないことを覚えておいてください。

5 リワーク

職場復帰の前にリワークを利用すると、予後が良好であるとされています。リワークでは、集団でも個別でも認知行動療法、作業療法、リハビリなどが行われ、症状の自己管理、自己洞察、コミュニケーションやモチベーション向上などに役立ちます。リワークは**地域障害者職業センター**のほか、民間の医療機関でも実施されています。

過去問題・予想問題を解いてみよう!!

問題1 医療機関 25回第6問[5]

心身症や心療内科に関する次の記述のうち、最も不適切なものを1つだけ選べ。

① 心身症は、心にかかわる疾患のうち、症状が主に身体の症状・疾患として現われるものである。
② うつ病は精神疾患であり、心療内科では治療されない。
③ 精神科であっても心療内科と標榜していることがある。
④ 身体症状で内科やその他の診療科を受診して異常がない場合や、改善が思わしくなしくない場合には心療内科の受診を検討する。

解説 ②**うつ病でも**身体症状が強い場合など、**心療内科で治療されることはあります。**

【解答】②

問題2 医療機関 29回第6問[5]

心療内科と精神科に関する次の記述のうち、最も適切なものを1つだけ選べ。

① 心療内科を標榜している医療機関で認知症の診療が行われる。
② 精神科を標榜している医療機関で神経の病気の診療が行われる。
③ 心療内科医はアルコール依存症を担当する。
④ 精神科医は脳血管障害を担当する。

解説 ① **認知症は、神経内科**で診療されます。
③ **アルコール依存症は主に、精神科**で担当されます。
④ **脳血管障害は、神経内科**で診療されます。

【解答】②

問題3 **うつ病の治療** 予想問題

うつ病などの治療に関する次の記述のうち、最も適切なものを1つだけ選べ。

① うつ病の治療では、まずは休養することが療養の第一歩であり、並行してカウンセリングなどの心理療法を受け、それでも回復が進まない場合には投薬を試す。
② 各診療科のうち、神経内科では、脳血管疾患や神経症性障害を扱う。
③ 抗うつ薬は効果が実感されるまでに時間がかかることがあるが、効果が出てきて症状がよくなれば、速やかに投薬を中止するのが望ましい。
④ 入院での治療を検討する理由として、症状が重篤であったり、自殺の危険性があるという場合のほか、一人暮らしで自分では生活リズムを保てない、投薬のルールが守れないといった場合がある。

解説 ① **まずは休養と投薬で症状を安定させ**、それからカウンセリングなどの心理療法を必要に応じて受けることになります。
② 脳血管疾患は正しいのですが、**神経症性障害は**心理的なストレスによって誘発されるパニック障害、不安障害、PTSD、摂食障害などの総称なので、**主に精神科で扱われます。**
③ 再発を防止するためにも、**症状が回復してからも、半年～1年程度は投薬を続けることが多い**です。

【解答】④

問題4 **リワーク** 26回第6問[4]

リワーク・プログラムに関する次の記述のうち、最も不適切なものを1つだけ選べ。

① 認知行動療法、作業療法、リハビリテーションなどが実施される。
② 個人プログラムだけではなく、集団プログラムも行われる。
③ リワーク・プログラムは、医療機関（公的及び民間）のみで行われている。
④ 復職後の就労継続期間を指標とした比較では、リワーク・プログラムを受けた人たちの予後が良好とされている。

解説 ③リワークは、医療機関だけではなく、**地域障害者職業センターでも行われています。**

【解答】③

3-4 事業場外資源との連携

1 連携が必要な場面

重要度

① 情報を収集したい

p.138～142 で紹介した公共機関からは、豊富な情報がリーフレットやホームページ、講習会という形で情報が公開されていますので、上手に収集するとよいでしょう。事業場内の産業保健スタッフや人事労務スタッフには、そうした専門機関からの情報が入ってきますので、定期的にイントラネットや社内報などで、社内に公開するしくみを持つことも有効です。

② メンタルヘルスの教育を受けたい

社内の研修会の講師を地域の専門医療機関に委託し、その講師の先生に、社内の環境や仕事内容を理解してもらったうえで、何かあったときには社員や上司が相談できたり、受診できたりすれば、理想的な連携ができるかと思います。また、外部 EAP 機関の専門スタッフに、講師とその後の相談対応を依頼する形でもよいでしょう。

③ ストレスチェック・集団分析から職場の環境の評価・改善を実施したい

2015 年 12 月 1 日に施行された労働安全衛生法のストレスチェック制度については、外部 EAP 機関などと連携して、自社にとって効果的な運用方法を考えてください。法制化されたからといって渋々取り組むのではなく、これをよい機会に、次のような PDCA サイクルをまわしていけば、実効性のあるメンタルヘルス対策になりえます。

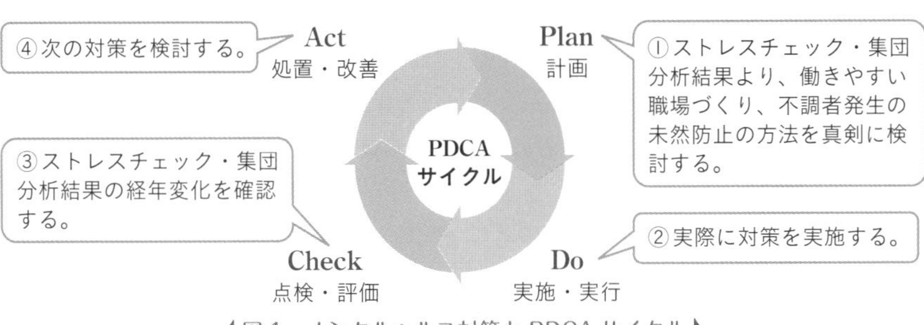

図 1　メンタルヘルス対策と PDCA サイクル

④ メンタルヘルス不調者を早期発見・早期対応したい

管理監督者として、部下のメンタルヘルス不調を発見したときには、連携できる専門家が必要になります。事業場内の産業保健スタッフ、契約している外部EAP機関の相談窓口、地域の医療機関など、部下の状況や希望に応じて、複数の連携先を持っていると安心です。

⑤ 治療過程において情報交換をしたい

部下がメンタルヘルス不調の治療をしている場合、本人からの情報だけでは、主治医に会社の状況や本人の会社での様子が正確に伝わっていないことがあります。同様に、本人の話だけでは、正確な病態や職場で配慮すべきことがわからないことがあります。できれば本人同意のもと、本人を交えて直接主治医と情報交換をしたほうが、早期の回復や再発防止に役立ちます。特に、部下が単身赴任中であったり、一人暮らしの場合には、上司が診察に同行することも検討してください。

2 連携する際の留意点

重要度

1 継続的な連携体制

メンタルヘルス対策は1回きりのイベント的なものではなく、その効果を評価しながら継続していくものです。事業場内・外ともに継続的に連携していくことのできる体制を構築することが重要です。

2 窓口の一本化

メンタルヘルス対策には、さまざまな関係者が関わります。特に不調者のケースマネジメントに関しては、人事労務スタッフ、産業医などの産業保健スタッフ、管理監督者、主治医がそれぞれの立場で役割を果たします。しかし、事業場内のスタッフが事業場外の専門スタッフや外部医療機関へバラバラにコンタクトをとると、対応の足並みが揃わず、情報の解釈も少しずつずれて混乱を招きます。

事業場外の専門スタッフとの窓口は、担当を決めて一本化しましょう。「メンタルヘルス指針」でいう「事業場内メンタルヘルス推進担当者」が窓口を担うのもよいでしょう。また、対応に関する情報は、経緯の確認、各関係者の認識に齟齬がないかの確認、また、仮に担当者が交替になった場合の引き継ぎのためにも、すべて文書に記録・保管しておきます。

過去問題・予想問題を解いてみよう!!

問題1 事業場外資源との連携　予想問題

事業場外資源との連携に関する次の記述のうち、最も不適切なものを1つだけ選べ。

① 2015年12月1日から、労働基準法の改正により、常時50人以上の労働者を雇用する事業所にはストレスチェックの実施が義務づけられる。
② 部下がメンタルヘルス不調になった場合、対応を産業保健スタッフに任せきりにするのではなく、本人の同意があれば、上司が主治医の受診に同行することも検討する。
③ メンタルヘルス研修に関しては、地域の医療機関や常時連携している外部EAP機関の専門スタッフなど、何かあったときに相談できる先に講師を頼むのがよい。
④ 外部の専門機関と連携する際には、担当者ごとにバラバラと連絡するよりも、窓口は一本化しておくほうがよい。

解説 ① 労働基準法ではなく、**労働安全衛生法の改正**です。　**【解答】①**

外部EAP機関への窓口は人事労務スタッフが担当することが多いですが、相手が医療機関（主治医）で、医療情報のやりとりがある場合は、**産業医が窓口になることが望ましい**です。

問題2 事業場外資源との連携　24回第6問[3]

事業場外資源との連携に関する次の記述のうち、最も適切なものを1つだけ選べ。

① 外部機関と連携を取る際には、できるだけ多くの関係者を窓口とすることが望ましい。
② 事例への対応で外部専門医療機関と連携をとる方法としては、直接訪問、電話、文書などが考えられる。
③ 外部機関から得た情報は、文書での保管を避けることが望ましい。
④ 連携の際の医療機関等への費用の支払方法は、その都度現場で判断する。

解説 ① 窓口は担当を決めてできるだけ**一本にまとめます**。
③ 対応に関する情報はすべて**文書に記録・保管することが必要**です。
④ 費用の支払いなど契約的なことは、現場でのトラブルを避けるためにも、**人事部門等担当部門が、あらかじめ当該機関と取り決めをしておくべき**です。　**【解答】②**

Column

なぜメンタルヘルスの仕事をするのか

私は今、いわゆる「外部EAP機関」の括りに入る組織に所属し、メンタルヘルスに関わるサービスをお客様に提供しています。お客様の企業をヘルシーカンパニーにしたいという思いを強く持っている仲間が多くいますが、日々一緒に働いていても、何故そこに思いがあるのかということは一人ひとり違います。

私の場合、その思いのルーツは、「前職での出会い」にあります。

前の会社で、私は人事部に所属していました。新卒採用や新人研修に長年携わっていましたので、自分が採用した後輩に対する思い入れや愛情は相当強かったのです。ところが、新人研修のときには希望と期待でキラキラしていた彼らの目が、現場の厳しさに直面して「うつ」になってしまうことも、時々ありました。人事部の私の元には、返信しきれないくらい、後輩からの相談メールがひっきりなしに届きました。私は、後輩を集めてオフサイトミーティングを毎年開催したり、モチベーションアップを狙った冊子をみんなで発行したりしました。後輩たち数百人に向けたメッセージをよく発信していました。「私たちが変えよう。私たちから変わろう」と。私がやりたかったことは、『一人ひとりの心の側面から、組織全体をよりよく変える』ということでした。もともと、社員定着率の高い、人が自慢の、すごくよい会社だったのですが、当時の私はまだ若く、一人でも苦しむ後輩がいるのがイヤだったのです。

でも、だんだんと私は、無力感に押し潰されそうになっていきました。理想を実現するには、長い長い時間が必要で、自分のすべてを懸けるくらいの覚悟も必要でした。でも当時の私には、そのエネルギーや自信や勇気が足りなかったのです。組織上の自分の役割と、個人的な思いや使命感との板挟みにもなりました。私からの後輩への愛情は100%変わっていませんでした。しかし、期待に応えられない私は、後輩から失望されているに違いないと怯えていました。

その後、まったく個人的な事情でその会社を退職した私は、四国八十八か所のお遍路旅に出ることを思い立ち、歩き遍路を通して、自分の心をリセットしました。四国八十八か所を歩くうちに、心に力が戻ってきて、願うように、こう思いました。「大丈夫、私はきっとまた働ける。一生懸命働いて、今度こそ、人の役に立ちたい」そして、今の会社に再び夢を託したのです。

私は今、「どの会社にも“あの人たち”がいる」と思いながらこの仕事をしています。「あの人たち」…前の会社の後輩たちです。私がいるから入社を決めてくれた人、新人研修でやる気に目を輝かせていた人、「一緒に会社を変えよう！」と慕ってくれた人、「現場のことなんて、人事部は何も知らない！」と怒りをぶつけてきた人。「あの人たち」のように、必死で働く人がどの会社にもいます。その人たちの役に立つ仕事ができたら、あのとき、私の未熟さゆえに最後まで共に戦えなかった後輩たちに少しは顔向けができるかなと思うのです。

4章

予防・職場づくり

全出題問題 50 問中、「4 章 予防・職場づくり」からは、**4〜5 問程度出題**されています。特に、**ストレスチェック制度**で使用される**職業性ストレス簡易調査票**の内容や、**職場環境改善の方法**については、今後も出題されやすいことが予想されます。

出題傾向分析

重要度	重要な内容
🐾🐾🐾	• 職場環境改善がストレス対策には効果的 • 職場のストレス要因の評価方法 • 職場環境改善に利用できるツール
🐾🐾	• 管理監督者の基本的な役割 • 職場環境改善のステップ • 職場環境改善の進め方のポイント • その他の職場環境改善の取組み事例 • 管理監督者が職場環境改善においてすべきこと • （職場環境改善効果の）評価方法の種類
🐾	• 新職業性ストレス簡易調査票 • 衛生委員会などの社内組織の活用 • 産業医・産業保健スタッフとの連携 • 人事労務スタッフとの連携
新項目	• 管理監督者のマネジメント

🐾🐾🐾：よく出題される　🐾🐾：比較的よく出題される　🐾：出題されることがある

新項目：公式テキスト（第 5 版）より追加された内容

4-1 管理監督者とは

1 管理監督者のマネジメント 重要度 新項目

マネジメントとは

マネジメントは「経営」や「管理」という意味で使われています。組織メンバー一人ひとりに能力を最大限発揮してもらい、組織目標を達成するために、管理監督職のマネジメントが重要になってきます。

表1 組織を考える上で必要な7つの要素(マッキンゼーの7S)

ハードの3S	
戦略：Strategy	競争優位に立つ理由、戦略の優先課題、どの分野にどのように経営資源を配分すればよいかなどの戦略
組織構造：Structure	企業がどのように組織化されているか、組織の構造や形態
システム：System	組織活動を行っていく上での管理システム、情報システムや制度など
ソフトの4S	
価値観：Shared Value	組織のよりどころとなる経営理念や価値観
スキル：Skill	組織や個人が持つ特定の能力、技術
人材：Staff	人材のスキルや知識、能力などを把握
スタイル：Style	組織の文化、経営スタイル

「**ハードの3S**」は、経営者が比較的短期間に変更可能で、コントロールしやすいもの、とされています。

「**ソフトの4S**」は、労働者によって決まるもので、通常簡単には変更できず、コントロールしにくいもの、とされています。

管理監督者はこの「**7S**」の相互の影響を考えながら、マネジメントを行っていきます。

2 求められるスキル

■**経営者層（上層）**…組織全体の経営計画立案、経営戦略・事業戦略の検討・立案
■**管理職層（中層）**…経営層の補佐、戦略を監督職に伝え実行させる、現場からの意見を上層に伝える
■**監督者層（下層）**…現場の指揮、上層部の示す方向性を現場に反映・実現する

3 リーダーシップとの違い

■**リーダーシップ**…企業や組織の構想・展望を示し、目標や到達点を示してメンバーを統率していく能力
■**マネジメント**……組織の目標を達成するための戦略や仕組みづくりをして計画を実行する能力

※結果より過程を重視する組織マネジメントは、リーダーシップを包括するスキルとして説明されるケースが多くなっています。

4 メンタルヘルスケアに必要なマネジメントスキル

① **目標の設定**
どこを目指すべきかという目標を具体的に設定する。
② **課題の把握と分析**
目標と現状のギャップが課題となる。メンタルヘルスの課題は、組織と労働者の双方が解決に向けて努力する。
③ **PDCA サイクルの運用**
Plan（計画）、Do（実行）、Check（評価）、Act（改善）を繰り返すことで、継続的な改善を行う。PDCA サイクルを繰り返すことで、活動のレベルをスパイラル上にアップすることができる。PDCA サイクルを運用するのは管理監督者だけではなく、組織に所属するすべてのメンバーである。

2 管理監督者の基本的な役割　重要度

本節以降で、さまざまな角度から、管理監督者の役割を詳しく見ていきますが、まずは、全体感として管理監督者がどのような役割を求められているかを見ていきましょう。管理監督者の役割を網羅的にまとめると次の6つになります。

① 労働時間の管理

労働時間の管理とは、長時間労働の対策のことで、**一次予防**としての対策に

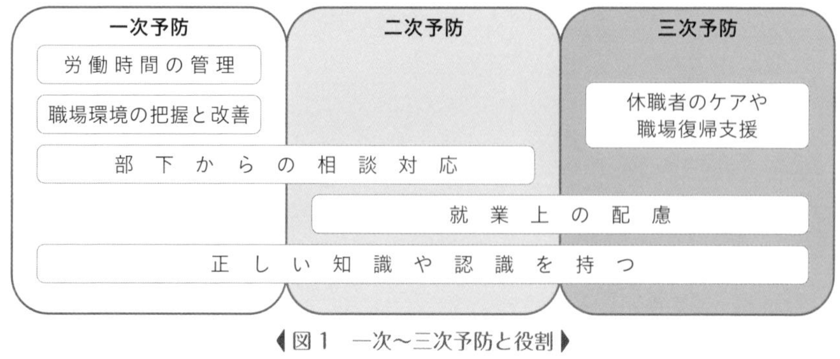

図１　一次～三次予防と役割

なります。長時間労働は、睡眠時間が削られ、疲労が蓄積するという意味で、心身の不調への影響が大きいものです。さらに、労災リスク、損害賠償リスクをヘッジ（回避）する意味でも対策の優先順位が高いものです。また、各労働者のもともとの健康状態、長時間労働が続いている期間によっても、労働時間の影響が変わってくることに注意が必要です。

② 職場環境の把握と改善

職場環境の把握と改善は、**一次予防**になります。メンタルヘルス不調者を出さない、悪化させないための職場づくりが求められます。

③ 部下からの相談対応

部下からの相談対応とは、具体的には、個々の部下への気づきという意義があり、**一次～二次予防**にあたります。個々の部下の様子に普段から気を配り、適切なタイミングで相談に乗ったり、話を聴くことで、部下の不調を未然に防止したり、早期に発見することが求められます。

④ 就業上の配慮

就業上の配慮とは、関係者との連携のことで、**二次予防～三次予防**にあたります。部下の不調が疑われる場合には、一定期間就業上の配慮を行います。それでも不調が回復しないのであれば、専門科への受診を勧めることや、産業保健スタッフ、人事労務スタッフ、主治医、外部EAP機関など、さまざまな関係者との連携が求められます。プライバシーへの配慮も重要です。

⑤ 休職者のケアや職場復帰支援

休職者のケアや職場復帰支援は、**三次予防**となります。部下が休職に入る場合には、社内の規定にもよりますが、休職中の連絡役となったり、主治医への受診に同席することがあります。また、職場復帰の際には上司としての意見を求められたり、職場環境の調整、職場復帰支援プランの進捗管理、復職後のフォローアップが求められます。

⑥ 正しい知識や認識を持つ

管理監督者の役割を果たすにあたって、正しい知識や認識を持つことが大切です。メンタルヘルス研修に参加するなど、教育研修を積極的に受けることが求められます。

こうしてみていくと、日本においては、労働者の健康管理が事業者の責任とされている背景により、事業者の代行者である管理監督者には、非常に多くの役割が求められていることがわかります（欧米では、個人のセルフケアの責任とされる傾向がもっと強いですよね）。そのため、管理監督者自身が忙しすぎて不調になるケースも多くみられます。非常に多くのことを期待されているのは確かですが、ご自身の健康を守るためにも、部下の問題を一人で抱え込まず、使える資源は最大限に活用してください。

この検定の学習を通して、メンタルヘルス・マネジメント全般の知識を身につけていただければ、メンタルヘルスケアは「急がば回れ」、王道が一番の近道だとご理解いただけると思います。

4-2 職場環境の把握方法

1 職場環境改善がストレス対策には効果的　重要度

職場の物理的な環境、労働時間、作業方法、コミュニケーション、組織風土の改善などを通じた広義の職場環境の改善は、労働者の心の健康の保持増進に効果的です。近年、**ストレスの問題に個人のみで対処するのは難しく**なっていますので、**職場の課題としてストレス対策をしていくことが大切**です。

職場環境改善を主体にストレス対策を行うという考え方は、国際的にも大きな流れとなっています。ILO（国際労働機関）の報告によると、各国事例のうち、**半分以上が職場環境改善を通じた対策**でした。また、**個人向けの対策の効果が一時的・限定的であった**のに比べ、**職場環境に対しての対策のほうが持続的な効果があった**とされています。

職場環境によるストレスは、個人よりみんなの力で対策を打つ！というのがポイントです。

表1　ストレス原因となる職場環境と具体例

原因となる項目	原因の詳細
作業内容および方法	① 仕事の負荷が大き過ぎる、あるいは少な過ぎる ② 長時間労働である、あるいはなかなか休憩がとれない ③ 仕事の役割や責任がはっきりしていない ④ 従業員の技術や技能が活用されていない ⑤ 繰り返しの多い単純作業ばかりである ⑥ 従業員に自由度や裁量権がほとんど与えられていない
職場組織	① 管理者・同僚からの支援や相互の交流がない ② 職場の意思決定に参加する機会が少ない ③ 昇進や将来の技術や知識の獲得について情報がない
職場の物理化学的環境	① 重金属や有機溶剤などへの暴露 ② 好ましくない換気、照明、騒音、温熱 ③ 好ましくない作業レイアウトや人間工学的環境

出典：川上憲人・原谷隆史「職場のストレス対策第２回　職業性ストレスの健康影響」『産業医学ジャーナル　第22巻』より

項目と詳細の組み合わせは常識的に考えればいいので、完全に暗記する必要はないものの、迷いそうなものがあればチェックしておいてくださいね。

職場環境改善は、現場の管理監督者と労働者が協力して自主的に、また継続的に取り組めるしくみをつくり、産業保健スタッフなどの専門家がそれを支援するという形が理想的です。また、**管理監督者は、日常的に職場の環境をよく観察し、部下とよくコミュニケーションをとり、自らの部署の職場環境のよい面と課題を、具体的に把握する**ことが重要です。

これが、「ラインによるケア」です。

特に心の健康と関連が深い項目は、以下の３つであると考えられています。

① **仕事の要求度**：仕事の質的・量的負荷、責任の重さなど

② **仕事のコントロール**：裁量権、自由度、自分で計画を立てられるかなど

③ **上司や同僚の支援**

この３項目が、次項の「仕事のストレス判定図」の項目の参考とされています。

2 職場のストレス要因の評価方法

重要度

管理監督者の目だけでは、すべての課題を客観的・網羅的に把握するのは難しいため、質問紙やチェックリストを活用する方法があります。代表的に使われているのが、**職業性ストレス簡易調査票**です。

◀「職業性ストレス簡易調査票」の特徴▶

・**ストレス反応**・職場における**ストレス要因**・**修飾要因**が同時に評価できる。
・**あらゆる業種**で使用できる。
・57問で構成されている。

ストレスチェックの実施が2015年12月より法制化されたので、問題として出やすいかもしれません。この調査票がベーシックなものなので、特徴や質問項目などをよく見ておいてください。

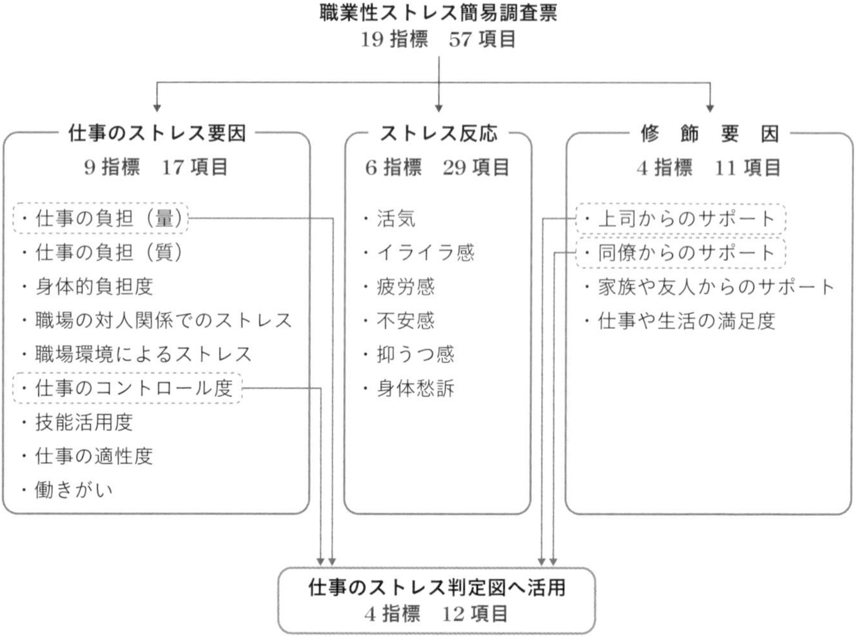

職業性ストレス簡易調査票
19 指標　57 項目
仕事のストレス要因
9 指標　17 項目
・仕事の負担（量）
・仕事の負担（質）
・身体的負担度
・職場の対人関係でのストレス
・職場環境によるストレス
・仕事のコントロール度
・技能活用度
・仕事の適性度
・働きがい
ストレス反応
6 指標　29 項目
・活気
・イライラ感
・疲労感
・不安感
・抑うつ感
・身体愁訴
修　飾　要　因
4 指標　11 項目
・上司からのサポート
・同僚からのサポート
・家族や友人からのサポート
・仕事や生活の満足度
仕事のストレス判定図へ活用
4 指標　12 項目

図 1　職業性ストレス簡易調査票

仕事の量的負担
低い
高い
高い
仕事のコントロール
低い
仕事の負荷が大きく、これに比べて自由度が低い場合にストレスが生じやすい。
職場の支援が低いとさらにストレスフルになります。
高ストレス群
心身の不調や健康問題
量-コントロール判定図
高い
同僚の支援
低い
高ストレス群
低い
高い
上司の支援
職場の支援判定図

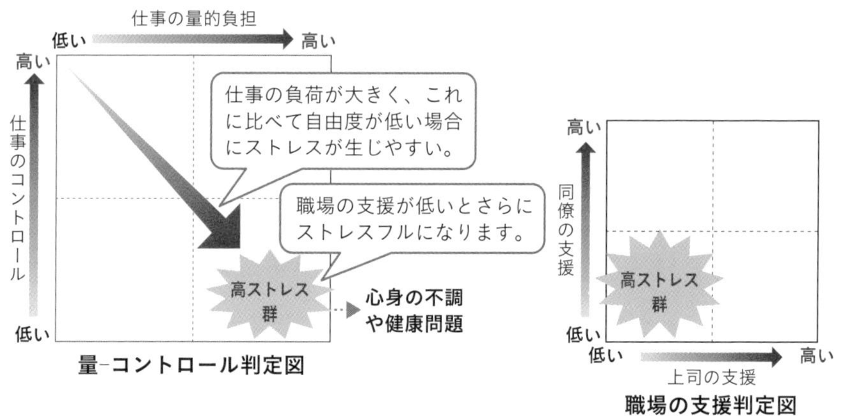

図 2　仕事のストレス判定図

個々の労働者に回答してもらった職業性ストレス簡易調査票を部署ごとに集計すると、**仕事のストレス判定図**ができます。これが、いわゆる集団分析（組織診断）です。職場ごとのストレスの状況を把握することができます。この仕事のストレス判定図の結果が、職場環境改善活動をどのポイントで実施するかの元資料になるわけです。

仕事のストレス判定図では、**「仕事の要求度―コントロール―サポートモデル」**に基づいて、まず健康との関係が深いことがわかっている以下の4つの項目を所定のストレス調査票で測定します。そして、その結果にもとづいて、職場のストレス要因の程度や健康問題の起きやすさ（健康リスク）の程度を知ることができます。

◀「仕事のストレス判定図」の4つの項目▶

① **仕事の量的負担**
② **仕事のコントロール**（自由度や裁量権）
③ **上司の支援**
④ **同僚の支援**

なお、このマニュアルにおいて、高ストレス職場の基準としては、「健康リスクが**120を超えている職場**ではさまざまなストレス問題が顕在化している場合が多い」とされています。また、個人結果が推測されてしまうリスクを避けるために、できれば20人以上少なくとも**10人以上の集団で作成する**よう推奨されています。

また、男性・女性どちらが多い職場かで、判定図は分かれています。

3 新職業性ストレス簡易調査票　重要度

2012年4月に、新職業性ストレス簡易調査票も公開されています。

◀新しくなった点▶

① 仕事のポジティブな側面も評価して、よい点や強みをさらに伸ばすという視点で心理社会的資源についての質問が追加された
・仕事の意義
・成長の機会
・上司のリーダーシップ
・上司の公正な態度
・キャリア形成の機会
・職場の一体感
・**ワーク・エンゲイジメント**など
② **42尺度120問**で構成されている（短縮版は80問）

表2　職業性ストレス簡易調査票

フリガナ	
氏名	

社員コード番号	年齢	性別	受診番号
⓪〜⑨（10桁）	①〜⑦／⓪〜⑨	男 ○　女 ○	⓪〜⑨（5桁）
番号を右ツメで記入してマークしてください	年齢を記入してマークしてください	男女どちらかにマークしてください	番号を右ツメで記入してマークしてください

マークの仕方

良い例	悪い例			
●	細い	短い	うすい	はみでる

マーク上の注意
・マークはHBの鉛筆で、はっきりマークしてください。
（ボールペン・サインペン等は不可）
・マークを消す時は、消しゴムで完全に消し、消しくずを残さないでください。

あなたの仕事についてうかがいます。
最もあてはまるものをぬりつぶしてください。

4択です。

	そうだ	まあそうだ	ややちがう	ちがう
1．非常にたくさんの仕事をしなければならない	①	②	③	④
2．時間内に仕事が処理しきれない	①	②	③	④
3．一生懸命働かなければならない	①	②	③	④
4．かなり注意を集中する必要がある	①	②	③	④
5．高度の知識や技術が必要なむずかしい仕事だ	①	②	③	④
6．勤務時間中はいつも仕事のことを考えていなければならない	①	②	③	④
7．からだを大変よく使う仕事だ	①	②	③	④
8．自分のペースで仕事ができる	①	②	③	④
9．自分で仕事の順番・やり方を決めることができる	①	②	③	④
10．職場の仕事の方針に自分の意見を反映できる	①	②	③	④
11．自分の技能や知識を仕事で使うことが少ない	①	②	③	④
12．私の部署内で意見のくい違いがある	①	②	③	④
13．私の部署と他の部署とはうまが合わない	①	②	③	④
14．私の職場の雰囲気は友好的である	①	②	③	④
15．私の職場の作業環境（騒音、照明、温度、換気など）はよくない	①	②	③	④
16．仕事の内容は自分にあっている	①	②	③	④
17．働きがいのある仕事だ	①	②	③	④

最近1か月間のあなたの状態についてうかがいます。
最もあてはまるものをぬりつぶしてください。

	ほとんどなかった	ときどきあった	しばしばあった	ほとんどいつもあった
1．活気がわいてくる	①	②	③	④
2．元気がいっぱいだ	①	②	③	④
3．生き生きする	①	②	③	④
4．怒りを感じる	①	②	③	④
5．内心腹立たしい	①	②	③	④
6．イライラしている	①	②	③	④
7．ひどく疲れた	①	②	③	④
8．へとへとだ	①	②	③	④
9．だるい	①	②	③	④
10．気がはりつめている	①	②	③	④
11．不安だ	①	②	③	④
12．落着かない	①	②	③	④
13．ゆううつだ	①	②	③	④
14．何をするのも面倒だ	①	②	③	④
15．物事に集中できない	①	②	③	④
16．気分が晴れない	①	②	③	④
17．仕事が手につかない	①	②	③	④
18．悲しいと感じる	①	②	③	④
19．めまいがする	①	②	③	④
20．体のふしぶしが痛む	①	②	③	④
21．頭が重かったり頭痛がする	①	②	③	④
22．首筋や肩がこる	①	②	③	④
23．腰が痛い	①	②	③	④
24．目が疲れる	①	②	③	④
25．動悸や息切れがする	①	②	③	④
26．胃腸の具合が悪い	①	②	③	④
27．食欲がない	①	②	③	④
28．便秘や下痢をする	①	②	③	④
29．よく眠れない	①	②	③	④

あなたの周りの方々についてうかがいます。
最もあてはまるものをぬりつぶしてください。

次の人たちはどのくらい気軽に話ができますか？	非常に	かなり	多少	全くない
1．上司	①	②	③	④
2．職場の同僚	①	②	③	④
3．配偶者、家族、友人等	①	②	③	④
あなたが困った時、次の人たちはどのくらい頼りになりますか？				
4．上司	①	②	③	④
5．職場の同僚	①	②	③	④
6．配偶者、家族、友人等	①	②	③	④
あなたの個人的な問題を相談したら、次の人たちはどのくらいきいてくれますか？				
7．上司	①	②	③	④
8．職場の同僚	①	②	③	④
9．配偶者、家族、友人等	①	②	③	④

満足度について	満足	まあ満足	やや不満足	不満足
1．仕事に満足だ	①	②	③	④
2．家庭生活に満足だ	①	②	③	④

出典：労働省平成11年度「作業関連疾患の予防に関する研究」労働の場におけるストレス及びその健康影響に関する研究報告書、労働省、p.358、2000年

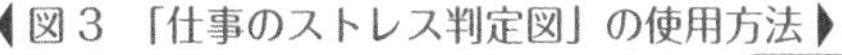

図3「仕事のストレス判定図」の使用方法

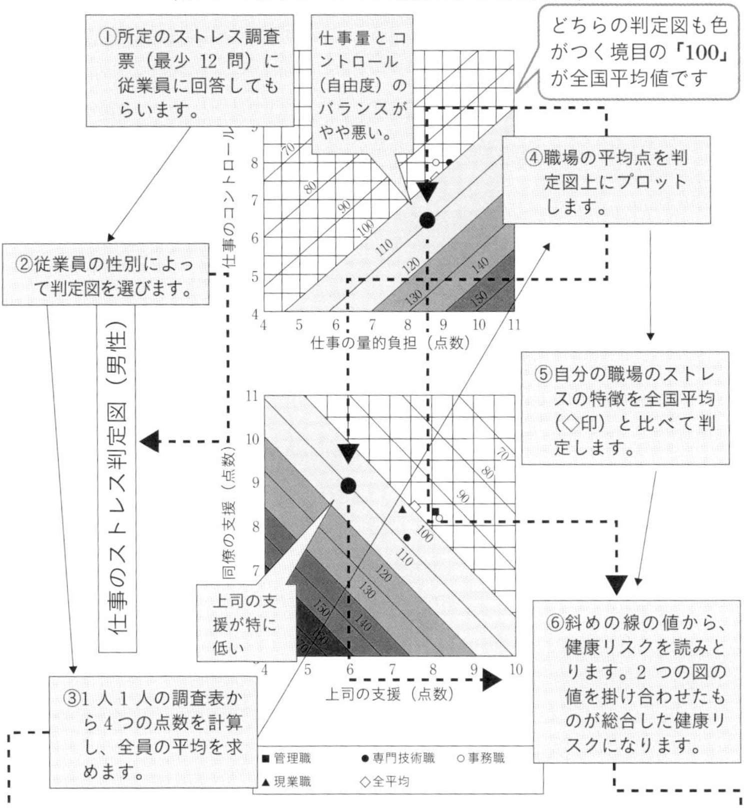

職場名	対象者数（人）	主な作業内容
経理課	20人	事務、伝票処理
尺度名	平　均　点	読みとった健康リスク
仕事の量的負担	8.5	(A) 108
仕事のコントロール	6.4	
上司の支援	6.0	(B) 112
同僚の支援	8.8	
総合した健康リスク[＝(A)×(B)/100]		121

この職場では仕事のストレスにより健康リスクが通常の21%増加と推定

AとBのリスクをかけて100で割り戻します。

出典：労働省平成11年度「作業関連疾患の予防に関する研究」労働の場におけるストレス及びその健康影響に関する研究報告書、労働省、p.353、2000年

過去問題・予想問題を解いてみよう!!

問題1　ストレス原因となる職場環境　　予想問題

ストレスの原因となる職場環境に関する次の記述のうち、組み合わせが最も不適切なものを1つだけ選べ。

① 作業内容および方法　―　仕事の役割や責任がはっきりしていない。
② 作業内容および方法　―　職場の意思決定に参加する機会がない。
③ 職場組織　―　昇進や将来の技術や知識の獲得について情報がない。
④ 職場組織　―　管理者・同僚からの支援や相互の交流がない。

解説　②「職場の意思決定に参加する機会がない」は、**職場組織**に関する記述です。

【解答】②

問題2　職場環境　　24回第3問[2]

職場環境に関する次のA〜Dの記述のうち、正しいもの（○）と誤っているもの（×）の組合せとして、最も適切なものを1つだけ選べ。

A. ILO（国際労働機関）の報告によると、各国事例のうち、50%以上のストレス対策が、職場環境改善を通じた対策であった。
B. ストレス軽減を目指した職場改善にあたっては、現場の管理監督者と労働者が自主的な改善を継続的に行っていくことが大切である。
C. 社会経済における高度情報化とグローバル化が進み、会社などの組織が事業の再構築や業務の効率化などを行う結果、仕事は複雑化、高度化、高密度化し、労働者に与える負担が増えている。
D. 仕事のストレスの原因のうち、「作業内容及び方法」によるものとしては、(1)長時間労働である (2) 仕事の役割や責任がはっきりしていない (3) 従業員に自由度や裁量権がほとんどない (4) 管理職や同僚からの支援や相互交流がないことなどが挙げられる。

① (A)○　(B)○　(C)○　(D)×
② (A)×　(B)○　(C)○　(D)×
③ (A)○　(B)○　(C)○　(D)○
④ (A)×　(B)×　(C)×　(D)○

解説　選択肢Dの「管理職や同僚からの支援や相互交流がないこと」は、**「職場組織のストレス」に分類**されています。

【解答】①

問題3 **職場環境とストレス** **27回第3問[3]**

職場環境とストレスに関する次のA～Dの記述のうち、正しいもの（○）と誤っているもの（×）の組合せとして、最も適切なものを1つだけ選べ。

A. 2018年の「労働者健康状況調査」において「会社の将来性」が労働者のストレス要因として挙がっていることを考慮すると、人事労務管理体制、経営状況などを含めた広い意味で職場環境を捉え、労働者のストレスを未然に防ぐ配慮が必要である。

B. 従来のメンタルヘルスケアでは、個人向けの対応に重点が置かれる傾向があったが、近年の労働者のストレス状況を踏まえ、メンタルヘルスケアは環境と個人の両側面の対応が重要となっている。

C. 仕事のストレスの原因は、作業内容及び方法によるもの（例：従業員に自由度がほとんど与えられていない）、職場の物理化学的な環境によるもの（例：好ましくない作業レイアウト）、職場組織によるもの（例：職場の意思決定に参加する機会がない）に大きく分けられる。

D. ILO（国際労働機関）の報告では、(1) 世界各国の職場ストレス対策の成功事例のうち半数以上が職場改善、組織の再構築などの対策であったこと、(2) 個人向けのアプローチの効果が一時的、限定的であり、職場環境などの改善を通じた対策のほうがより効果的だったこと、を強調している。

① (A) ○　(B) ×　(C) ×　(D) ○
② (A) ×　(B) ○　(C) ×　(D) ○
③ (A) ○　(B) ○　(C) ○　(D) ○
④ (A) ×　(B) ×　(C) ○　(D) ×

解説 すべて正しい記述です。 **【解答】③**

問題4 職業性ストレス簡易調査票 26回第3問[4]

職業性ストレス簡易調査票や仕事のストレス判定図などに関する次の記述のうち、最も不適切なものを1つだけ選べ。

① 職業性ストレス簡易調査票の仕事のストレス要因の質問では、「そうだ」「まあそうだ」「ややちがう」「ちがう」などの4段階で回答する。
② 職業性ストレス簡易調査票の「あなたが困った時、次の人たちはどのくらい頼りになりますか？」という修飾要因の質問の『次の人』には、「上司」「職場の同僚」「配偶者、家族、友人等」が含まれる。
③ 仕事のストレス判定図は2つの図から構成されており、判定図上の斜めの線は、仕事のストレス要因から予想される疾病休業などの健康問題のリスクを標準集団の平均が100であるものとして表している。
④ 新職業性ストレス簡易調査票では、仕事の意義、成長の機会が与えられているか、キャリア形成の機会が提供されているかなど、仕事から得られる心理社会的資源について評価でき、仕事から生じるポジティブな側面としてワーカホリックや職場の一体感などが測定できる。

解説 ④ ワーカホリックではなく、「**ワーク・エンゲイジメント**」です。 **【解答】**④

問題5 職業性ストレス簡易調査票 29回第3問[2]

職業性ストレス簡易調査票や仕事のストレス判定図に関する次のA～Dの記述のうち、正しいもの（○）と誤っているもの（×）の組合せとして、最も適切なものを1つだけ選べ。

A. 職業性ストレス簡易調査票では、「あなたの周りの人たち」（上司、職場の同僚、配偶者、家族、友人等）についての質問がある。
B. 職業性ストレス簡易調査票のうち、仕事のストレス要因についての回答では「そうだ」「まあそうだ」「どちらでもない」「ややちがう」「ちがう」から選択する。
C. 仕事のストレス判定図は「量－コントロール判定図」と「職場の支援判定図」から構成され、判定図上の斜めの線は、仕事のストレス要因から予想される疾病休業などの健康問題のリスクを標準集団の平均を100として表している。
D. 仕事のストレス判定図を用いて総合した健康リスクを求める際には、「量－コントロール判定図」及び「職場の支援判定図」各々から健康リスクの値を読み取り、それぞれの数字を足して2で割ると求められる。

① （A）○ （B）○ （C）○ （D）×
② （A）× （B）× （C）× （D）○
③ （A）○ （B）× （C）○ （D）×
④ （A）× （B）○ （C）× （D）○

解説 選択肢Bについて、回答は4択で、**「どちらでもない」という選択肢はありません。**
選択肢Dについて、総合健康リスクの求め方は、「量－コントロール判定図」と「職場の支援判定図」から**読み取ったそれぞれの健康リスク値を、「乗じて」、「100で割る」**と求められます。
【解答】③

問題6 **仕事のストレス判定図**　24回第3問[1]

仕事のストレス判定図の使用方法に関する次の記述のうち、最も不適切なものを1つだけ選べ。

① 回答者の性別によって判定図を選ぶ。
② 各人の調査票から4つの点数（仕事のコントロール、仕事の量的負担、上司の支援、家族の支援）を計算し、全員の平均を求める。
③ 職場の平均点を判定図上にプロットする。
④ 自分の職場のストレスの特徴を全国平均と比較し判定する。

解説 ②「家族の支援」ではなく、「**同僚の支援**」です。　**【解答】**②

問題7 **仕事のストレス判定図**　25回第3問[4]

職業性ストレス簡易調査票や仕事のストレス判定図に関する次の記述のうち、最も適切なものを1つだけ選べ。

① 職業性ストレス簡易調査票は、ストレス反応だけでなく、職場におけるストレス要因や修飾要因も同時に評価できるが、あらゆる業種で使用はできない。
② 仕事のストレス判定図では、職場のストレス要因が、従業員のストレスや健康リスクにどの程度影響を与えているかは判定できないが、仕事の効率化の評価に使うことはできる。
③ 仕事のストレス判定図は「量－コントロール判定図」と「職場の支援判定図」の2種類以外にも数種類の判定図がある。
④ 仕事のストレス判定図の「量－コントロール判定図」では仕事の量的負担は点数が高い方が負担が大きく、仕事のコントロールでは点数は高いほどコントロールが良いことを示す。

解説 ① 職業性ストレス簡易調査票は、**あらゆる業種で使用できるものです。**
② 仕事のストレス判定図は、職場のストレス要因が従業員のストレスや健康リスクにどの程度影響を与えているかの判定ができます。一方、**仕事の効率化の評価には使えません。**
③ 仕事のストレス判定図は、設問に記載されている**2種類だけ**です。　**【解答】**④

4-3

職場環境の改善方法

1 職場環境改善のステップ 重要度

表1のとおり、4つの段階を踏んで、職場環境を改善させていきます。なお、「職場集団での討議の実施」のステップで活用するヒント集（メンタルヘルスアクションチェックリスト）については、後述の表2で具体的な内容を確認していきましょう。このようなグループチェック方式（グループ討議で職場改善を進める方式）は、**対策指向の参加型職場改善手法**とも呼ばれる労働安全技術です。

◀表1　職場環境改善のステップ▶

ステップ	内容
方針作成・事前準備	・**管理監督者はキーパーソン**として職場環境改善の重要性を理解する ・職場のトップにも理解を求める ・方針や目的を設定し、組織内の合意形成を進める ・計画や対象部署などを検討する場（衛生委員会やプロジェクト）を設定する ・参加者として、産業医・衛生管理者などの産業保健スタッフ、人事労務スタッフ、管理監督者、労働者からの代表などが考えられるが、それぞれの**役割・責任・権限を明確化**する ・集団分析結果などを確認し、高ストレス職場には、当該部署の上司や労働者から意見を聴き、ストレス要因について情報収集する ・職場環境改善の対象職場と実施ステップを計画する ・必要に応じて**グループ討議の場を計画**する（業務時間内に計画すること）
職場集団での討議の実施	・各職場のメンバーによるグループ討議の場を設ける ・自分の職場のよい点、改善すべき点などを話し合ってもらう ・**部署外のファシリテーター**をグループごとにつけるとよい ・**「ヒント集（メンタルヘルスアクションチェックリスト）」**が活用できる ・具体的な対策に落とし込み、優先順位や実行可能性などの観点から整理し、実際に職場で実施する対策を決める ・参加者が、自分たちで決めた対策にどれだけコミットしているかが鍵となる
改善計画作成と実行	・改善提案をとりまとめ、実行計画、スケジュールを作成する ・職場の管理監督者や衛生管理者が、討議結果をさらに部署ごとにとりまとめる ・グループ討議結果は、対策の優先度を決める職場の**心理社会的課題のリスクアセスメント実施結果**ともいえる
改善提案の実施と結果の記録	・定期的にフォローアップし、1年後（半年後・四半期後でもよい）、ストレスチェックを再度実施するなどして、**効果を定期的に評価**する ・取組みを形骸化させないためにも、定期的な効果評価は重要となる

現場レベルで、一つひとつの職場に合った改善策を、その職場のメンバーが自ら考えるというところにポイントがあります。専門家や人事、管理監督者が上から押し付ける改善ではなく、自分たちで自立的に考えた改善策は、コミットしやすいですよね。そういった自主改善を促進し、助けるツールを次に紹介します。

部署内の管理監督者は、通常ファシリテーターにはなりません。参加者がなかなか本音を出しにくいですからね。

I編 メンタルヘルスの基礎知識
II編 管理監督者の役割
1章 2章 3章 4章 5章 6章

2 職場環境改善に利用できるツール　重要度

職場環境を改善するにあたっては、実際に職場で効果のあった**「良好事例」**を集めることが有効です。他職場からも「良好事例」を学び、ヒントにしていくことがストレスを軽減する手法として効果的です。

職場環境改善のための「ヒント集」として「メンタルヘルスアクションチェックリスト」があります。

このメンタルヘルスアクションチェックリストは、日本全国から職場の改善事例を収集し、心理学や人間工学、メンタルヘルスの専門家の討議を経て**6領域・30項目**に集約し、作成されたものです。このメンタルヘルスアクションチェックリストをグループ討議のときに参考にすることで、具体策を考えるときのヒントにしたり、優先順位を検討することができます。

◀ヒント集の特徴▶

① 現場ですぐに、既存の資源を活用しながら、低コストで改善できる優先対策をチェックすることができる。
② 自分たちの職場の経験と照らし合わせて始めることができる。
③ 網羅的に記載されているので、それまで気づいていなかった「改善が必要な点」に気づくことができる。
④ 自分たちの職場ですでに実施されているよい点に気づくことができる。
⑤ 職場環境を多面的に見ることができる。

ヒント集の細かい内容を覚える必要はもちろんありませんが、どの領域にどんな事例が載っているかは理解して、ひっかけ問題に備えましょう。

表2　メンタルヘルスアクションチェックリスト

領域	アクション項目	仕事の量的負担	仕事のコントロール	上司の支援	同僚の支援
業務計画の参加と情報共有	**1. 業務の日程作成に参加する手順を定める** 業務の分担や日程についての計画作成に、社員と管理監督者が参加する機会を設ける		◎		
	2. 少数人数単位の裁量範囲を増やす 具体的な進め方や業務順序について、少数単位または業務担当者ごとに決定できる範囲を増やしたり再調整する		◎		
	3. 個人当たりの過大な業務量があれば見直す 特定のチーム、または特定の個人当たりの業務量が過大になる場合があるかどうかを点検して、必要な改善を行う	◎	○	○	○
	4. 各自の分担業務を達成感のあるものにする 分担範囲の拡大や多能化などにより、単純な業務ではなく、個人の技量を生かした達成感が得られる業務にする		◎	○	
	5. 必要な情報が全員に正しく伝わるようにする 朝の短時間のミーティングなどの情報交換の場を設け、業務目標や手順が各人に伝わり、チーム作業が円滑に行われるように、必要な情報が職場の全員に正しく伝わり、共有できるようにする		◎	○	○
勤務時間と業務編成	**6. 労働時間の目標値を定め残業の恒常化をなくす** 1日、1週、1か月ごとの労働時間に目標値を設け、ノー残業デーなどを運用することなどで、長時間労働が当たり前である状態を避ける	◎	○		
	7. 繁盛期やピーク時の業務方法を改善する 繁盛期やピーク時などの特定時期に個人やチームに業務が集中せず業務の負荷や配分を公平に扱えるように、人員の見直しや業務量の調整を行う	◎	○		
	8. 休日・休暇が十分取れるようにする 定められた休日日数がきちんと取れ、年次休暇やリフレッシュ休暇などが計画的に、また必要に応じて取れるようにする	◎	○		
	9. 勤務体制、交代制を改善する 勤務体制を見直し、十分な休養時間が確保でき、深夜・早朝勤務や不規則勤務による過重負担を避けるようにする	◎	○	○	
	10. 個人の生活条件に合わせて勤務調整ができるようにする 個人の生活条件やニーズに応じて、チーム編成や勤務条件などが柔軟に調整できるようにする 【例】教育研修、学校、介護、育児	◎	○	○	○
円滑な業務手順	**11. 物品と資材の取扱い方法を改善する** 物品と資材、書類などの保管・運搬方法を工夫して負担を軽減する 【例】取り出しやすい保管場所、台車の利用、不要物の除去や整理整頓など	◎	○		
	12. 個人ごとの業務場所を仕事しやすくする 各自の作業場のレイアウト、姿勢、操作方法を改善して仕事しやすくする 【例】作業台の配置、肘の高さでの作業、パソコン操作方法の改善など	◎	○		

表2 メンタルヘルスアクションチェックリスト（続き）

領域	アクション項目	仕事の量的負担	仕事のコントロール	上司の支援	同僚の支援
円滑な業務手順	**13. 業務の指示や表示内容をわかりやすくする** 業務のための指示内容や情報が業務中いつでも容易に入手し確認できるようにする 【例】見やすい指示書、表示・ラベルに色分け、標識の活用など	○	◎	○	
	14. 反復・過密・単調作業を改善する 心身に大きな負担となる反復業務や過密業務、単純業務がないかを点検して、適正な負担となるよう改善する	◎	○		
	15. 業務ミス防止策を多面に講じる 社員が安心して業務できるように、業務ミスや事故を防ぎ、もし起こしても重大な結果にいたらないように対策を講じる 【例】業務手順の標準化、マニュアルの作成、チェック方法の見直し、安全装置、警報など	◎	○		
業務場環境	**16. 温熱環境や音環境、視環境を快適化する** 冷暖房設備などの空調環境、照明などの視環境を整え、うるさい音環境などを、個々の作業者にとって快適なものにする	○	○	○	○
	17. 有害環境源を隔離する 健康を障害するおそれのある、粉じん、化学物質など、人体への有害環境源を隔離するか、適切な防護対策を講じる	○			
	18. 職場の受動喫煙を防止する 職場における受動喫煙による健康障害やストレスを防止するため、話し合いに基づいて職場の受動喫煙防止対策を進める			◎	◎
	19. 衛生設備と休養設備を改善する 快適で衛生的なトイレ、更衣室を確保し、ゆっくりとくつろげる休憩場所、飲料設備、食事場所や福利厚生施設を備える	◎		○	○
	20. 緊急時対応の手順を改善する 災害発生時や火災などの緊急時に適切に対応できるように、設備の改善、通路の確保、全員による対応策と分担手順をあらかじめ定め、必要な訓練を行うなど、日頃から準備しておく	○	○	○	
職場内の相互支援	**21. 上司に相談しやすい環境を整備する** 従業員が必要なときに上司や責任者に問題点を報告し、また相談しやすいように普段から職場環境を整えておくようにする 【例】上司に相談する機会を確保する、サブリーダーの設置、相談しやすいよう職場のレイアウトを工夫するなど			◎	○
	22. 同僚に相談でき、コミュニケーションが取りやすい環境を整備する 同僚間でさまざまな問題点を報告し合い、また、相談し合えるようにする 【例】業務グループ単位で定期的な会合を持つ、日報やメーリングリストを活用するなど			○	◎

表2　メンタルヘルスアクションチェックリスト（続き）

領域	アクション項目	仕事の量的負担	仕事のコントロール	上司の支援	同僚の支援
職場内の相互支援	**23. チームワークづくりを進める** グループ同士でお互いを理解し支え合い、相互に助け合う雰囲気が生まれるように、メンバーで懇親の場を設けたり、研修の機会を持つなどの工夫をする			◎	◎
	24. 仕事に対する適切な評価を受け取ることができる 社員が自分の仕事のできや能力についての評価を、実績に基づいて、納得できる形で、タイミングよく受け取ることができるようにする			◎	○
	25. 職場間の相互支援を推進する 職場や業務グループ間で、それぞれの作業がしやすくなるように情報を交換したり、連絡調整を行ったりするなど、相互支援を推進する	○	○	○	○
安心できる職場のしくみ	**26. 個人の健康や職場内の健康問題について相談できる窓口を設置する** 心の健康や悩み、ストレス、あるいは職場内の人間関係などについて、気兼ねなく相談できる窓口または体制を確保する 【例】社内のメンタルヘルス相談窓口の設置	○	○	○	○
	27. セルフケアについて学ぶ機会を設ける セルフケア（自己健康管理）に役立つ情報を提示し、研修を実施する 【例】ストレスへの気づき、保健指導、ストレスへの上手な対処法など	○	○	○	○
	28. 組織や仕事の急激な変化にあらかじめ対処する 組織や業務編成の変更など職場の将来計画や見通しについて、普段から周知されているようにする	○	○	○	○
	29. 昇進・昇格、資格取得の機会を明確にし、チャンスを公平に確保する 昇進・昇格のモデル例や、キャリア開発のための資格取得機会の有無や時期が明確にされ、また従業員に公平にチャンスが与えられることが従業員に伝えられているようにする		○	◎	○
	30. 緊急の心のケア 突発的な事故が生じたときに、緊急処置や緊急の心のケアが受けられるように、あらかじめ職場内の責任者や産業保健スタッフ、あるいは社外の専門家との連絡体制や手順を整えておく	○		○	

◎：特に関係あり　○：関係あり

出典：平成16年度厚生労働科学研究費補助金労働安全衛生総合研究事業「職場環境等の改善等によるメンタルヘルス対策に関する研究」職場改善のためのヒント集（アクションチェックリスト）作成ワーキンググループ

また、新職業性ストレス簡易調査票に対応した「ポジティブ版アクションチェックリスト」や、中小企業向けにコンパクトにまとめられた「いきいき職場づくりのための参加型職場環境改善の手引き」なども開発されています。

3 職場環境改善の進め方のポイント　重要度

職場環境を改善させるときの進め方のポイントは次の4つです。

① 自分たちの日常的な職場に目を向ける
② **良好事例に学ぶスタイル**をつくる
③ 具体的な働きやすさを目指す
④「実行して習う」というステップを踏む

4 その他の職場環境改善の取組み事例　重要度

その他にも職場環境を改善するために、表3のような取組み事例があります。

◀表3　職場環境改善の主な取組み事例▶

取組み	概　要
職場ドック	・**参加型職場環境改善**を簡便に実施する手法として開発された「職場ドック」は、公務職場を中心に全国に広がっている ・良好事例の活用、簡便な手順のマニュアル作成などが現場の負担感の少ない取組みに繋がっている
MIRROR	・職場のストレス評価と同時に**職場改善ニーズを評価する**ツール「MIRROR」を使用した取組みもある ・「MIRROR」では、ハイリスク職場を特定し、さらに、そこに所属する労働者がどのような職場改善の希望・ニーズを持っているかというデータをもとに職場環境改善を進めることができる
ポジティブ心理学	・最近では、**「ポジティブ心理学」**をベースにした取組みも進んでいる ・**ワーク・エンゲイジメント**（仕事に対する肯定的で充実した感情・態度）に注目し、**仕事の資源**（自律性、上司のコーチング、自分の仕事へのフィードバックなど）や、**個人の資源**（楽観性、自己効力感、自尊心など）の状態によって、心身の健康、組織行動、パフォーマンスを予測できるという理論を用いて、**組織と個人の活性化の取組み**を進めている

5 管理監督者が職場環境改善においてすべきこと　重要度

ストレスチェック制度の導入を受けて改正された厚生労働省の指針では、「**事業者**は、メンタルヘルス不調の未然防止を図る観点から、職場環境などの改善に積極的に取り組むものとする」とされています。一方、**管理監督者**は、次の2つの視点から役割を果たすことが求められています。

表4　管理監督者が果たすべき役割

視点	果たすべき役割
① 職場環境などの評価と問題点の把握	・日常的なマネジメントを通じて、職場の具体的な問題点を把握する ・ハラスメントがないかなど、人間関係を把握する
② 職場環境などの改善	・ストレスチェックの集団分析結果のフィードバックを受け、その評価結果に対する改善へのアドバイスを受ける ・部下の労働状況を日常的に把握し、過度な長時間労働やストレスが生じないように配慮を行う ・改善の効果を定期的に評価し、効果が不十分な場合は計画の見直しを行い、継続的な取組みとする ・部下の意見も取り入れ、部下も参加型で討議・実行を行う ・必要に応じて、事業場外資源の助言・指導・協力を求める

6 産業医・産業保健スタッフとの連携　重要度

産業医・産業保健スタッフは、職場巡視、上司や労働者からの聞き取り調査、ストレスチェックなどにより、職場のストレス要因を把握・評価します。それらをもとに、管理監督者に対してアドバイスを行い、ときに協力し合いながら職場環境改善を進めます。

7 人事労務スタッフとの連携　重要度

人事労務スタッフは、管理監督者だけでは解決できない、人事配置・人事異動・組織編成・人事評価など人事の視点で、職場環境の改善を実施します。人事労務管理上のシステムが健康に影響を及ぼしている具体的な事柄を把握し、労働条件の改善、人員の適正配置に配慮する必要があります。

8 衛生委員会などの社内組織の活用　重要度

メンタルヘルスに重点をおいた職場環境改善を体系的に進めるためには、**衛生委員会**を有効に活用することが重要です。衛生委員会には産業医や衛生管理者、職場からの労働者代表などキーマンが揃いますので、ストレスチェックの集団分析結果の共有、部署ごとの改善提案の集約、実行計画の進捗状況の把握などを統括的に行っていくことができます。

関連知識　「衛生委員会」とは

- 労働安全衛生法で定められた、調査審議機関。
- 衛生に関するさまざまな対策を調査審議する。
- 常時 50 名以上の労働者を使用する事業場は、必ず設置しなくてはならない。
- メンバーは、総括安全衛生管理者、産業医、衛生管理者など。

職場環境改善は、現場が「自主的に」行いながらも（主役）、さまざまな方面から協力を得て進めるイメージを持ってください。
人事労務スタッフや産業保健スタッフにしかできないこともありますよね。

過去問題・予想問題を解いてみよう!!

問題1　メンタルヘルスアクションチェックリスト　予想問題

メンタルヘルスアクションチェックリストに関する次の記述のうち、最も不適切なものを1つだけ選べ。

①「作業計画の参加と情報の共有」領域では、例えば「少人数単位の裁量範囲を増やす」「各自の分担作業を達成感あるものにする」「労働時間の目標値を定め残業の恒常化をなくす」などの改善のヒントがある。

②「円滑な作業手順」領域では、例えば「個人ごとの作業場所を仕事しやすくする」「反復・過密・単調作業を改善する」「作業ミス防止策を多面に講じる」などの改善のヒントがある。

③「職場内の相互支援」領域では、例えば「チームワークづくりを進める」「仕事に対する適切な評価を受け取ることができる」「上司に相談しやすい環境を整備する」などの改善のヒントがある。

④「安心できる職場のしくみ」領域では、例えば「組織や仕事の急激な変化にあらかじめ対処する」「昇進・昇格、資格取得の機会を明確にし、チャンスを公平に確保する」「セルフケアについて学ぶ機会を設ける」などの改善のヒントがある。

解説　①「労働時間の目標値を定め残業の恒常化をなくす」という視点は、**「勤務時間と作業編成」領域に記載されている**ヒントです。　**【解答】**①

問題2　メンタルヘルスアクションチェックリスト　27回第3問[1]

職場環境改善のためのヒント集（メンタルヘルスアクションチェックリスト））に関する次の記述のうち、最も不適切なものを1つだけ選べ。

① 日本全国から職場環境等の改善事例を収集したうえで、現場で利用しやすい6つの領域30項目に集約、整理されている。

② 職場環境等を抜け落ちなく点検することが目的ではなく、重要なポイントを中心に点検し、その後の職場の話し合いで参加者のアイデアを膨らませるためのチェックリストである。

③「危険箇所点検リスト」や「確認リスト」などと同様に、合否の判定や点数化による職場のランクづけができる。

④ 現場ですぐに、既存の資源を活用しながら低コストで改善できる優先対策をチェックできる。

解説　③ ヒント集は**合否の判定や点数化によるランクづけをするものではありません。**あくまでも「**改善のためのアイデア集**」です。　**【解答】**③

問題 3 メンタルヘルスアクションチェックリスト　**24回第3問[3]**

職場環境改善のためのヒント集（メンタルヘルスアクションチェックリスト）の主要項目を示した下表の［　　　］にあてはまる語句の組合せとして、最も適切なものを1つだけ選べ。

6つの改善技術領域	具体的な改善視点（抜粋）
A. 作業計画への参加と情報の共有	少人数単位の［　ア　］、過大な作業量の調整、情報の共有
B. 勤務時間と作業編成	ノー残業日などの目標、ピーク作業時の作業変更、交代制、休日
C. 円滑な作業手順	物品の取扱い、情報入手、反復作業の改善、作業ミス防止
D. ［　イ　］	温熱・音環境、有害物質対応、受動喫煙の防止、休養設備、緊急時対応
E. 職場内の相互支援	上司・同僚の支援、チームワークづくり、仕事の評価、職場間の相互支援
F. 安心できる職場のしくみ	訴えへの対処、自己管理の研修、仕事の見通し、［　ウ　］

① （ア）裁量範囲　（イ）職場活性化　（ウ）十分な給与水準
② （ア）生産方式　（イ）職場活性化　（ウ）昇格機会の公平化
③ （ア）裁量範囲　（イ）作業場環境　（ウ）昇格機会の公平化
④ （ア）生産方式　（イ）作業場環境　（ウ）十分な給与水準

【解答】 ③

4-4 職場環境改善効果の評価

1 評価方法の種類

重要度

職場環境の改善は対策を考えただけで実行しなかったり、一時的に実行したもののやりっぱなしになってしまっては意味がありません。そこで対策を打ったことによる効果を評価することが必要ですが、その方法として次の３つがあります。

どんな評価方法があるかは重要なので、それぞれよく頭に入れておいてください。

表１　評価方法

① 計画実施状況の評価 **（プロセスの評価）**	・決められた年間計画の中で、計画された改善策がどの程度実施されたか、**「改善実行レベル」で評価**する方法 ・改善策が役に立ったか、衛生委員会などのメンバーが職場へ訪問し、ヒアリングする ・**「事業場における心の健康づくり実施状況チェックリスト」**で、職場がストレス対策に取り組める組織になっているかを評価する方法もある
② 取り組みによる効果評価 **（アウトカムの評価）**	・**生産性の向上、欠勤率の減少、休業日数の減少などを記録**して、定量的に確認する方法 ・**継続的に同じ調査指標を用いて**、改善策の実施の前後で集団分析の各項目の変化を定点的に確認する方法
③ **労働安全衛生マネジメントシステム（OSHMS）**による評価	・ストレスチェックの集団分析結果や職場環境改善の状況をOSHMSのリスクマネジメントの一部と位置づけ、OSHMSの監査のステップで評価する方法 なお、OSHMSの国際規格として、2018年にISO 45001が発行されている。また、職場における精神的な安全衛生方針（ISO 45003）の準備も進められている。さらに、日本産業規格（JIS）は、OSHMS（JIS Q 45100など）を制定し、認証が始まっている。

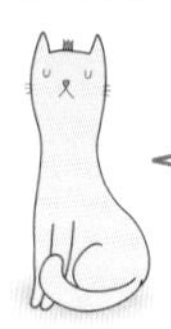

OSHMSとは、Occupational Safety and Health Management Systemの略で、労働安全衛生マネジメントシステムを意味します。

過去問題・予想問題を解いてみよう!!

問題1　職場環境改善の評価　26回第3問[3]

職場環境改善の対策を評価する方法に関する次の記述のうち、最も適切なものを1つだけ選べ。

① 職場環境改善の対策を評価する方法には、実行プロセスを評価する方法と、実施によって行われた結果を評価する方法などがある。
② 個人向けのメンタルヘルス対策は便益が費用を上回るが、職場環境改善は便益が費用を上回るまでには至っていない。
③ アウトカムの評価は、計画された改善提案がどの程度実施されたか、改善実行レベルで評価する方法である。
④ プロセスの評価では、生産性の向上、欠勤率の減少、休業日数の変化などを記録して評価することも可能である。

解説　② 職場環境改善には持続的な効果があるとされますので、**費用対効果がある**といえます。
③ 記載の内容は「アウトカムの評価」ではなく、「**プロセスの評価**」です。
④ 記載の内容は「プロセスの評価」ではなく、「**アウトカムの評価**」です。　**【解答】①**

問題2　職場環境改善と管理監督者　予想問題

職場環境改善へのラインの関わり方や効果評価に関する次の記述のうち、最も適切なものを1つだけ選べ。

① 職場環境改善は上から押し付けるよりも、現場が自主的・自立的に進めるほうが効果的なので、人事労務スタッフなどの管理部門は関わるべきではない。
② ラインがすぐに検討できる職場環境改善の内容としては、作業レイアウトの改善、勤務スケジュールの改善、休憩時間の確保、過大な負担の軽減などが考えられる。
③ 計画された改善策がどの程度実施されたかを評価する方法は、「アウトカムの評価」という。
④ 休業日数や欠勤率の変化はメンタルヘルス不調者の個別の事情に大きく左右されるため、職場環境改善の評価としてみるべきではない。

解説　① 管理監督者だけでは解決できない人事異動や昇進・昇格のモデルなどについて、**人事労務スタッフとも連携する必要があります**。
③ 設問に記載されている評価方法は、「**プロセスの評価**」です。
④ 職場環境改善は、不調者の発生や予後に大きく影響するため、**休業日数や欠勤率の変化を記録して評価することはできます**。　**【解答】②**

Column

忘れられない言葉

私も仕事柄、「職場環境改善ワークショップ」のファシリテーターになることがあります。

私が担当させていただいている企業では、若手社員のほうが、より熱心のこの活動に取り組まれるようです。若い方々が1枚の模造紙を囲みながら、長い時間座りもせず、時間を忘れるくらい集中して熱く議論する姿は、見ているだけで希望が湧いてきます。

なかでも、忘れられない言葉があります。

今、そのお客様企業の社内で行われている取組み（定期的に役員が若手社員とランチミーティングの機会を持つ）が、昨年のワークショップで出たアイデアが実現したものだと知り、今年の参加者の一人が「そうだったのですね！若手社員が直接役員から、会社の方針やビジョンを聞けたり、若手からの意見を言えるよい機会だと感じていたのですが、ここで発案されたものだとは知りませんでした」といったあと、「じゃあ、ここで真剣に議論をしたことを改善策として提示すれば、夢が叶うかもしれないんですね！」と続けたのです。

私は2つの点でとても感動しました。

1つは、昨年のワークショップで出た具体策が、机上の空論で終わらず、よい形で社内に根づき始めているということ、もう1つは、仕事において改善したいことを、その方が咄嗟に「夢」という言葉で表現されたことです。

普段からその方は、その課題に対し、問題意識・危機意識を感じていたのでしょう。深く悩みもしていたのでしょう。だから、その課題が改善されることは、自分の「夢」なのです。その強い当事者意識が素晴らしいと思いました。

その会社は決して自由な風土ではなく、どちらかというと、職種柄、現場レベルで変えられることを見つけるほうが難しいという会社です。ほとんどのことはすぐには変えられない。でも、「変えられるかもしれない」という希望が1つでも2つでもあれば、若手社員はそれを「夢」と言って頑張ろうとしてくれる、そのことに、深い感銘を受けました。

ワークショップで出た改善策が実際に現場で行われるかどうか、継続されるかどうかは、管理監督者または人事担当者、ときには経営者の「覚悟」にかかっています。現場からのアイデアを真剣に取り上げて、一度「やる」と決めたことはやり切るためのサポートする、その姿勢が、現場一人ひとりのモチベーションを上げるのだと思います。

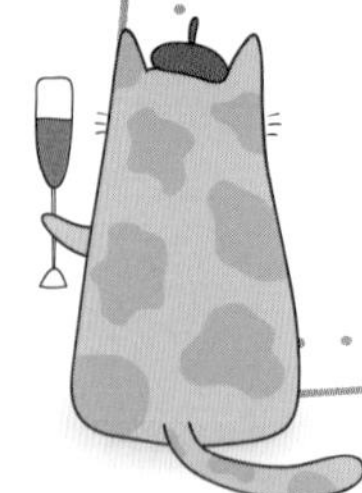

5章

早期発見・早期対応

全出題問題 50 問中、「5 章　早期発見・早期対応」からは、**8〜9 問程度出題**されています。本章では、**管理監督者の役割**、**実際にすべきこと**の中でも、要になる内容が多いため、各項目がまんべんなく出題される傾向があります。

出題傾向分析

重要度	重要な内容
🐾🐾🐾	• コミュニケーションのスキル • 部下の「いつもとのギャップ」に気づく • 相談に乗るときの留意点 • 危機（自殺）を防止する • その他の危機対応
🐾🐾	• ジョハリの窓 • コミュニケーションの 2 つの側面 • 相談することの意義 • 傾聴の方法 • 専門家へつなげる
🐾	• 疾病性と事例性 • ストレスチェックからの早期発見 • 就業上の配慮を行う • 家族と協力する

🐾🐾🐾：よく出題される　🐾🐾：比較的よく出題される　🐾：出題されることがある

5-1 コミュニケーション

1 ジョハリの窓

重要度

職場の人間関係の問題は、大半がコミュニケーションが的確に行われていないことからくるものと言えるかもしれません。コミュニケーションの問題を考える前に、まずは自分の中にどんな「自分」がいるのか、**ジョハリの窓**で捉えてみましょう。

例えばこの人のこんなところは、どの領域に属するかという設問に答えられるようにしておいてください。自分の中にも、この4領域はあると思いますので、イメージはしやすいでしょう。

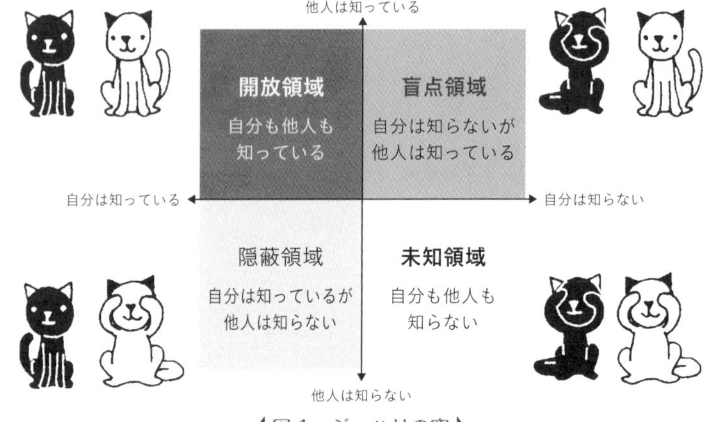

図1　ジョハリの窓

人は誰しも、この4つの領域を持っていると考えてみてください。

ある部下について考えるとき、**開放領域**に関することは、コミュニケーションが取りやすいですよね。**盲点領域**に関することは、よい部分は褒め、悪い部分は指導するなどして、部下本人に教えてあげる必要があるかもしれません。**隠蔽領域**に関することは、部下本人から相談をしてくれる気にならないと、知ることができません。そこで、相談しやすい雰囲気をつくったり、信頼関係を築いたり、管理監督者のほうから声がけをすることが重要になります。そうすることによって、隠蔽領域にあった情報を、開放領域に移すことが可能だからです。自己開示を促すということですね。

2 コミュニケーションの2つの側面

重要度

1 道具的コミュニケーション

送り手が受け手に何らかの情報や意思を正確に伝えることで、受け手の態度や行動に影響を与えるための手段として使われるコミュニケーションのことです。

例えば、「○○について相談に乗ってください」「お客様に○○という提案をしなさい」というように、「何かをしてほしい」という気持ちを伝えるコミュニケーションです。このとき、**送り手のある特定の意図の達成のために、手段的・道具的にコミュニケーションが使われています**。

業務上の報告、連絡、相談、指示、説得などはすべてこの道具的コミュニケーションにあたります。

2 自己充足的コミュニケーション

自分の「話したい」「相手と何かしら会話をしたい」という気持ちから生まれるコミュニケーションのことです。**相手に対して特段の要求はなく、話すこと自体が目的のコミュニケーション**を指します。感情・情緒の表出のためのコミュニケーションであり、伝えてしまえばそれでよいといった面があります。また、人間関係をスムーズにしたり、緊張を緩和したり、場を和ませる役割があります。

このようなキーワードは出題されやすいので、それぞれチェックです。

コミュニケーションのスキル　重要度

1 アサーション

アサーションとは、直訳すると「主張・断言」という意味ですが、コミュニケーションスキルの1つとして、「相手のことも自分のことも尊重する自己表現」という意味で使われています。

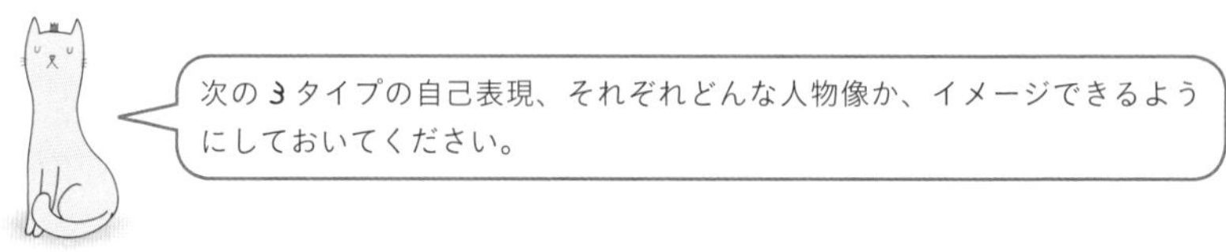

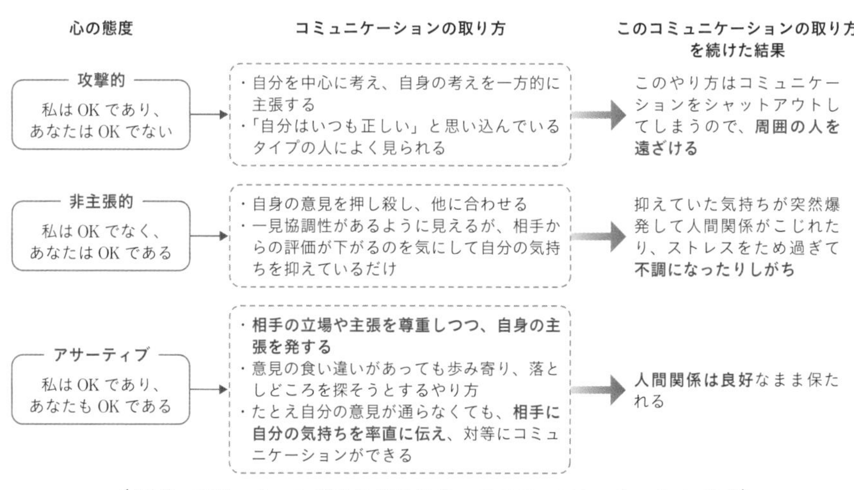

◀図2　アサーション理論における3つのコミュニケーションタイプ▶

2 マイクロ技法

カウンセリング法、面接法において、コミュニケーションの技法の単位が「階層」で示されています。最も初段階のマイクロ技法は**「かかわり行動」**から始まり、**「質問技法」**、**「クライエント観察技法」**、**「はげまし、言い換え、要約」**、**「感情の反映技法」**の段階までが**「基本的かかわり技法」**とされています。これは、後述する「傾聴」の基本スキルとなっています。

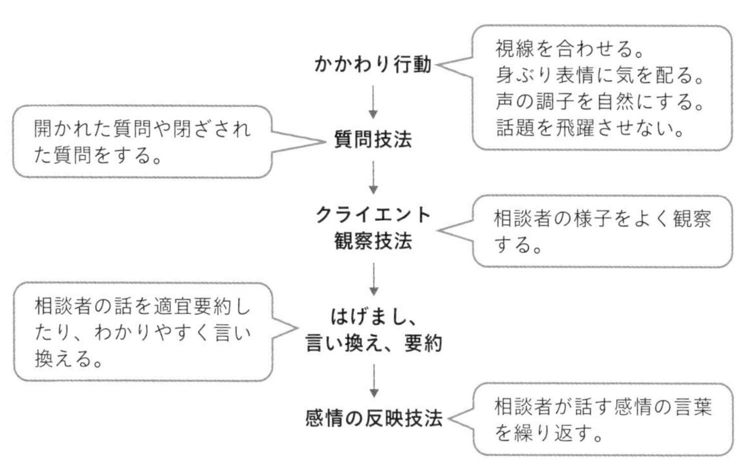

《図3 基本的かかわり技法とその階層》

3 言語的コミュニケーション

「言葉」を使うコミュニケーションのことで、話し言葉だけでなく、手紙、メール、メモ、文書、電話などで使う「言葉」も含まれます。ところで、よく職場などで、メールでやりとりをしたがために、真意やニュアンスがうまく伝わらず、コミュニケーションがこじれてしまったという経験はないでしょうか。上司から、「大事なことはメールでなく、直接会って話せ」という指導を受けたことがある人もいるかもしれません。それはどうしてなのでしょうか。

ある心理学の実験が、図4のように理由を説明しています。

公的自己意識：他者が評価しうる、他者から見た「外面的な自分」への意識
私的自己意識：自分の感情など自分だけが感じている［内面的な自分］への意識

		コミュニケーション	
		対面	コンピュータ上
自己意識	公的	**高い**	**低い**
	私的	**低い**	**高い**

《図4 実験の結果》

この実験結果自体はスッと腑に落ちると思いますが、聞き慣れないキーワードも一緒に意味を押さえておきましょう。

つまり、コンピュータを使ってコミュニケーションをすると、相手が目の前にいないので、「こんなふうに言ったら、相手は自分をどのように思うだろう」という意識が薄れ、自分の感情に正直になりやすいのです。そのため、批判的なことや言いにくいことをつい書いてしまい、主観的・感情的なやりとりになりやすいわけです。

4 非言語的コミュニケーション

動作、接触、声の質、相手との距離、身につけているものなど、言語以外で相手に訴えかけるコミュニケーションを非言語的コミュニケーションといいます。

「笑顔で」なんていう、さりげないものも、**非言語的コミュニケーション**です。

「好意・反感などの態度や感情のコミュニケーションにおいて、メッセージの送り手がどちらとも取れるメッセージを送った場合、メッセージの受け手は、声の調子や身体言語といったものをより重視する」ということが**メラビアン**(Mehrabian)**による実験**からわかりました。

◀受け手に与える影響▶

- ・**視覚情報**（顔の表情）：55%
- ・聴覚情報（声の調子）：38%
- ・言語情報（単語）　：7%

この実験結果は、言葉の内容そのものよりも、**非言語的な表現（仕草、目線、容姿、握手、相手との距離の取り方**など）のほうが、相手の印象を左右し、相手に与える影響が大きい場合があることを示しています。

割合の数字そのものが問われることもあります。印象的な実験なので、覚えやすいですよね。

過去問題・予想問題を解いてみよう!!

問題1 コミュニケーションの基礎知識　予想問題

コミュニケーションに関する次の記述のうち、最も適切なものを1つだけ選べ。

①「ジョハリの窓」の「隠蔽領域」については、本人が気づいていない面を上司から指摘してあげることが、本人のためになることがある。

② 自己充足的コミュニケーションとは、部下に「○○してほしい」と伝えて自分の要望を満たすためのコミュニケーションのことである。

③ アサーションとは、相手が言っていることを正確に受信するためのコミュニケーションスキルである。

④ メラビアン（Mehrabian）によると、言葉そのものよりも非言語的なコミュニケーションのほうが相手に与える影響は大きい。

解説 ①**「隠蔽領域」は本人が隠している領域**であり、設問の内容は、**盲点領域**のことです。

②「○○してほしい」という気持ちを伝えるのは、**道具的コミュニケーション**です。

③ アサーションは、**話し手が自分のメッセージを発信する際のスキル**です。　**【解答】④**

問題2 コミュニケーション　24回第5問[1]

コミュニケーションに関する次の記述のうち、最も不適切なものを1つだけ選べ。

① コミュニケーションは、言語的コミュニケーションと非言語的コミュニケーションに分けられる。

② アメリカの心理学者 Mehrabian は、実験を通し、言語的コミュニケーションがもつ影響力が 20% であることを明らかにした。

③ 部下の非言語的コミュニケーションに注目することで、様々な情報を得ることができる。

④ 上司が自らの非言語的コミュニケーションに留意することにより、部下の安心感や親近感を得ることができる。

解説 ② 言語的コミュニケーションがもつ**影響力は 7%** とされています。　**【解答】②**

問題3 **コミュニケーション** 25回第5問[8]

コミュニケーションに関する次の記述のうち、最も適切なものを1つだけ選べ。

① コンピュータを介したコミュニケーションは、対面コミュニケーションに比べて公的自己意識が高くなる。

② 電子メールを書いたり読んだりする際には、対面コミュニケーションよりも自分の感情に素直になりやすいと言える。

③ 電子メールによるコミュニケーションは、非言語的コミュニケーションと言える。

④ 電子メールや対面を問わず、挨拶をされたら挨拶を返そうとする心理が働くことを「Mehrabianの法則」と呼ぶ。

解説 ① コンピュータを介したコミュニケーションは、**公的自己意識が低くなります。**

③ 電子メールによるコミュニケーションは、**言語的コミュニケーションです。**

④ 設問の内容は「**返報性（互恵性）の法則**」といいます。相手に何かしてもらったら、自分も同じくらいのものを返さねば、と考える心理のことをいいます。 **【解答】**②

問題4 **ジョハリの窓** 24回第5問[3]

ジョハリの窓に関する次の文章の［　］にあてはまる語句の組合せとして最も適切なものを1つだけ選べ。

A氏は、離れて住む両親が体調を崩しがちで、このところ休日もあまり休めていない。家庭でイライラすることが増え、妻から「最近変よ。疲れているんじゃない？」と言われ、自分の疲労に気づいた。この時、A氏が疲れているという情報は、A氏にとって妻との間で［　ア　］領域から［　イ　］領域に移行したと考えられる。

上司には自身の疲労のことを話していなかったが、昼食を一緒に取った際についロにしたところ、上司は「そうだったのか」と驚きつつ、必要なら業務の配分も考えると言ってくれた。この時、A氏が疲れているという情報は、A氏にとって上司との間で［　ウ　］領域から［　エ　］領域に移行したと考えられる。

① （ア）盲点　（イ）開放　（ウ）隠蔽　（エ）開放

② （ア）未知　（イ）盲点　（ウ）盲点　（エ）開放

③ （ア）未知　（イ）開放　（ウ）未知　（エ）盲点

④ （ア）盲点　（イ）隠蔽　（ウ）盲点　（エ）開放

解説 **【解答】**①

問題5 アサーション　**27回第5問[4]**

アサーショントレーニングにおける自己表現に関する次の記述のうち、最も適切なものを1つだけ選べ。

①「私はOK、あなたはOKではない」は、非主張的な自己表現の特徴の1つである。
②「歩み寄り」は、非主張的な自己表現の特徴の1つである。
③「自分本位」は、アサーティブな自己表現の特徴の1つである。
④「無頓着」は、攻撃的な自己表現の特徴の1つである。

解説 ① 記載の内容は、**攻撃的な自己表現**の1つです。
② 記載の内容は、**アサーティブな自己表現**の1つです。
③ 記載の内容は、**攻撃的な自己表現**の1つです。

【解答】④

5-2 部下の不調の早期発見

部下とコミュニケーションをとることのメリットは数々ありますが、部下の不調を早期に発見できるということもその1つです。

メンタルヘルス不調は（特にうつ病が代表的ですが）、早期に発見して早期に適切な対応をすればするほど、短期間での回復が期待できます。そのため、会社という1日のうち長い時間を過ごす場所で、管理監督者の目で、部下をしっかり観察していくことが重要になります。明らかに強いストレスがかかっていることがわかっている部下は、**注意深く様子を観察し、定期的に声をかけて面談**します。面談の中で心身の状態を定期的に確認します。言動に明らかな変化を感じたり、勤怠不良といった具体的なストレス反応が見られる場合には、ストレス要因に心当たりがない場合も、管理監督者の見えていないところで強い負荷がかかっていることも考えられるので、**必ず声かけをして面談**をし、心身の状態を確認、必要に応じて産業医などにつなげます。

強いとはいえない程度のストレス要因である場合や、プライベートで負荷がかかっていそうな部下に関しては、**さりげない声かけで様子をみるなど、無理のない範囲で**気にかけておきましょう。

すべての部下に同じ対応をすることは現実的に無理です。
緊急性に応じた対応の差を感じ取っていただければと思います。

1 部下の「いつもとのギャップ」に気づく 重要度

管理監督者は、部下に「ストレス反応」が出た段階で、「いつもと違う」ということに気づくことが可能になります。

とはいえ、身体面・精神面のストレス反応は、**よほど注意深く観察しているか、部下が積極的に「辛い感じ」を出していれば別ですが、なかなか外側から気づくことは困難**だと思います。そこで、行動面の変化に注目することが現実的だと思います。そのときの留意点としては、自分の基準と比較したり、他の部下と比較するのではなく、**その部下本人の通常の様子と比較して、どのくらい**

ギャップがあるのかということを、時系列的に捉えることです。ちなみに、厚生労働省の委託研究において、各種ストレス反応のうち、**初期段階では「活気のなさ」**が、**中期段階では「不安感」「イライラ感」「身体愁訴」**が、**後期段階では「抑うつ感」**が自覚されるとされています。

この順番は覚えておいてくださいね。

具体的な「行動面の変化」で図１でイメージしてみましょう。

通常は明朗で友好的でやる気のある部下が、ふと気づくと「最近元気がないな」「あまり意見を言わなくなったな」という感じになっている。

仕事でも、その人にしては珍しいミスをしたり、納期に間に合わなかったりということが起きる。

しばらくすると、貧乏揺すりをするなど落ち着かない感じを見せたり、イライラして同僚とちょっとしたトラブルを起こしたりするようになる。

さらに時間が経つと、ランチも取らずに暗い顔をしていたり、目を合わそうとしなくなったり、同僚との雑談を避けて離席が増えたり、遅刻やお休みが増えたりする。

《図１　行動面の変化》

さて、皆さんなら、どの段階で気づき、そして声をかけるでしょうか。もちろん、早い段階がよいですし、もっと言うならば、強いストレスがかかっていることがわかっている時点で、定期的に声かけをして状態を確認していることがベストなのです。少なくとも、異変に気づき、**２週間それが継続するようなら、産業保健スタッフなどにも連携して対応が必要なレベル**と思ってください。

２週間というのは、うつ病の診断基準からしてもキーワードです。

また、部下本人は、なんとなく不調は感じていても、**メンタルヘルス不調は「認めたくない」という心理も働き、なかなか自分では対処が難しい**ものです。そのため、管理監督者からのアプローチがますます大切になるわけです。

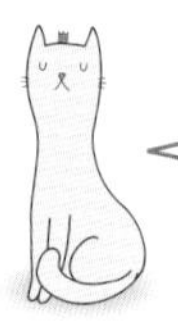

外見に現れにくく、本人も言いたがらないというのがメンタルヘルス不調の特徴であり、難しさでもあります。
さらに、健康な人が大半を占める集団にスクリーニングテストをしてみても、病気でもないのに異常ありと判定されてしまう「偽陽性」が多発するという問題があり、やはり難しさがあります。

2 疾病性と事例性　重要度

1 「疾病性」の把握

「幻聴がある」「被害妄想がある」「統合失調症が疑われる」など、症状や病名に関することを把握し、**医学的な判断をすること**をいいます。

2 「事例性」の把握

「上司の命令に従わない」「勤務状況が悪い」「仕事にミスが多い」「周囲とのトラブルが多い」など、本人や周囲にとって、**業務遂行上支障となっている具体的な問題点を把握**し、**疾病をもった個人の社会適応の程度について判断をすること**をいいます。

もし、問題行動はあるが、「疾病性」はないと医師が判断した場合、今度は労務管理上の問題として取り扱い、就業規則等に照らしての対応が必要となります。

3 「疾病性」と「事例性」の関係

「疾病性」と「事例性」は一致するとは限りません。

例えば、「疾病性」が認められても、治療や薬で症状をコントロールしていて、社会的に適応して問題なく仕事をこなしていれば、業務上支障のある「事例性」は認められないといえます。

当たり前ですが、管理監督者は、部下の不調について医学的判断をする必要はありません。心身の不調によって、業務遂行上、どのような問題が起きているか、本人や周囲がどのようなことで困っているのか、つまり**「事例性」を把握してお**

くことが重要です。**本人に病識がない場合、「本人は困っていないが、周囲だけが困っている」という事例性もありえる**ので、要注意です。

「病識がない」とは、本人に自分は病気だという自覚がないということですね。そのため、本人は積極的に解決を望んでいないケースもあるわけです。

把握した事例性は時系列で記録に残しておきます。産業保健スタッフにつなげた際、その情報を連携できるようにしておくと、産業保健スタッフの判断やその後の対応に非常に役に立ちます。

3 ストレスチェックからの早期発見

重要度

2015年12月から制度化されたストレスチェック（p.30〜33参照）により、「高ストレス」と判定された従業員に対しては、ストレスチェックの実施者である医師や保健師などから、医師面接を勧奨する案内が届きます。**医師面接指導は、対象となった従業員が事業者へ申出をすれば、必ず実施される**もので、**原則として就業時間内に行われます**。

管理監督者は、部下が医師面接指導を受けることになった場合には、次の点に留意します。

◀部下が医師面接指導を受ける場合の管理監督者としての留意点▶

- 面接が受けやすいように配慮すること
- 医師面接を行った医師の意見を尊重して、産業保健スタッフや人事労務スタッフとも相談のうえ、**必要に応じて就業上の配慮**をすること
- 部下のストレスチェック個人結果を共有された場合には、その取扱いに注意すること
- 医師面接を受けたこと、またはその結果を理由として、その部下に対して不利益な取扱い（解雇、雇用契約更新の拒否、退職勧奨、不当な配置転換や職位変更など）をしないこと

その他、早期発見のためのツールとして「家族による労働者の疲労蓄積度チェックリスト」があります。
最近1ヵ月の「疲労、ストレス症状」と「働き方と休養」をチェックするものです。

過去問題・予想問題を解いてみよう!!

問題1 メンタルヘルス不調が疑われる部下　予想問題

不調が疑われる部下に関する次の記述のうち、最も適切なものを1つだけ選べ。

① 事例性の把握とは、業務遂行上どんな問題があるか把握することであるが、「本人は困っていないが、周囲だけが困っている」という事例性もありえる。

② 部下から信頼されて不調について相談された場合、可能な限り管理監督者だけで対処するよう努力すべきである。

③ 厚生労働省の委託研究によると、各種ストレス反応のうち、初期段階では「不安感」が、中期段階では「イライラ感」「身体愁訴」「活気のなさ」が、最も後期段階では「抑うつ感」が自覚される。

④ 不調が疑われる部下と面談するときは傾聴を心掛け、よく話を聴いたあとは、自分の過去の経験や価値観にそって注意や説得を行う。

解説 ② 相談の内容によっては、**もっと適任者がいればそちらにつなぐ**。産業医や人事労務スタッフと適宜連携し、チームで対応すべきです。

③ **初期段階では「活気のなさ」**が、**中期段階で「不安感」「イライラ感」「身体愁訴」**が自覚されます。

④ よく話を聴くところまではよいのですが、自分の過去の経験や価値観はいったん横へ置いておきましょう。**上の立場から注意や説得をすることは避けるべき**です。

【解答】①

問題2 ラインケア　24回第1問[4]

ラインによるケアに関する次の記述のうち、最も不適切なものを1つだけ選べ。

① 労働者の心の健康には、物理的な職場環境のみならず、労働時間、仕事の量と質、職場の人間関係、職場の文化や風土などが影響を与えている。

② ラインによるケアを推進するためには、人事労務に関する知識、組織論の知識、ストレスマネジメントの知識、マネジメント能力、人間関係調整能力など、幅広い知識や能力が管理監督者に求められる。

③ 管理監督者は、日常から部下の仕事状況を把握し、何らかの異変や「いつもと違う」様子、すなわち疾病性の把握に努める。

④ 管理監督者は、部下からの自発的な相談に対応しながらも、全て自分だけで対応しようとせずに、必要に応じて事業場内の産業保健スタッフに相談したり、該当者に専門医への受診を促したりすることが望ましい。

解説 ③ 記載の内容は「疾病性」ではなく、**「事例性」の把握**になります。　**【解答】**③

問題3 疾病性と事例性 24回第5問[7]

メンタルヘルスにおける疾病性と事例性に関する次の記述のうち、最も不適切なものを1つだけ選べ。

① 疾病性と事例性とは、必ずしも一致しない。

② 疾病性があっても事例性がないケースでは、管理監督者は本人に対して医療機関の受診を軽く促すのがよい。

③ 疾病性があっても事例性がないケースでは、管理監督者は本人に健康状態が心配であることを伝えてはならない。

④ 疾病性があり、事例性が認められるケースでは、管理監督者はそれを解決するために医療機関を受診するよう本人に促すことができる。

解説 ③ 健康状態が心配であるということを**管理職からはっきり伝えることは、医療機関や専門職に繋げるときに必要**になります。 **【解答】**③

問題4 心身の不調 26回第4問[7]

ストレスによる心身の不調に関する次の記述のうち、最も不適切なものを1つだけ選べ。

①「家族による労働者の疲労蓄積度チェックリスト」は、精神的疲労に限定したものではない。

② 職業性ストレス簡易調査票には、心身のストレス反応をチェックする項目が含まれている。それらの項目に多く該当し、そして強く認められる場合は、ストレスによる不調が強く現れていると疑うべきである。

③ 自分以外の家族や親族に重い病気やケガをした人が出た場合も、メンタルヘルス不調の要因となることがある。

④ 慣れ親しんだものを失うといった喪失体験をきっかけとして発病するメンタルヘルス不調の多くは、先行きの不安を伴うことから、不安障害であり、うつ病ではない。

解説 ④ 喪失体験からメンタルヘルス不調を発病する場合、**抑うつ感が強くなり、うつ病になることは珍しくありません**。 **【解答】**④

問題5 **部下対応** 25回第4問[11]

管理監督者の部下への対応に関する次の記述のうち、最も適切なものを1つだけ選べ。

① 離婚や家族の病気を抱えている部下に対しては、ストレス要因の排除のため弁護士や医者の紹介を積極的に行うなど、要因の排除に努める。
② 部下に何が起きているかは把握できないため、全ての部下に対して積極的に声をかけて心身の状態を確認する。
③ 理由が見当たらないものの休みがちになってきた部下に対しては、必ず声をかけて心身の状態を確認する。
④ 職場にストレス要因はあるものの、以前と比べて遅刻や欠勤の頻度が変わらない部下に対しては、特に声をかけずに話を切り出してくるのを待つ。

解説 ① プライベートで負荷がかかっていそうな部下に対しては、さりげない声かけで様子をみるなど、**無理のない範囲で気にかけ、積極的に要因の排除に動くものではありません**。
② すべての部下に積極的に声をかけることは現実的には難しいので、**緊急性に応じてメリハリをつけた対応**をします。
④ 職場にストレス要因があるのであれば、**注意深く様子を観察し、定期的に声をかけて面談をし、心身の調子に変化がないか確認**します。 **【解答】**③

問題6 **部下への気づき** 25回第5問[4]

管理監督者が部下のストレス反応に気づくためのポイントに関する次のA～Dの記述のうち、正しいものの組合せとして最も適切なものを1つだけ選べ。

A. 部下の「いつもと違う」を捉えるには、他の部下との「違い」ではなく、その部下自身の常態との差を捉えることがポイントとなる。
B. 厚生労働省の委託研究では、ストレスレベルが中程度の場合、「抑うつ感」や「身体愁訴」が自覚されることが示されている。
C. 部下の「いつもの様子」を把握しておくことは、自殺のサインの把握、自殺のリスクの軽減に繋がる。
D. 部下の仕事ぶりが「いつもと違う」と感じた場合、その状態が4週間継続した時点で、管理監督者として産業保健スタッフに相談したほうがよい。

① AとB
② AとC
③ BとC
④ CとD

解説 選択肢Bの**「抑うつ感」**はストレスレベルが**後期段階で見られ、中期段階では「不安感」「イライラ感」「身体愁訴」が自覚される**とされます。
選択肢Dは、その状態が**「2週間」**継続した時点、が正しい記載です。 **【解答】**②

問題7 管理監督者の対応　**26回第4問[6]**

部下に起きた出来事と勤務状態、それに対する管理監督者の対応に関する次の組合せのうち、最も適切なものを1つだけ選べ。

〈出来事〉	〈勤務状態〉	〈対応〉
① 配偶者と別居した	変化なし	医師による健康状態のチェックを受けさせる
② 月80時間以上の時間外労働が半年続いた	変化なし	無理のない範囲で声をかける
③ 特に何もなし	変化あり	必ず声をかけ心身の状態を確認する
④ 自社製品の事故の担当となった	変化あり	無理のない範囲で声をかける

解説 ① この場合は、「**無理のない範囲で声をかける**」です。
② この場合は、「**注意深く観察し、定期的に声をかけて面談をする**」です。
④ この場合は、「**必ず声かけをして面談し、心身の状態を確認する**」です。　**【解答】**③

5-3 部下の話を聴く

「いつもと違う」部下を早期発見したら、いよいよ実際に面談をすることになります。ただし、この面談は、通常の業務上の打合せとは違うのだということを意識しなければなりません。どのように話を聴けばよいのか、聴いたあとにどのように対処していけばいいのか、具体的に見ていきたいと思います。

1 相談することの意義　重要度

相談することには、①問題点が明確になるということと、②精神的な安定が得られるということの2つの意義があります。

① 問題点の明確化

・問題点を正しく把握し、整理することができる。
・問題解決の手段や、資源に気づくことができる。
・気持ちの整理をすることができる。

② 精神的な安定

・気持ちをわかってもらうことで、精神的な支えを得て、依存の欲求を満たすことができる。
・辛くても、将来まで見通した、真に自分のためになる解決策を選択することができる。
・感情的な問題が解決し、合理的な解決策を無理なく納得することができる。

ろくに話を聴かずに合理的結論だけ押し付けようとすると、「頭ではわかっているけど、気持ちが納得していない」という心理状態になるわけです。

2 傾聴の方法　重要度

不調が疑われる部下と話をするときには、**傾聴**が基本となります。

普段の業務打合せでは管理職の方が主に話しがちですが、そのスタイルを切り替えて、部下の方に存分に話をさせてあげてください。

傾聴の要点

① **個室**を用意する。
② 適当な時間（**1時間**程度）をあらかじめ設定して伝えておく。
③ まずは、自由に話したいことを話してもらう。
④ **うなずきや相槌**で、きちんと聴いているということを伝える。
⑤ 相手の言葉の中で**大切な部分を繰り返したり**、途中で**要約**して返すとよい。
【例】相談者の「○○ということがあって、すごく悲しくなってしまったんです」という話に対し、「すごく悲しくなってしまったんですね…」と返す。
⑥ 全体として、**受容と共感の態度**で聴く。
⑦ 自分は**相手の鏡**になっているつもりで、相手を映し返してあげる。
⑧ 話を整理したり、理解を深めるための**「質問」はしてもよい。**

⑦のように相手の話を聴くことで、相手はあなたを通して自分を見つめながら自ら話を深めていくことができるのです。**傾聴**とは、相手が話しながら自分の内面を深く掘り下げる作業に寄り添うものと考えるとよいでしょう。

傾聴をするときにNGなこと

・話の途中でわかったつもりになって話を遮る。
・説教や説得を押し付ける。
・自分の解釈を押し付ける。

3 相談に乗るときの留意点

重要度

管理者として部下の相談に乗るときには次の5点に注意しましょう。

① 普段、その部下に対して持っている評価や先入観にとらわれ過ぎないこと

② 自分の価値観や過去の経験から判断し過ぎないこと

上司と部下の面談ですから、アドバイスや指示を与える必要が発生する場合もあると思いますが、あくまでも客観的かつ冷静な立場で行います。「人生の先輩として」「職場の上司として」という**上の立場から、自分の価値観や一般論や正論を押し付ける態度**では、部下は「自分のことをわかってもらえなかった」と感じる可能性があります。

逆に、自分も同じような経験をしていると、安易にわかったつもりになったり、**同情し過ぎたりして、やはり客観性を欠く**ことになりがちです。

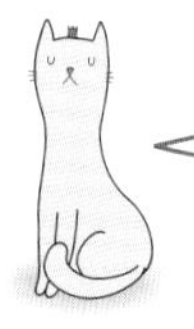

「説教もダメ」「同情しすぎるものダメ」とはなかなか難しいですが、相談内容を正確につかむためにも「まっさらな気持ちで」相談に臨むという態度が一番よいと思います。
「わからない」ことを一つひとつ確認し、その溝を埋めていくように対話していきましょう。

③ 感情的になり過ぎないこと

2章でも触れた近年のうつには、他責性が強かったり、自分勝手な要求ばかりを主張してくるケースも少なくありません。そんな部下に対峙したとき、つい感情的に対応してしまいがちです。しかし、そんな相手に対してこそ、冷静さを持って毅然とした態度で相対してください。

管理職だけで対応しようとせず、人事労務スタッフや産業保健スタッフとも足並みをそろえ、就業規則に則った対応をしていきます。

④ 安易なアドバイスや判断をしないこと

結果に責任が持てないことに対しては、安易に断定的なことを言ってしまわず、「自分にはわからない」と正直に答えるほうが適切です。ただ、突き放したような印象を与えないためにも、正確な情報を持っている専門家へ相談を勧める、「自分だったらこうするかもしれない」といった言い方をする、相談者の判断材料になるような情報を得る方法を教えるといった対応をするといいでしょう。

また、当然のことですが、主治医や産業医といった専門家の判断を否定するような助言、例えば「要休業」の意見書が出ているにも関わらず、「休まず頑張ったほうがいい」というようなアドバイスはすべきではありません。

⑤ エンドレスな相談関係にはならないこと

相談者が問題の解決策に気づいた時点で、いったん相談関係は終了させます。エンドレスな関係は相手の依存心を助長させてしまうからです。ただし、また何か新たに問題が起きたときには、もちろん相談に応じてあげてください。

過去問題・予想問題を解いてみよう!!

問題1 **部下対応** 27回第4問[12]

部下に起きた出来事に対する管理監督者の対応に関する次の記述のうち、最も不適切なものを1つだけ選べ。

① 今春に昇任して担当業務が変わった部下から、思うように業務ができず自信がないと相談があったので、睡眠の様子などを確認したうえで産業医面談を勧めた。

② 部下の唯一の身寄り（家族）であった母親が他界した。部下は元気な様子ではあるが、進捗報告時にそれとなく健康について確認している。

③ 部下から株の運用に失敗して貯金の大半を失ったと打ち明けられた。心配ではあるが、私生活上の問題のため立ち入らないよう心掛けた。

④ 日本語話者のいない海外に単身で赴任している部下が困難な業務によって心身の不調を訴えた。業務に支障は出るが、直ちに帰国させた方がよさそうだと人事に相談した。

解説 ③ プライベートの問題であっても、そこから心身の調子を崩すことがありますので、**さりげなく声かけをするなど、無理のない範囲で気にかけておく必要**があります。

【解答】 ③

問題2 事例検討 30回第5問[9]

次の事例に関する記述のうち、最も不適切なものを1つだけ選べ。

〈事例〉 48歳　既婚　男性

数日前から元気がないので上司が声をかけると「仕事に自信がない」「会社を辞めようと思う」というばかりで、今後の転職先については「考えていない」とのことであった。ここ最近の本人の様子としては、担当業務は何年も順調にこなしており、職場でトラブルがあった様子もなかった。さらに話を聞くと、「最近老眼がひどくなったことと、前歯が抜けたことがショックで気が滅入る」と話した。

その数日後、職場でケガをして外科に入院したが、外科医の依頼で精神科医による治療もなされ、3か月後には退院、その後は元気に勤務している。

① ケガはメンタルヘルス不調による注意力や集中力の低下が要因となった可能性が考えられる。
② ケガは自殺を意図した可能性も考えられる。
③ 老化によって仕事に自信を失い退職を考えるほどのショックを受けるというのは、「誰にでもあること」である。
④ 上司としては、本人の発言の「わからないこと」に対して、更に聞きだしたり、注意深く様子を観察したりすることが重要である。

解説 ③ 設問のような内容は「誰にでもあること」と軽く捉えるのではなく、この**個人に起きた特別な出来事として、適切な配慮が必要**です。　**【解答】③**

5-4 不調者に対応する

1 就業上の配慮を行う 重要度

面談の結果、メンタルヘルス不調が疑われる場合には、業務量を調整する、残業を制限する、休みを取らせるなど、**具体的な就業上の配慮**を行います。

「ま、頑張りすぎず、ほどほどにしろよ」などと声がけするだけでは、「配慮」が十分とはいえません。本人が「いえ、大丈夫です。頑張ります」といっても、不調が疑われる場合には、業務命令として、就業上の配慮を実行してください。ただし、無制限に配慮を行うのではなく、**期間を決めて行うことが重要**です。

2 専門家へつなげる 重要度

一定期間、就業上の配慮を行っても不調が回復しない場合には、産業医などの産業保健スタッフへつなげたり、心療内科や精神科への受診を勧めることになります。本人に病識がなかったり、不調を認めたがらない場合は、専門医への受診に強く反発することも多いものです。そんなときには、図1の手順を参考にしてください。また、まずは、管理監督者が社内の産業保健スタッフに対応について相談にいくという方法もあります。

いずれにせよ、本人が拒否したからといって、そのまま放置したり、**管理監督者だけで抱え込むことはリスクが高過ぎますので、絶対にNG**です。

部下をメンタルヘルス不調者扱いすることで、部下との信頼関係が壊れてしまうのではと恐れる管理監督者の方もいらっしゃいますが、適切な対応のすえ不調から回復すれば、結局は何より部下本人のためになります。**自信をもって受診を**

ときどき、「上司である自分に相談してきたのに、産業医などにつなぐのは部下の信頼を損なう。冷たい対応である」と誤解している方がいます。**自分より適任者がいるなら、その人につなぐことが管理監督者としての責任を果たすこと**なのです。
メンタルヘルス不調への対応は関係者が「チーム」になって、「連携」を取りながら行うというイメージをしっかり持ってください。

勧める理由を伝えるべきです。社内に相談できる産業保健スタッフなどの専門家がいない場合には、3章（p.139）で紹介した、**精神保健福祉センター**や**保健所**、

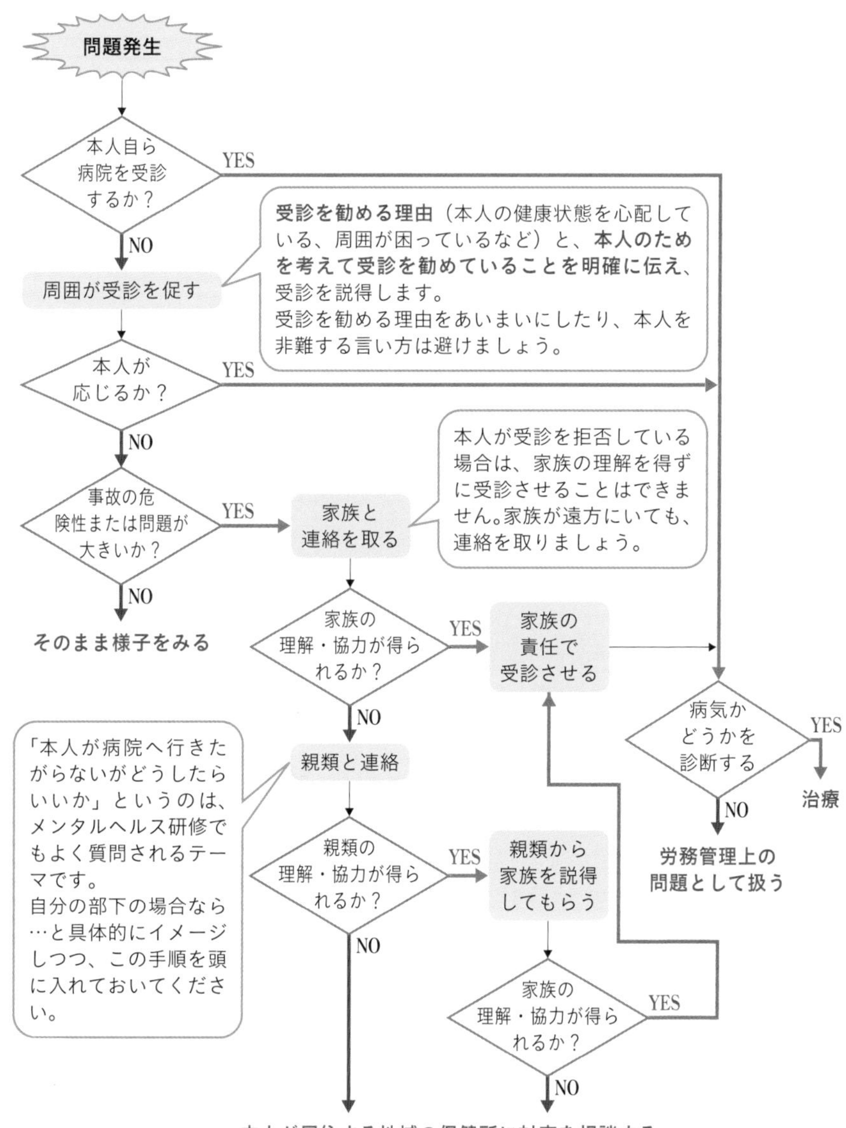

◀図1　メンタルヘルス不調者を受診させる手順▶

出典：北村尚人、大阪商工会議所『メンタルヘルス・マネジメント® 検定試験公式テキスト〔第5版〕［Ⅱ種ラインケアコース］』中央経済社、2021年

独立行政法人労働者健康安全機構の設置する**産業保健総合支援センター**や**地域産業保健センター**を頼ってみてください。

3 家族と協力する

重要度

管理監督者の説得にも応じず、本人が受診をどうしても拒否する場合には、家族へ協力を求めることになります。また、休職になる場合にも、人事労務スタッフとともに、家族へきちんと経緯を説明し、理解と協力を求めることが望ましいといえます。ただ、本人が「家族には絶対に言わないでほしい」と望む場合もあり、悩ましいところです。**原則としては、家族へ情報を連携する場合も、本人の同意は必要**です。

ただし、プライバシーへの配慮は、あくまで「緊急性や重要性」とのバランスで判断することになります。管理監督者だけで判断しようとせず、人事労務スタッフ、産業保健スタッフを交えて検討してください。

なお、本人の同意なしに入院させるには、**家族等の同意**が必要なことが精神保健福祉法に**「医療保護入院」**として規定されています。

4 危機（自殺）を防止する

重要度

メンタルヘルス不調で最も避けるべき事態は、部下の自殺です。特に「うつ病」は症状として自責感が強く出ますから、自殺を警戒すべき病気です。

◀自殺を示唆するサイン（例）▶

- ☑ 周囲と交流しなくなり、部屋に引きこもり、新聞・テレビを見なくなる
- ☑ 食事や酒の量が変化する
  【例】食欲低下・深酒・酒がまずいなど
- ☑ 怒りっぽく、周囲の音に敏感になる
- ☑ 軽いケガや交通事故を繰り返す
- ☑ 周囲の状況に合わない感謝を表現したり、手紙や写真を整理する、大切なものを人に譲るなどの行為をとる
- ☑ 自分を責める言葉を口にする
  【例】「これ以上、家族や同僚、皆に迷惑をかけられない」
- ☑ 自分が死ぬと家族が貧困に陥ることを口にする
  【例】「俺がいなくなったら家族が路頭に迷う」
- ☑ 職場での将来に関して、絶望的な状況を口にする
  【例】「誰も自分を必要としない」「将来、希望なしだ」

このように、自殺を示唆するサインは、直接的なものもありますが、間接的なものも多く、予測することが難しい場合も多いものです。ただ、普段からその人のことを気にかけていればいるほど、間接的なサインであっても、ただならぬものを感じる第六感のようなものが働くことがあります。

もし、自殺のサインを感じたら、**少しでも早く専門医を受診させ、本人を１人にしないことが何より重要**です。**主治医には、本人の目の前でかまわないので、自殺のリスクを感じて受診させたことを伝えてください**。受診のあとも１人で帰さず、上司が家族のいる家まで送るか、家族に迎えに来てもらってください。**自殺の可能性というのは、個人情報保護よりも優先すべき事態**です。

たとえ、本人の同意がとれない場合でも、関係者に情報を連携して対策にあたります。

他人に危害を加えるおそれを感じた時も、同様の危機対応が必要です。

このように、「危機対応」というのは、原則論からはずれても、本人や周囲の人の身を守ることを優先すると考えてください。

◀自殺予防の10か条▶

1. うつ病の症状に気をつける
2. 原因不明の身体の不調が長引く
3. 酒量が増す
4. 安全や健康が保てない
5. 仕事の負担が急に増える、大きな失敗をする、職を失う
6. 職場や家庭でサポートが得られない
7. 本人にとって価値あるものを失う
8. 重症の身体の病気に罹る
9. 自殺を口にする
10. 自殺未遂に及ぶ

出典：厚生労働省、中央労働災害防止協会 労働者の自殺予防マニュアル作成検討委員会「職場における自殺の予防と対応」2007年

5 その他の危機対応

重要度

自殺のリスク以外の危機対応の例を２つ紹介します。

1 幻覚妄想状態

統合失調症を患っているときなど、幻覚妄想状態になることがあります。

正常な判断力を失い、事故を起こすリスクがあると感じたときには、受診につなげます。

2 躁状態

また、2章（p.99）で学んだ躁うつ病についても、躁状態が強く出ていて、大切な顧客と致命的なトラブルを起こしたり、本人が破産するほどの投資をしたり、職場の同僚に多大な迷惑をかけるなどの事態に陥っているときには、緊急対応が必要です。強い躁状態の反動として、強いうつ症状が出るときには、自殺のリスクも高まります。

◀躁状態の主な症状▶

① 過度に気分が高揚する
② 過度に開放的・社交的になる
③ ささいなことで激しく怒る
④ 眠くならない
⑤ 多弁、大声、早口（会話心迫）
⑥ 注意が散漫で、話があちこちに飛ぶ
⑦ 見境なく何かに熱中する
⑧ 過度に楽天的になり、軽率な判断をする

また、上記のような強い躁状態ではなく、軽い躁状態であっても、油断は禁物です。特に、うつ状態と軽躁状態が交互に症状として現れるケースは、**躁状態が見逃されやすく、適切な治療につながっていない場合が多い**のです。

うつ状態になったことがある人が「本来のその人らしからぬハイテンションな状態を呈し、またうつ状態に戻る」というようなことが職場で見られる場合には、強い躁状態の場合のような目立ったトラブルがなくても、主治医や産業医にその情報を伝えましょう。

問題は、幻覚妄想状態のときも、躁状態のときも、**本人に病識がないことが多い**ことです。受診につなげる手順は、前述のフローを参考にしてください。まず

は家族に協力を要請し、家族の責任のもと、受診や入院の手続きをとるべきと考えてください。

なぜ、躁状態が見逃されやすいかというと、次の①②のようなことが多いためです。

① 本人が主治医に躁状態のときの症状は話さないため
② 周囲も軽躁状態のときの本人の様子を「うつがよくなっている」と判断してしまいがちなため

過去問題・予想問題を解いてみよう!!

問題1　危機対応と連携　**予想問題**

危機対応等に関する次の記述のうち、最も不適切なものを1つだけ選べ。

① 本人が自分を病気だと思っていなくて専門医への受診を嫌がる場合、メンタルヘルス不調を疑っていることを上司から伝えると信頼関係が壊れることもあるので、しばらく様子をみるほうがよい。
② 受診が必要な状態だと判断されるのに、会社側からの説得にも応じず、家族や親類からの協力も得られない場合、地域の保健所に対応を相談することになる。
③ 自殺をほのめかすなど緊急性が高いと思われる場合、本人の同意がとれなくても、家族に情報を連携する。
④ 自殺の危険を感じて専門医を受診させる場合、本人の目の前で医師にその旨を伝えてもよい。

解説 ① **様子をみているうちに症状が悪化するリスクがあります。**受診が必要だと感じた理由と本人のために受診を勧めていることを明確に伝えましょう。　**【解答】**①

問題 2　危機対応　24回第5問[8]

危機対応に関する次の記述のうち、最も不適切なものを1つだけ選べ。

① 自殺のサインが見られる場合の対処の基本は、1日でも早く専門医に受診させ、それまでの間、本人をひとりにしないことである。
② 万一自殺が発生した場合は、人事労務管理スタッフが遺族に対応することが最も優先されることであり、管理監督者は関わらないことが必要である。
③ 幻覚妄想状態の労働者の家族が本人を説得しきれず、強引に受診させざるを得ない場合であっても、あくまでも受診させる主体は家族であり、家族だけでは手におえないので、家族の要請を受けて職場の者が力を貸したという形をとるべきである。
④ 本人が治療（入院）を拒否しているケースを入院させるには、家族等の同意が必要なことが、精神保健福祉法による医療保護入院として法律で規定されている。

解説　② 自殺が発生した場合は、**管理監督者も含め関係者で連携して、誠実に対応すべき**です。

【解答】②

問題 3　危機対応　29回第5問[6]

危機対応（緊急の対応を要するメンタルヘルス不調）に関する次のA～Dの記述のうち、正しいもの（○）と誤っているもの（×）の組合せとして、最も適切なものを1つだけ選べ。

A. 過去に自殺を試みたことのある者が、再び自殺を行う可能性は低い。
B. 躁状態で上司、同僚、顧客との間にトラブルを繰り返している場合、本人に状況を理解してもらうためにも周囲からの注意や叱責が重要となる。
C. 「死にたい」という発言がみられたので医療機関を受診するように伝え、すぐに一人で帰宅させた。
D. 躁状態から、職場で深刻なトラブルを繰り返し、勤務に耐えられないと判断される場合は、家族と主治医にその状況を伝え、休業を検討するよう依頼してもよい。

	(A)	(B)	(C)	(D)
①	○	×	○	○
②	×	×	×	○
③	×	○	○	○
④	×	×	×	×

解説　選択肢Aについて、過去に自殺を試みた人は、**再び試みる可能性を想定して、気にかけておく必要**があります。

選択肢Bについて、躁状態の場合、本人に病識がないケースも多いので、周囲からの**注意や叱責は逆効果になる危険性**があります。速やかに医療につなげてください。

選択肢Cについて、**自殺の予兆がある人をひとりにするのはリスクが高い**です。絶対にひとりにせず、医療機関に同行する、家族に迎えに来てもらうなどの対応をしてください。

【解答】②

問題4 **専門家への紹介**　**24回第5問[6]**

メンタルヘルス不調が疑われる部下を管理監督者が専門家へ紹介することに関する次のA～Dの記述のうち、正しいもの（○）と誤っているもの（×）の組合せとして、最も適切なものを1つだけ選べ。

A. 管理監督者が労働者から相談を受け、自らの手に余ると感じたならば、産業保健スタッフや専門家のもとに相談に行かせる。

B. メンタルヘルス不調と思われる理由で正常な労務が提供できていない場合であっても、治療につなげるべきではなく、まずは話を聴いて業務上の配慮を行う。

C. 事業場内に管理監督者が相談できる専門家がいない場合は、精神保健福祉センター、保健所、産業保健総合支援センター地域窓口などの機関が相談にのってくれる。

D. 本人が受診を拒否している場合は、できる限り本人の了解を得て、家族に連絡をとり、家族に受診の必要性を理解してもらい、家族から本人を説得してもらうべきである。

①(A)　○　(B)　○　(C)　×　(D)　×
②(A)　○　(B)　×　(C)　○　(D)　○
③(A)　×　(B)　×　(C)　○　(D)　×
④(A)　○　(B)　×　(C)　×　(D)　○

解説 選択肢Bの正常な労務が提供できておらず、メンタルヘルスの不調も疑われるのであれば、**治療に繋げる必要がある**と考えられます。

【解答】②

問題5 **専門家の紹介**　**26回第5問[6]**

メンタルヘルス不調が疑われる部下に専門家を紹介することに関する次の記述のうち、最も不適切なものを1つだけ選べ。

① メンタルヘルス不調が疑われる部下に対して、専門家への相談を勧めることをためらう理由の1つに、管理監督者が部下のメンタルヘルス不調を疑うことに、一種の罪悪感を持つことが挙げられる。

② メンタルヘルス不調の兆候が認められる従業員に、産業保健スタッフや専門医への相談を勧めない場合、管理監督者や企業による安全配慮義務違反や注意義務違反ともされかねない。

③ 周囲が問題解決を望んでいるのに、メンタルヘルス不調であると疑われている本人は困っていない場合は、無理に受診を勧めることが難しいので様子を見る。

④ 産業保健スタッフ等は、事業場外の専門医療機関や相談機関を紹介したり、職場での対応について助言・指導をしてくれる。

解説 ③本人に自覚がなくても、**周囲が問題解決を望んでいる場合には、「事例性」があ る**といえますので、**本人のためを考えて受診を勧めていることを明確に伝え、説得する**必要があります。

【解答】③

Column

管理職の「アンテナ」の大切さ

「上司が部下の不調に早めに気づくことが重要」ということを学びましたが、実際の現場で「気づく」ことは、容易ではありません。

・いつもどこかしら調子が悪いと言って周囲に心配をかける割には、休むことなく低空飛行で勤務を続けているAさん
・ガンガン調子よく働いていた次の日から、急に数日休んでしまうBさん
・元気がないので声がけをしたら、『大丈夫です。ちょっと疲れているだけです』と答えたのに、次の日から会社に来なくなり、診断書を提出してきたCさん

などなど、実際のケースは、管理職の予想を裏切るような展開になることが多いのではないでしょうか。教科書通りにわかりやすく段階的に悪くなっていく例ばかりではないですよね。不調が明らかになってから「今思えば、あのときからちょっと様子が違っていたかも…」と思い当たることはあっても、忙しい現場ではだいたいすべての部下がストレスを抱えているので、「ひとりひとりを丁寧に観察している時間がなかった…」なんていうこともあるでしょう。

そのような中、大切になってくるのは、管理職の「アンテナ」の感度なのではないか、と思っています。不調になりかかっている部下と接したときに、「うん？なんか変だな？（いつもの○さんと、ちょっと違うな？）」と感じられるか、ピンと来るか、ということです。

お取引先の産業医の先生に聞いたエピソードなのですが、「普段は、優しく真面目で、仕事も緻密にする人物なのだが、午前中だけ、季節の変わり目だけなど、ある期間だけ、とにかく怒りっぽくなる」という部下を、その上司が産業医のところへ連れてきたそうです。たいがいの管理職であれば、「あいつはなんか変わっているな」「一見優しく見えるけど、本性は短気なんだろうな」といって片づけてしまうケースですが、専門医につないだところ、実は「双極性障害（いわゆる躁うつ病）」だった、という事例です。その後、適切に治療が行われ、この方はまた元の職場で元気に働いているそうです。

この上司の素晴らしいところは、「何かわからないけれど、どうも気になる」という感覚（アンテナ）を持ち、そう感じたことを放置せず産業医につないだ、という点です。また、「産業医のところに一緒に行こう」と言ったときに、部下がそれに従うだけの信頼関係も築いていました。職場の中で孤立しがちだった本人を、この上司は、「自分だけは見放してはいけない」という思いで、ずっと見ていたようです。

産業医の先生は、「この上司のもとでなければ、この人は病気だと気づかれずに、いずれ職場との決定的な不適応を起こしていたかもしれません」と言います。

敏感なアンテナと愛情を合わせ持つ上司が、部下の人生を救うこともあるのです。

何に時間を使うのか

愛情というのはもしかしたら、その人のために自分の時間を使うことを当たり前に感じる気持ちのことではないかな…私自身が子育てを始めたとき、そして部下を持ったとき、ふとそんなことを思いました。

母親は産まれた赤ん坊のために、それこそ睡眠・食事・休養の時間をギリギリまで削り面倒をみます。管理職は自分個人の仕事が忙しくても、部下から相談されればそれを受けます。遠く離れた友人が懐かしくなれば長い手紙を書いたりします。家族の誰かが病気になったら、仕事帰りや休日に見舞います。大切なお客様のために、時間をかけて考えたり、資料を作ったり、分析をしたりします。

それは義務だからでしょうか。いえ、そこに愛情があるとき、当たり前のように、そうしてしまうんですよね。

普段はそれほど明確に意識していませんが、私たちの命には限りがあります。つまり、「時間を使う」ということは、「命を使う」ということです。

その人のために命を使う。それが愛情でなくて、何でしょうか。

部下に声をかけて面談すること、部下の話を傾聴すること、部下の状況を理解して業務上の配慮をすることは、とても時間がかかることです。部下は「申し訳ありません、私のためにお時間を割いていただいて…」と恐縮するかもしれません。そのとき、「何言ってんだ、あなたのために時間を使うのは当たり前だろう」という気持ちが伝わると、部下はそこに管理職の愛情を感じ、救われるような気がします。

「何に時間を使うのか＝自分は何に命を使いたいのか」

忙しい毎日の中でも、時々立ち止まって考えてみることは、自分自身のセルフケアにもなりえます。長時間労働は心身の不調に繋がるリスクがあることを学びましたが、同じ長時間働くにしても、そこに「使命感」があるか否かで、精神的な影響は違うように思えます。「やらされ感」をもって働いているときには、命が不本意に削られていくような疲れを覚えますが、「使命感」があるときには、命が熱く燃えているような充実感を覚えます。

ある先生から「レジリエンス（ストレスからの回復力）」について教えていただいたとき、「使命感を持っていること」がレジリエンスの一要素であると知りました。

何のために、自分の時間、自分の命を使ってこの仕事をしているのか、改めて自分に問いかけることは、「使命感」を呼び覚まし、それがストレスに打ち勝つ力になると、私は思います（それでももちろん、体を壊すほどの長時間労働はNGですよ！）。

6章

休業者の職場復帰支援と両立支援

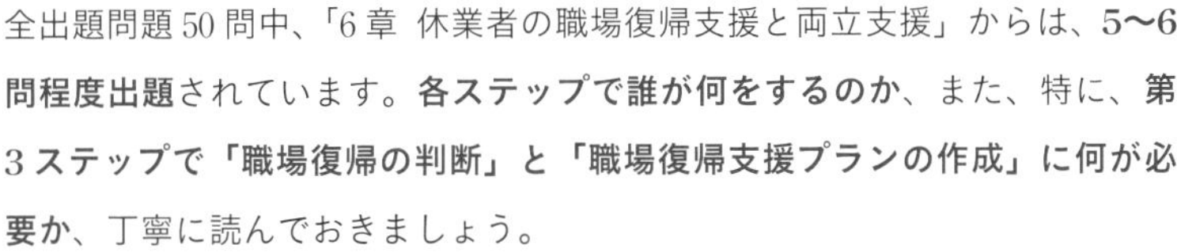
全出題問題50問中、「6章　休業者の職場復帰支援と両立支援」からは、**5〜6問程度出題**されています。**各ステップで誰が何をするのか**、また、特に、**第3ステップで「職場復帰の判断」と「職場復帰支援プランの作成」に何が必要**か、丁寧に読んでおきましょう。

出題傾向分析

重要度	重要な内容
🐾🐾🐾	• 職場復帰支援のステップ • プライバシーの保護などの留意点
🐾🐾	• 主治医による職場復帰可能の判断（第2ステップ） • 職場復帰の判断および職場復帰支援プランの作成（第3ステップ）
🐾	• 病気休業開始および休業中のケア（第1ステップ） • 最終的な職場復帰の決定（第4ステップ） • 職場復帰後のフォローアップ（第5ステップ）
新項目	• 治療と仕事の両立支援

🐾🐾🐾：よく出題される　🐾🐾：比較的よく出題される　🐾：出題されることがある

新項目：公式テキスト（第5版）より追加された内容

6-1 職場復帰支援の流れ

 1 職場復帰支援のステップ　重要度

職場での適切な職場復帰支援は、休職者本人の再発防止になるだけでなく、職場全体にお互いをケアする優しい風土を醸成することにもつながります。「休職しても、きちんと復帰できる」事例をつくることで、職場メンバーは安心感を持

第1ステップ　病気休業開始および休業中のケア

ア．病気休業開始時の労働者からの診断書（病気休業診断書）の提出
イ．管理監督者によるケアおよび事業場内産業保健スタッフなどによるケア
ウ．病気休業期間中の労働者の安心感の醸成のための対応　エ．その他

↓

第2ステップ　主治医による職場復帰可能の判断

ア．**労働者からの職場復帰の意思表示**と**職場復帰可能の判断が記された診断書の提出**
イ．産業医などによる精査
ウ．主治医への情報提供

↓

第3ステップ　職場復帰の可否の判断および職場復帰支援プランの作成

ア．情報の収集と評価
（ア）労働者の職場復帰に対する意思の確認
（イ）産業医などによる主治医からの意見収集
（ウ）労働者の状態などの評価　（エ）職場環境などの評価　（オ）その他
イ．職場復帰の可否についての判断
ウ．職場復帰支援プランの作成
（ア）職場復帰日　（イ）管理監督者による就業上の配慮
（ウ）人事労務管理上の対応　（エ）産業医などによる医学的見地からみた意見
（オ）フォローアップ　（カ）その他

↓

第4ステップ　最終的な職場復帰の決定

ア．労働者の状態の最終確認
イ．**就業上の配慮などに関する意見書の作成**
ウ．事業者による最終的な職場復帰の決定　エ．その他

↓

職場復帰

↓

第5ステップ　職場復帰後のフォローアップ

ア．疾患の再燃・再発、新しい問題の発生などの有無の確認
イ．勤務状況および業務遂行能力の評価
ウ．職場復帰支援プランの実施状況の確認
エ．治療状況の確認　オ．職場復帰支援プランの評価と見直し
カ．職場環境などの改善など　キ．管理監督者、同僚などへの配慮など

◀図1　5つのステップ▶

出典：厚生労働省、心の健康問題により休業した労働者の職場復帰支援の手引き (2)、p.11-12

つことができます。また、精神疾患の場合、復職時点で100％もとの状態に回復していることはそれほど多くないため、周囲の理解と協力が不可欠です。

メンタルヘルス不調による休業者への職場復帰支援に関しては、2004年10月に、厚生労働省より**心の健康問題により休業した労働者の職場復帰支援の手引き**（以降、「手引き」）が発表されています（2009年3月改訂）。事業者は、この手引きを参考にしながら、個々の事業場の実態に合わせた職場復帰支援プログラムやルールを策定するように求められています。手引きでは**5つのステップ**が示されています（図1）。

「5つのステップ」は、段階と内容がセットでよく問われますので、流れをよく頭に入れておいてくださいね。

過去問題・予想問題を解いてみよう!!

問題1　復職支援の手引き　24回第7問[3]

「心の健康問題により休業した労働者の職場復帰支援の手引き」(厚生労働省)において、産業医が主治医に情報提供を依頼する際に用いる「職場復帰支援に関する情報提供依頼書」が様式例1として示されているが、次の記述のうち、情報提供依頼事項として記載されている内容として、最も不適切なものを次の中から1つだけ選べ。

① 発症から初診までの経過
② 病名
③ 現在の状態
④ 就業上の配慮に関する意見

解説　②の「病名」の情報は当該資料には入っていません。　**【解答】**②

問題2　職場復帰支援の手引き　予想問題

「心の健康問題により休業した労働者の職場復帰支援の手引き」（厚生労働省）に関する次の記述のうち、最も不適切なものを1つだけ選べ。

① 第2ステップには労働者からの職場復帰の意思表示と職場復帰可能の診断書の提出という項目が含まれる。
② 第3ステップには最終的な職場復帰の可否についての判断という項目が含まれる。
③ 第4ステップには労働者の状態の最終確認という項目が含まれる。
④ 第5ステップには職場環境等の改善という項目が含まれる。

解説　②第3ステップには、「職場復帰の可否についての判断」という項目は含まれますが、**“最終的な”判断は第4ステップ**です。　**【解答】**②

問題３ 職場復帰支援の手引き 予想問題

「心の健康問題により休業した労働者の職場復帰支援の手引き」（厚生労働省）の第３ステップで作成する職場復帰支援プランに関する次の記述のうち、最も不適切なものを１つだけ選べ。

① 職場復帰日を記載する。
② 管理監督者による就業上の配慮を記載する。
③ 産業医等による医学的見地からみた意見を記載する。
④ 残業制限などすべてのフォローアップが終了する日を記載する。

解説 ④すべての就業上の配慮や医学的観察が不要となる時期の「見通し」は記載しますが、終了する日は本人の状態によって変わるので、**プラン段階で明確に決められるものではありません。**
【解答】④

問題４ 職場復帰支援の手引き 25回第7問[3]

「心の健康問題により休業した労働者の職場復帰支援の手引き」（厚生労働省）に関する次の記述のうち、「主治医による職場復帰可能の判断」を行うステップで検討すべき内容として挙げられていない項目を１つだけ選べ。

① 労働者からの職場復帰の意思表示と職場復帰可能の判断が記された診断書の提出。
② 産業医等による精査。
③ 主治医への情報提供。
④ 職場環境等の評価。

解説 ④「主治医による職場復帰可能の判断」は第２ステップですが、**「職場環境等の評価」は、第３ステップに記載されている項目**です。
【解答】④

問題５ 職場復帰支援 29回第7問[4]

「心の健康問題により休業した労働者の職場復帰支援の手引き」（厚生労働省）に関する次の記述のうち、「職場復帰の可否の判断及び職場復帰支援プランの作成」を行うステップで検討すべき内容として挙げられている項目を１つだけ選べ。

① 主治医への情報提供
② 情報の収集と評価
③ 就業上の配慮等に関する意見書の作成
④ 労働者からの職場復帰の意思表示と職場復帰可能の判断が記された診断書の提出

解説 ①設問本文の「職場復帰の可否の判断及び職場復帰支援プランの作成」は第３ステップにあたりますが、**「主治医への情報提供」は第２ステップ**で行います。
③**第４ステップ**で行います。
④**第２ステップ**で行われます。
【解答】②

6-2 職場復帰支援での役割

本節では、5つのステップの各段階における、管理監督者の役割についてみていきたいと思います。ただし、関係者で協議しながら進める部分が多いので、記述するのは管理監督者だけの役割ではありません。

 1 病気休業開始および休業中のケア　重要度

第1ステップでは、**病気休業開始**と**休業中のケア**を行います。

役割と留意点

① 職場復帰支援は、**休業の判断がなされた時点から始まる**ものです。主治医から復職の診断書が出されてから開始するものではありません。

職場復職支援は、復職段階になってから考え始めるのでは遅く、休業を開始した段階からマネジメントを始めることが、スムーズな復職のためには大切です。

② 部下から診断書が提出されたら、人事労務スタッフと産業保健スタッフへ連絡します。

③ 休業前に産業医の面接を受けている場合もあるので、関係者で情報を共有しましょう。

④ 休業中の本人への「連絡方法」「頻度」「内容」「誰が窓口になるのか（上司か、人事か、産業保健スタッフか）」などは、本人の病状や会社のルールによって決めましょう。いずれにせよ、**休業開始のときに、これらをしっかり決めて、本人にも説明しておく**ことが大切です。

⑤ 休業中に様子を見ながら必要な情報を知らせて、安心して療養できるように働きかけましょう。
休職制度の内容や職場復帰支援に関するしくみ、休業中の給与や傷病手当金についても説明しておくべきですが、休業開始時はあまり多くの情報を与えても混乱するかもしれないので、タイミングを見て行いましょう。

⑥ 本人の同意がとれれば、産業保健スタッフが主治医と情報交換をしたり、人事や管理監督者が受診に同席をして、休業中のケアについて主治医の意見を聴きましょう。

主治医も含めて、本人をケアする「チーム」であると考えるとよいでしょう。

⑦ まずは安心して療養に専念するよう伝えましょう。

休業中に、うつ状態の本人から「会社を辞めたい」というような申出があることもありますが、**重要な決定については回復してから考えようと伝えて、まずは療養に専念**してもらいます。

2 主治医による職場復帰可能の判断　重要度

第2ステップでは、**主治医に職場復帰が可能かどうかを判断**してもらいます。

役割と留意点

① 症状が回復して本人から職場復帰の希望が伝えられた場合は、**職場復帰可能とする主治医の診断書を提出**するように伝えましょう。

② 診断書には、復職するにあたっての就業上の配慮についても具体的に記載してもらうよう、本人を通じて主治医に伝えましょう。

会社指定の診断書を主治医に記載してもらう方法もあります。

3 職場復帰の判断および職場復帰支援プランの作成　重要度

第3ステップでは、**職場復帰の可否を判断**し、**職場復帰支援のプランを作成**します。

役割と留意点

① **主治医が復職可能の診断書を出しても、その診断書だけでただちに職場復帰を認めるのは避けましょう**。なぜなら、主治医の判断は、症状の回復度合いや日常生活に支障がないかという観点で行われていることが多く、実際に復帰する職場の状況、業務の内容まで勘案されていないケースもあるからです。また、本人や家族が復職を焦るあまり、まだ回復が十分でないのに、強く希望して診断書を出してもらっているケースも少なくないのです。

だからこそ、第1ステップで述べたように、初めから主治医も「チーム」となっておくことが重要です。会社からの情報が伝わっていればいるほど、職場の実態も勘案した診断書が出てきます。

② 職場復帰の可否は、**本人の症状・職場環境の評価や復帰後の業務内容などをもとに総合的に判断**しましょう。職場復帰の可否は、本人、管理監督者、人事労務スタッフ、産業医などの産業保健スタッフが情報交換と協議を行い、

本人の病状の評価だけでなく、職場環境の評価や復帰後に就く業務内容などと組み合わせて総合的に判断する必要があります。判断材料の収集と評価については、表1を参考にしてください。

③ 厚生労働省の「手引き」には、主治医から「職場復帰支援に関する情報提供依頼書」を用いて、**「発症から初診までの経過」「治療経過」「現在の状態」「就業上の配慮に関する意見」**といった情報を収集することが提案されています。
高度なプライバシー情報となるため、**本人の同意を得たうえで、産業医を通じて依頼する**ことが望ましいでしょう。

④ **生活記録表をつけてもらうなど職場復帰の準備**をしてもらいましょう。
睡眠、起床時間を含めた生活リズムが整っているか、就業を見越した一定時間の外出が可能かを確認するために、生活記録表をつけてもらったり、リワークプログラムの利用や、リワーク施設が近くにない場合には図書館へ定期的に通ってみることを推奨することもあります。

⑤ 管理監督者は、**職場での受け入れ準備**を進めましょう。
本人の適性を考えて復帰後の業務を考えたり、業務の量や作業環境を調整したり、周囲の同僚へ理解を求めるなど、本人がスムーズに就業できるようにさまざまな準備が必要です。

⑥ 職場復帰が可能と判断された場合には、関係者で協議のうえ、**「職場復帰支援プラン」を作成**します。プランの内容は表2を参考にしてください。

⑦ 段階的に勤務形態を変えていく場合は、**各段階の期間とその内容を決めておきましょう。**
会社の規定にもよりますが、リハビリ勤務、時短勤務、残業規制など、回復経過と就業への適応を見ながら段階的に勤務形態を変えていく場合が多いので、それぞれの段階の期間とプランの内容を決めておく必要があります。

⑧ **管理監督者からのフォローアップ**は、さまざまな方法があります。
管理監督者のフォローアップの方法としては、定期的な面談、プランの進捗の確認、周囲の同僚への説明やケア、決められた勤務時間や就業上の配慮が徹底されているかの確認などが考えられます。

表1　職場復帰支援のための情報の収集と評価

職場復帰の可否については、労働者および関係者から必要な情報を適切に収集し、さまざまな視点から評価を行いながら、総合的に判断することが大切である。家族を含めて第三者からの個人情報の収集については、労働者のプライバシーに十分配慮することが重要なポイントとなる。情報の収集と評価の具体的内容を以下に示す。

なお、事業場外の職場復帰支援サービスや医療リハビリテーションなどを利用している場合には、その状況なども有効な情報である。

（ア）労働者の職場復帰に対する意思の確認

a. 労働者の職場復帰の意思および就業意欲の確認

b. 職場復帰支援プログラムについての説明と同意

（イ）産業医などによる主治医からの意見収集

診断書に記載されている内容だけでは十分な職場復帰支援を行うのが困難な場合、産業医などは労働者の同意を得た上で、下記（ウ）のａおよびｂの判断を行うに当たって必要な内容について主治医からの情報や意見を積極的に収集する。この際には、「職場復帰支援に関する情報提供依頼書」などを用いるなどして、労働者のプライバシーに十分配慮しながら情報交換を行うことが重要である。

（ウ）労働者の状態などの評価

a. 治療状況および病状の回復状況の確認

(a) 今後の通院治療の必要性および治療状況についての概要の確認

(b) 業務遂行（自ら自動車などを運転しての通勤を含む）に影響を及ぼす症状や薬の副作用の有無

(c) 休業中の生活状況

(d) その他職場復帰に関して考慮すべき問題点など

b. 業務遂行能力についての評価

(a) 適切な睡眠覚醒リズムの有無

(b) 昼間の眠気の有無（投薬によるものを含む）

(c) 注意力・集中力の程度

(d) 安全な通勤の可否

(e) 日常生活における業務と類似した行為の遂行状況と、それによる疲労の回復具合（読書やコンピュータ操作が一定の時間集中してできること、軽度の運動ができることなど）

(f) その他家事・育児、趣味活動などの実施状況など

c. 今後の就業に関する労働者の考え

(a) 希望する復帰先

(b) 希望する就業上の配慮の内容や期間

(c) その他管理監督者、人事労務管理スタッフ、事業場内産業保健スタッフに対する意見や希望（職場の問題点の改善や勤務体制の変更、健康管理上の支援方法など）

d. 家族からの情報

可能であれば、必要に応じて家庭での状態（病状の改善の程度、食事・睡眠・飲酒などの生活習慣など）についての情報

（エ）職場環境などの評価

a. 業務および職場との適合性

(a) 業務と労働者の能力および意欲・関心との適合性

(b) 職場の同僚や管理監督者との人間関係など

b. 作業管理や作業環境管理に関する評価

(a) 業務量（作業時間、作業密度など）や質（要求度、困難度など）などの作業管理の状況

(b) 作業環境の維持・管理の状況

(c) 業務量の時期的な変動や、不測の事態に対する対応の状況

(d) 職場復帰時に求められる業務遂行能力の程度（自動車の運転など危険を伴う業務の場合は投薬などによる影響にも留意する）

c. 職場側による支援準備状況

(a) 復帰者を支える職場の雰囲気やメンタルヘルスに関する理解の程度

(b) 実施可能な就業上の配慮（業務内容や業務量の変更、就業制限など）

(c) 実施可能な人事労務管理上の配慮（配置転換・異動、勤務制度の変更など）

（オ）その他

その他、職場復帰支援に当たって必要と思われる事項について検討する。

また、治療に関する問題点や、本人の行動特性、家族の支援状況など職場復帰の阻害要因となりうる問題点についても整理し、その支援策について検討する。

出典：厚生労働省、心の健康問題により休業した労働者の職場復帰支援の手引き（2）、pp.13-14

表2 職場復帰支援プラン作成の際に検討すべき内容

（ア）職場復帰日
復帰のタイミングについては、労働者の状態や職場の受入れ準備状況の両方を考慮した上で総合的に判断する必要がある。

（イ）管理監督者による就業上の配慮
a. 業務でのサポートの内容や方法
b. 業務内容や業務量の変更
c. 段階的な就業上の配慮（残業・交替勤務・深夜業務などの制限または禁止、就業時間短縮など）
d. 治療上必要なその他の配慮（診療のための外出許可）など

（ウ）人事労務管理上の対応など
a. 配置転換や異動の必要性
b. 本人の病状および業務の状況に応じて、フレックスタイム制度や裁量労働制度などの勤務制度変更の可否および必要性
c. その他、段階的な就業上の配慮（出張制限、業務制限（危険作業、運転業務、高所作業、窓口業務、苦情処理業務などの禁止または免除）、転勤についての配慮）の可否および必要性

（エ）産業医などによる医学的見地からみた意見
a. 安全配慮義務に関する助言
b. その他、職場復帰支援に関する意見

（オ）フォローアップ
a. 管理監督者によるフォローアップの方法
b. 事業場内産業保健スタッフなどによるフォローアップの方法（職場復帰後のフォローアップ面談の実施方法など）
c. 就業制限などの見直しを行うタイミング
d. すべての就業上の配慮や医学的観察が不要となる時期についての見通し

（カ）その他
a. 職場復帰に際して労働者が自ら責任を持って行うべき事項
b. 試し出勤制度などがある場合はその利用についての検討
c. 事業場外資源が提供する職場復帰支援サービスなどの利用についての検討

出典：厚生労働省、心の健康問題により休業した労働者の職場復帰支援の手引き（2）、p.15

4 最終的な職場復帰の決定 重要度

第4ステップでは、**会社としての職場復帰の判断**とそれにともなって、管理監督者として対応していきます。

役割と留意点

① 第3ステップの情報をもとに、会社が最終的な職場復帰の判断をします。
② 職場復帰が決まったら、管理監督者はプランの内容通りに部下を受け入れます。
③ 本人の状況の変化によって、**プランの内容は関係者で協議のうえ、適宜更新**しましょう。
④ 主治医にも、本人を通じてプランの内容を知らせておきましょう。

5 職場復帰後のフォローアップ 重要度

第5ステップでは、部下が職場復帰した後、そのままにするのではなく、**フォ**

ローアップしていく必要があります。精神疾患の場合、全く元の状態で戻ってくる、というケースはそれほど多くないため、再発を防ぐためには職場からのケアが非常に重要です。

役割と留意点

① 管理監督者は、プランの進行を管理しながら、きちんと続けて受診をしているか、薬をやめていないか、症状が悪くなっていないか、業務遂行上何か問題が起きていないかなどを定期的に確認します。何か問題がある場合には、**すぐに関係者で共有し、対応を検討**しましょう。

② 本人は、一刻も早く職場に再適応しようと焦っていることが多いので、つい決められた勤務時間よりも長く仕事をしようとしますが、**管理監督者はその焦る気持ちにうまくブレーキをかけながら**、無理をして症状が再燃することがないよう見守っていきましょう。

③ メンタルヘルス不調によって休業した人の多くは、**働くことへの自信を失っています**。そうした本人へ、上司や周囲の同僚はどう接してよいのかわからず、腫れ物にさわるように接したり、遠巻きにして心配してしまいがちですが、当の本人は、普通に接してもらったほうが気が楽なようです。他愛のない雑談をしたり、率直に「できるかぎりサポートはするから無理はするなよ」などと声をかけるとよいでしょう。

④ 休業したことによって、**キャリアデザインの見直し**が必要な場合もあります。管理監督者は本人の不安や悩み、今後の希望を聴きながら相談にのり、ともにこれからのキャリアについて考えていきます。

⑤ メンタルヘルス不調になった原因についても目をそらすのではなく、これからのセルフケアや自分の考え方、仕事生活への向き合い方を見つめ直す機会にすれば、再発を防ぐだけでなく、**そこからの人生を病気になる前以上に豊かにすることも可能**なのです。

6 プライバシーの保護などの留意点　重要度

① 関係者で情報を連携することが重要ですが、高度なプライバシー情報なので、個人情報は**労働者の同意**を得たうえでやりとりする必要があります。

② 同意を拒否することで本人が**不利益な取扱いを受けない配慮**も必要です。

③ やりとりする情報は、あくまで**職場復帰支援と安全（健康）配慮義務の履行を目的とする範囲に限定**しましょう。あらかじめ取り扱う情報の範囲や利用

の目的、ルールについて定めておくとよいでしょう。

④ 産業医が選任されている事業場では、**産業医に情報を集約し、一元管理**することが望ましいです。

⑤ 産業医が選任されていない中小規模の事業場では、内部の人事労務スタッフ、衛生管理者、衛生推進者と連携しながら、公共機関や外部EAP機関といった事業場外資源をうまく活用しましょう。

復職に関する情報管理は、主治医とのやりとりも多くなり、個人情報の中でも医療情報に関するものが多くなることから、産業医が情報の一元管理をすることが望ましいのです。

過去問題・予想問題を解いてみよう!!

問題1　職場復帰支援の手順　　予想問題

職場復帰支援の際の管理監督者の役割に関する次の記述のうち、最も適切なものを1つだけ選べ。

① 休業を開始するタイミングでは、一刻も早く休ませることを最優先し、余計なことを考えすぎないよう、できるだけ情報は与えないようにする。

② 本人から復職希望の意思が示された場合、休業中の病態を一番よく理解しているのは主治医であるため、主治医からの診断書の内容が復職可否の判断の際は最も優先される。

③ 復職後は、関係者が協議して決めた職場復帰支援プランの内容を、職場において管理監督者がしっかり守らせ、安易に内容を変更しないことが望ましい。

④ メンタルヘルス不調によって休業すると、本人は自信を失っていることが多いが、遠巻きにしてそっと様子をうかがうような周囲の態度は本人の孤立感を深めてしまうことがある。

解説 ① あまり多くの情報を与えると混乱してしまうかもしれませんが、休業中の連絡方法や給与についてなど、**最低限必要な情報は与えたほうが本人も安心します**し、休業中に音信不通になってしまうような事態を避けることができます。

② 主治医の診断書は患者寄りに偏っていることもあるため、**産業医の意見が優先**され、復職可否の最終的な判断は会社が行います。

③ プランの進捗をしっかり管理することは大切ですが、本人の症状の変化などに応じて、**内容は適宜更新される**ものです。

【解答】④

問題2 職場復帰支援での役割・留意点 予想問題

職場復帰支援における留意点に関する次の記述のうち、最も不適切なものを1つだけ選べ。

① 職場復帰支援は、休業開始の段階から始まっている。
② 休業中に「会社を辞めたい」「役職を降りたい」などという相談をされた場合には、重要事項の意思表示なので、産業保健スタッフや人事労務スタッフと、すぐにその申出内容について協議する。
③ 職場復帰の希望が本人から伝えられた場合には、会社指定の診断書を主治医に書いてもらう場合もある。
④ 関係者がやりとりする情報は、あくまで復職支援や安全配慮義務の履行を目的とする範囲に限定すべきである。

解説 ② 休業中のまだ症状が回復していないときには、重要な決断をさせないようにします。まずは療養に専念させ、**今後のことは、回復してからゆっくり考えるように伝えましょう。**

【解答】②

問題3 職場復帰支援 29回第7問[2]

職場復帰における管理監督者の役割等に関する次の記述のうち、最も不適切なものを1つだけ選べ。

① 職場復帰支援は管理監督者の考えだけで実施するわけにはいかない。
② 管理職督者は職場復帰支援に関するプログラムやルールを策定する。
③ 管理監督者による職場環境の調整は、職場にとっても人に優しい風土を醸成するための大きなきっかけになる。
④ 管理監督者による職場環境の調整は、労働者の安心感や職場へのコミットメントの高まりにつながる。

解説 ② 管理監督者だけで策定するのではなく、産業医や人事担当者が中心となり、**関係者で協議しながら策定する**ものです。

【解答】②

6-3 治療と仕事の両立支援

1 両立支援とは　重要度 新項目

「治療と仕事の両立」とは、病気を抱えながらも働く意欲・能力のある労働者が、仕事を理由として治療機会を逃すことなく、また、治療を理由として職業生活を妨げられることなく、**適切な治療を受けながら、いきいきと就労を続けられること**、とされています。

企業は、人材の確保や労働者の安心感、健康経営の推進や社会的責任を果たすためにも、疾病を抱える従業員に対して就業上の措置や治療に対する配慮を行い、「治療と仕事の両立」を支援する必要があります。

政府からは「事業場における治療と職業生活の両立支援のためのガイドラインについて」という通達が出ています。ガイドラインが対象とする疾病は、**がん、脳卒中**、**心疾患**、**糖尿病**、**肝炎**、**その他難病**など、**反復継続して治療が必要となる疾病**です。

2 両立支援の留意事項　重要度 新項目

1 安全と健康の確保

就労によって、疾病の増悪や再発、労働災害が生じないよう配慮が必要です。仕事の忙しさなどを理由に、必要な就業上の措置や配慮を行わないということがあってはいけません。

2 労働者本人による取組み

本人は主治医の指示に従い、治療、服薬、適切な生活習慣を守るなどの取組みを行うことが重要です。

3 労働者本人の申出

私傷病に関わることなので、本人からの申出があって両立支援が行われることが基本となります。ただし、本人が申出をしやすいよう、ルールの作成と周知、研修による啓発、相談窓口の設置、情報の取扱方法の明確化など、環境整備をすることが大切です。

4 両立支援の特徴をふまえた対応

入院や通院、療養のための時間の確保が必要となるほか、症状や副作用、障害などによって業務遂行能力が一時的に低下する場合があります。そのため、その時々の状態に合わせた就業上の措置が必要となります。

5 個別事例の特性に応じた配慮

たとえ同じ疾患であっても、症状や治療方法などは個人によって様々です。個別事例の特性に合わせた配慮が必要となります。

6 対象者・対応方法の明確化

事業場内のルールを労使で協議して制定し、周知しておきます。

7 個人情報の保護

疾病に関わる情報は機微な個人情報です。事業者は本人の同意なく情報を取得してはなりませんし、管理監督者など関係者に必要な情報を共有するときも、必ず本人の同意が必要です。

8 両立支援に関わる関係者間の連携の重要性

企業側の関係者（人事、上司、産業医、保健師など）、医療機関関係者（主治医、看護師、医療ソーシャルワーカーなど）、地域の支援機関（産業保健総合支援センター、治療就労両立支援センター、保健所など）、家族などの関係者が互いに連携することで、より適切な両立支援が実現します。特に、企業側の人事、産業保健スタッフと、主治医との連携は重要です。本人の同意のもと、情報共有などを行います。

3 両立支援の進め方

重要度 新項目

・**両立支援を必要とする労働者**が、支援に必要な情報を事業者に提出する。労働者の同意があれば、**主治医**から情報を得ることも可能。

⬇

・**産業医**に情報提供し、意見を聴取する。

⬇

・**事業者**が、主治医と産業医の意見を勘案し、**就業継続の可否を判断**する。

⬇

・就業継続が可能な場合、就業上の措置、治療に対する配慮の内容、実施時期などを**事業者が検討・決定し、実施**する。

⬇

・長期の休業が必要な場合、休業前の対応、休業中のフォローアップを行う。必要な期間の休業を経て、主治医・産業医の意見、本人の意向、復帰予定部署の意見などを総合的に勘案し、職場復帰の可否を**事業者が判断**する。復帰可能となった場合、復帰後の就業上の措置、治療に対する配慮の内容、実施時期などを**事業者が検討・決定し、実施**する。

あとがきに代えて

広大な宇宙で星々が独自の軌道を持つように、私たち人間ひとりひとりの脳の中には、その人にしかないユニークな特性があって、それを活かしながら、人間以外を含めた「他者」に貢献したい、この世界をよりよいものにしたい…本能でそう願っている。

これが私の考える「人間観」です。

しかし、日々の生活や仕事をしてゆくなかで、肥大しすぎた理性、いつのまにか植え付けられた固定観念、さまざまなプレッシャーなどによって、その本能は脳の奥深くに隠され、そんな本能があることすら忘れてしまいがちになる。

そんな人も多いと思います。

しかし、

「本当はこう生きたいんだ」

「本当の私はこれが好きなんだ」

「私はこれが得意なんだ」

という、隠された本能は、いつも外に出たがっています。

自分でも気づかぬその本能の声と、それを押さえつける力の葛藤が激しくなりすぎたとき、私たちはメンタルヘルス不調や心身症といった疾患にかかるのかもしれません。

上司は、部下にとって、影響力の大きな存在です。

管理監督者は、この検定の学習を通じて、メンタルヘルスマネジメントの基礎を身に着けていただき、部下のユニークさを押さえつけるのではなく、「引き出してあげる存在」となっていただければ…と願ってやみません。

また、何よりも管理監督者の方ご自身が、ご自身のユニークさに気づいていらっしゃいますように…。

索　引

■　サ　行　■

■　英数字　■

〈編者略歴〉
桜 又 彩 子（さくらまた　あやこ）
1999 年　早稲田大学第一文学部文芸学科　卒業
大手ソフトウェア開発会社人事部にて 7 年間の勤務の後、損保ジャパン日本興亜ヘルスケアサービス株式会社（現：SOMPO ヘルスサポート株式会社）へ入社。現在は、メンタルヘルス対策・健康経営のコンサルティング、研修講師、管理職面談等に従事。
特定社会保険労務士、シニア産業カウンセラー、メンタルヘルス法務主任者。
「note」「Twitter」は「桜又彩子」で検索。ストレスケアに役立つコラムを掲載中。

これだけ覚える！
メンタルヘルス・マネジメント® 検定Ⅱ種
（ラインケアコース）改訂 3 版

2015 年 12 月 20 日　第 1 版第 1 刷発行
2017 年 11 月 10 日　改訂 2 版第 1 刷発行
2021 年 11 月 25 日　改訂 3 版第 1 刷発行
2024 年 5 月 10 日　改訂 3 版第 3 刷発行

編　者　桜又彩子
発行者　村上和夫
発行所　株式会社 オーム社
郵便番号　101-8460
東京都千代田区神田錦町 3-1
電話　03(3233)0641(代表)
URL　https://www.ohmsha.co.jp/

印刷・製本　三美印刷
ISBN978-4-274-22777-6　Printed in Japan